EUGÈNE BORÉ

ET LES ORIGINES

DE LA QUESTION D'ORIENT

PORTRAIT DE M. EUGÈNE BORÉ

Gravure tirée de l'ouvrage intitulé, *Saint Vincent de Paul et sa Mission sociale*, par Arthur LOTH. Un volume in 4°.

EUGÈNE BORÉ

SUPÉRIEUR GÉNÉRAL

DE LA CONGRÉGATION DE LA MISSION

ET

DES FILLES DE LA CHARITÉ

PAR

Léonce DE LA RALLAYE

MEMBRE DE LA SOCIÉTÉ D'AGRICULTURE
DES SCIENCES ET ARTS D'ANGERS
(Ancienne Académie d'Angers)
ANCIEN DIRECTEUR DU *Journal des Villes et des Campagnes*

DELHOMME ET BRIGUET, ÉDITEURS

PARIS | LYON
13, rue de l'Abbaye, | 3, Avenue de l'Archevêché,

1894

EUGÈNE BORÉ

ET LES ORIGINES

DE LA QUESTION D'ORIENT

INTRODUCTION

C'est en Crimée que la France et la Russie se sont rencontrées, pour la dernière fois, sur les champs de bataille. On sait que la fortune des armes nous fut favorable, mais l'humanité de nos compatriotes à l'égard des prisonniers de guerre tombés entre leurs mains adoucit, chez nos adversaires, l'amertume de la défaite. Nos ambulances avaient été admirablement organisées ; les blessés russes y reçurent des soins aussi dévoués que les nôtres. Ces étrangers apprirent à connaître le zèle et l'habileté de nos chirurgiens, l'activité diligente et l'abnégation de nos sœurs hospitalières. La charité consomma ce que la courtoisie avait commencé.

Il y avait, en ce moment, à Constantinople, un modeste

missionnaire bien connu déjà dans le monde des savants et dans celui des œuvres, mais que sa profonde humilité cachait presque aux derniers rangs. Placé par la marche rapide des évènements, par l'obéissance et aussi par l'ardeur de son zèle à la tête du service hospitalier, au lieu même où l'on concentrait tous les blessés, M. Boré montra de bonne heure son talent d'organisateur et, si l'on peut s'exprimer ainsi, sa passion du sacrifice. Hasarder sa vie n'était rien à ses yeux, dès qu'il s'agissait d'un devoir à remplir, d'une souffrance à soulager; d'une âme à préparer à ses destinées éternelles. Il était de ceux qui avaient souhaité la guerre pour venger l'honneur du nom catholique et réprimer les envahissements du schisme. C'était même lui qui avait éveillé le premier l'attention, non seulement des croyants, mais encore des indifférents et des politiques, sur la situation religieuse en Orient, par la publication d'une brochure qui fit alors certain bruit, sur la question des « Lieux Saints ». Mais en face des douleurs physiques et morales, il ne songeait qu'à les adoucir. N'avait-il pas, quelques années après sa profession religieuse, librement ajouté aux trois vœux ordinaires de pauvreté, de chasteté et d'obéissance, un quatrième vœu, celui de se dévouer au service des pauvres ? Il était donc lié par son propre serment.

M. Boré fut bientôt connu, non seulement dans le camp des alliés, mais encore dans l'armée moscovite, par son inépuisable charité. Il contribua ainsi personnellement, peut-être sans s'en rendre bien compte, à un rapprochement entre les deux peuples, rapprochement qui pourrait avoir des conséquences si fécondes, si les préjugés orientaux finissaient par fléchir devant l'attrait vainqueur de la vérité religieuse.

M. Boré aimait, d'ailleurs, l'Orient. Dès sa jeunesse studieuse ses regards s'étaient tournés de ce côté ; il avait à peine trente ans lorsqu'il entreprit et exécuta ce voyage en Arménie et en Perse qui fonda sa célébrité. Fixé par la Providence sur les bords de la mer de Marmara, il voua sa vie à la régénération de ces contrées appauvries intellectuellement aussi bien que moralement par l'hérésie et le schisme et ruinées par la barbarie musulmane. Il rêvait le retour à l'unité religieuse des nations autrefois prospères qui s'en étaient éloignées pour leur malheur ; mais il faisait en même temps des vœux pour la durée de la domination ottomane qu'il jugeait nécessaire au maintien de l'ordre matériel au milieu de tant de nationalités diverses.

Bien que disciple de Lamennais avec lequel il rompit, du reste, quand la défection du maître fut devenue éclatante, M. Boré n'avait rien de révolutionnaire dans l'esprit ; il était essentiellement conservateur. La race d'Othman étant devenue, par la permission divine, la maîtresse en Orient, il estimait qu'on servirait plus utilement les desseins de la Providence, en lui conservant l'empire qu'en la détrônant. Il souhaitait une sorte d'émancipation de tous les peuples chrétiens dans cette région, mais sous la suzeraineté de la Porte. Il ne s'agissait pas de convertir les Musulmans en masse, mais de leur enlever la situation d'une caste privilégiée et dominante. Au dessus d'eux comme au dessus des chrétiens se serait élevé le trône des Sultans sur le double principe de la liberté des consciences et d'une égale protection pour tous les cultes.

Nous n'avons pas à apprécier ici ces vues. Bornons-nous à constater que la diplomatie contemporaine semble viser à peu près le même but. Justement effrayé à la pensée des catastrophes qui accompagneraient la chute de l'empire turc, et de l'anarchie qui la suivrait, on s'attache à conserver, sous la tutelle de plus en plus ombrageuse de l'Europe, un semblant d'autorité aux successeurs d'Othman, tout en accordant aux diverses nationalités placées naguère sous leur sceptre une autonomie sans cesse grandissante.

Pour opérer cette évolution pacifique, M. Boré n'entendait pas recourir à la force, il comptait beaucoup sur la réforme des mœurs. L'immense service que les puissances protectrices avaient rendu à la Porte en sauvegardant son indépendance, leur procurait une influence considérable qui devait amener, du moins il l'espérait, une sorte d'infiltration des mœurs chrétiennes, jusque dans les familles qui professaient la religion musulmane. Il attachait aussi beaucoup d'importance à la diffusion de l'instruction. En répandant en Orient, chez des peuples généralement ignorants les lumières de la science occidentale on détruirait, répétait-il sans cesse, de regrettables préventions qui s'opposaient au triomphe de la vérité. Il est certain que bien que la foi ne s'appuie pas exclusivement sur la raison, elle trouve dans celle-ci un puissant auxiliaire. Une intelligence munie de saines notions se montrera, toutes choses égales d'ailleurs, plus ouverte aux enseignements de l'Evangile, qu'un esprit en quelque sorte fermé par l'erreur. M. Boré voulait donc à toute force que l'on fondât de nombreuses écoles, et lui-même avait donné l'exemple en Perse, alors qu'il n'était qu'un simple laïque.

Ces idées, nouvelles alors, ont depuis conquis tous les esprits éclairés. Qui ne connait aujourd'hui les services et la prospérité de l'œuvre si justement populaire des « Écoles d'Orient » ? Cette œuvre n'existait pas encore au moment où M. Boré insistait pour la première fois sur la nécessité de l'enseignement (1) ; aussitôt qu'elle fut créée, il s'empressa de lui apporter tout son appui. Il faut le proclamer bien haut : le missionnaire Lazariste a eu l'honneur de lui frayer la voie et de la rendre possible en émettant le premier les idées qu'elle devait adopter et propager avec tant de succès.

Ecoutons sur ce point capital M. Boré :

« Les écoles ou l'enseignement sont la meilleure *préparation évangélique* ; c'est par là seulement que la vérité peut pénétrer et s'infiltrer dans la vieille société musulmane. Bien que nous nous bornions à orner et à cultiver l'esprit ou le cœur, sans franchir le seuil de la conscience, les idées ou les lumières déposées avec le bon exemple dans ces jeunes intelligences porteront plus tard leur fruit, et la grâce pourra achever ce que la science aura ébauché. »

Tous ceux qui ont l'expérience des missions tiennent aujourd'hui un langage analogue. Il serait aisé de multiplier les témoignages. Nous ne citerons ici que le secrétaire de la légation apostolique envoyée il y a quelques années dans les Indes, Mgr. Zaleski.

« L'école est l'auxiliaire indispensable de toute mission solide, c'est un grand apostolat, surtout parmi les classes aisées qu'il est si difficile de convertir. Car les pauvres et ceux que l'on méprise embrassent plus facilement la foi qui les console, qui sanctifie leur misère et les relève de l'abjection dans laquelle les ont précipités les lois du paganisme. Les nobles et les grands, au contraire, croient

____

(1) Il ne serait pas téméraire d'affirmer que M. Boré fut un des inspirateurs de l'Œuvre des Ecoles d'Orient. C'est, en effet, à la suite d'une conférence faite par lui au cercle catholique du Luxembourg que M. Cauchy aperçut les moyens de réaliser ce rêve qui le tourmentait depuis longtemps.

que se faire chrétien c'est abaisser, avilir leur noblesse ».

« Trois générations, conclut cet intelligent prélat, suffi-
raient pour convertir l'Inde, si l'on avait de l'argent pour
fonder des écoles ».

Il ne faut pas oublier évidemment les élans du cœur, ni
surtout l'action de la grâce ; mais l'école bien conduite est
un puissant moyen de moralisation et de propagande.

Le vénérable cardinal Massaïa se rapprochait singulière-
de ces idées quand il affirmait qu'il faut plusieurs siècles
pour convertir un peuple.

Le nom de M. Boré se trouve donc mêlé aux origines et
au développement de ce que l'on a nommé la « question
d'Orient ». Il en résulte que sa vie offre un intérêt sérieux
de curiosité à quiconque aime à étudier les desseins de la
Providence dans les grandes évolutions de l'humanité. Si
l'on se prend, d'ailleurs, à scruter les richesses de cet
heureux naturel épuré et perfectionné par la force divine, on
découvre, nous osons le dire, de plus grandes merveilles
encore. Il n'y a pas en effet, de plus noble et de plus beau
spectacle que celui de l'âme humaine qui, sous le regard et
l'impulsion de Dieu, marche de vertus en vertus, multiple ses
ascensions et arrive enfin au sommet, à la sainteté (1). Rien
de plus édifiant, rien de plus admirable, à ce point de vue,
que la lecture du *Journal intime* d'Eugène Boré avant et depuis sa profession religieuse et jusque sous son généralat
si court, mais si bien rempli.

Nous avons entrepris de retracer la vie d'un homme qui,

(1) Nous n'avons pas besoin d'avertir nos lecteurs que ni ici, ni
dans le corps de cet ouvrage, les expressions de saint et de sainteté ne
doivent être prises dans le sens rigoureux qui impliquerait une
béatification.

après s'être distingué, jeune encore, par ses travaux d'érudition, fut amené à jouer, sans l'avoir recherché, le rôle d'homme public et finit par offrir le modèle achevé de la vie religieuse. Des documents du plus haut intérêt, notamment des lettres inédites de Lamennais, la correspondance de M. de Bussière, les Annales de la Congrégation de la Mission nous ont rendu cette tâche possible. Nous prions toutes les personnes qui ont bien voulu nous aider par ces communications et par leurs conseils d'agréer ici l'hommage de notre reconnaissance. Mention particulière doit être faite de M. Pémartin, ancien secrétaire général de la Mission, mort l'année dernière au Berceau de Saint-Vincent de Paul dans la province d'Aquitaine dont il était visiteur. Cet aimable et excellent religieux, après avoir mis de précieux documents à notre disposition, nous encourageait à la persévérance au milieu des difficultés que nous avions rencontrées. Quelque imparfait que soit notre travail, nous ne regrettons pas de l'avoir entrepris. Il nous était doux de revivre par la pensée avec un personnage que son extrême affabilité avait jadis rapproché de nous. Espérons que les deux familles dont il était le chef vénéré et qui ont conservé pieusement le culte de sa mémoire, voudront bien accueillir avec indulgence ce modeste essai, où elles verront une image affaiblie, mais fidèle, croyons-nous, de celui qu'elles admiraient et qu'elles aimaient.

EUGÈNE BORÉ

SUPÉRIEUR GÉNÉRAL

De la Congrégation de la Mission et des Filles de la Charité

CHAPITRE PREMIER

Naissance et éducation d'Eugène Boré. — Sa famille, ses projets d'avenir.

Eugène Boré naquit à Angers le 15 août 1809. Il aimait plus tard à se rappeler cette entrée dans le monde sous les auspices de la mère de Dieu. De bonne heure son auguste patronne lui inspira un goût très vif pour la piété. Tout enfant il était d'un caractère doux, affable, prévenant, enjoué avec un grand fond de sérieux ; tous ceux qui l'approchaient l'aimaient. Privé dès l'âge de trois ans, de la protection d'un père mort à la fleur de l'âge receveur des finances dans la capitale de l'Anjou, poste auquel il avait été élevé après de brillantes campagnes en Italie et sur le Rhin qui lui valurent le grade de chef de bataillon, Eugène dut aux sentiments profondément religieux et dévoués de sa mère une forte et chrétienne éducation. Les divers établissements où il étudia se faisaient

remarquer par une direction solide et pieuse : le collège de
Château-Gontier, qui avait pour principal un vénéré confesseur
de la foi, M. l'abbé Horeau, le petit séminaire de Combrée,
celui de Montmorillon alors dans la main des R. P. Jésuites.
Après avoir passé un ou deux ans au collège d'Angers, touché
des lourds sacrifices que s'imposait sa mère pour subvenir aux
frais de son éducation il prit la résolution d'écrire au grand
Maître de l'université et de lui exposer la médiocrité de sa fortune. Ce haut fonctionnaire répondit au jeune homme par
l'envoi d'une bourse au collège Stanislas. Il n'est pas besoin
d'insister sur la célébrité de cette maison qui continue de nos
jours à remporter les plus brillants succès. A cette époque,
placée sous l'habile et énergique direction de M. l'abbé Augé,
elle se distinguait pour une fidélité scrupuleuse aux anciennes
traditions. Boré y fit sa réthorique et sa philosophie. Cette
dernière année lui prouva un éclatant triomphe : il obtint au
concours général de tous les collèges de France le prix d'honneur de philosophie (1). Son premier soin fut de déposer la
couronne qui lui avait été décernée sur l'autel de la Sainte
Vierge ; sa seconde pensée fut pour sa mère à laquelle il repor-
tait avec raison une partie de la gloire de ses succès. Il nous
reste quelques lettres de cette excellente femme, elles res-
pirent la sollicitude la plus vive, nous pourrions dire la plus

(1) Le sujet de la dissertation latine avait pour titre : *Quœnam sint
judiciorum motiva ? An cuncta ad unum possint reduci ?* E. Boré
eut un sérieux concurrent dans la personne d'Alfred de Musset,
élève du collège royal d'Henri IV ; mais la composition du premier
fut jugée avec raison plus ample, plus solide, et plus nourrie. M. E.
Biré dans un feuilleton de l'*Univers*, a parfaitement fait ressortir
les mérites qui avaient valu à E. Boré la couronne. Parmi les noms
que rappellent les accessits nous remarquons ceux de Gastambide,
Thureau et Cornudet, qui ont acquis depuis certaine notoriété.

minutieuse pour ce fils tendrement aimé : elle s'occupe de ses livres, de ses vêtements, de son linge, elle ne lui dissimule pas les privations qu'elle est obligée de s'imposer pour subvenir aux charges que lui impose l'éducation de ses cinq enfants.

Eugène passa ses vacances dans le sein de sa famille où il comptait deux frères (1) et deux sœurs, tous tendrement aimés. Il ne se doutait pas, en se livrant aux épanchements d'un cœur aimant, que ces joies si pures devaient être bientôt suivies d'une amère douleur. De retour au collège Stanislas, d'où il suivait les cours de droit, il apprit la nouvelle déchirante de la mort de sa mère, enlevée rapidement à l'affection des siens (15 janvier 1828). Il conserva toute sa vie pieusement son souvenir, ainsi que celui de son père qu'il n'avait pourtant fait qu'entrevoir dans sa première enfance. Ce n'est pas sans attendrissement que nous le verrons bien plus tard, au fond de l'Asie, en proie à mille préoccupations et nourrissant de grands desseins, célébrer avec tous les sentiments de la piété filiale, l'anniversaire de cet homme juste et sage qui s'était épuisé pour assurer l'avenir de sa femme et de ses enfants.

C'est peut-être ici le lieu de remarquer qu'Eugène Boré avait au plus haut degré l'esprit de famille sainement et chrétiennement entendu. Les grandes et épineuses missions dont il fut chargé ne l'empêchèrent jamais de prendre soin de ses frères et de ses sœurs et de leur venir en aide même au point de vue des intérêts purement temporels, mais il les aimait sur-

(1) L'un de ses frères qui se nommait Léon, s'est distingué par des travaux littéraires importants : on lui doit, entre autre, la traduction d'une *Histoire de Jeanne d'Arc* par le célèbre Goërres.

tout d'un amour surnaturel. Il leur prodiguait, à l'occasion, les plus sages conseils et les guidait dans la voie du salut. La plus grande intimité régnait surtout entre lui et sa sœur Caroline qui se maria et devint madame Rogeron. Celle-ci avait avec raison une haute idée de son frère : « Eugène, écrivait-elle, dédaigne toute félicité passagère. Son regard s'abaisse difficilement sur ce qui s'échappe rapide et sans retour. Il nous mesure à l'élévation de son âme... Si la volonté de Dieu l'éclaire et l'entraîne aux extrémités du monde, son sacrifice est fait d'avance... » Les lecteurs se convaincront aisément en avançant dans ce récit qu'un portrait si flatteur n'est pas flatté.

Nous citerons encore, pour ne plus revenir sur ce sujet quelques lignes où une chrétienne d'élite remerciait Boré de lui avoir obtenu le don d'oraison :

« Depuis le jour de votre départ où vous dites la sainte messe à notre intention, j'ai reçu le don d'oraison. Moi qui, jusqu'à présent ne pouvais, malgré tous mes efforts, en comprendre ni l'usage, ni la nécessité, aujourd'hui je vois dans l'oraison la source de la vie intérieure, vie très réelle, ayant ses viscissitudes, ses flux et reflux de grâce, ses délaissements, ses délices et ses douleurs... Cette vie parallèle à la vie du corps, est seulement connue de Dieu et de notre intelligence. »

Possesseur de sa petite fortune et absolument maître de sa destinée, puisqu'il avait perdu son père et sa mère, Eugène Boré cherchait à orienter sa vie suivant la volonté céleste ; il comprenait déjà le néant des prétendus bien terrestre, et il était fermement résolu à consacrer à Dieu son activité et ses talents. Ces sentiments étaient partagés par son frère Léon

et par un certain nombre de ses compatriotes angevins (1).
On peut même dire qu'à cette époque il régnait dans l'élite
de la jeunesse française un vague désir de régénération sociale. On pressentait que les vieux moules allaient bientôt se
briser. Les deux frères de Lamennais, déjà célèbres, avaient
depuis longtemps donné le signal. Le plus jeune, Félicité,
faisait en ce moment même un nouvel effort pour attirer les
jeunes gens à sa suite. Eugène et Léon résolurent de répondre
à son appel et de se rendre à la Chênaye, en Bretagne, où
une sorte d'école et de noviciat avait été récemment fondée.
L'importance du mouvement qui se dessinait alors nous engage à remonter un peu haut pour en faire mieux connaître
l'origine, on verra quelle part y prit l'ardent néophyte.

(1) L'abbé Jules Morel, auteur de plusieurs ouvrages de polémique
religieuse et rédacteur de l'*Univers*, était du nombre. Citons encore
M. Jourdain, bien connu comme écrivain religieux sous le pseudo-
nyme de Charles Sainte Foi et M. Hervé de la Provôtaye, devenu
inspecteur général de l'instruction publique, ce dernier était breton.
E. Boré contracta des liens d'amitié avec ces hommes si distingués.

CHAPITRE II

Eugène Boré à la Chênaie. Direction spirituelle de M. de Lamennais. Rapports du maître et du disciple. Eugène Boré se détache peu à peu de M. de Lamennais, il rompt définitivement avec lui. Vains efforts pour le ramener.

I

La Révolution avait fait table rase, en France, des institutions religieuses. Le Concordat les rétablit en partie seulement : il restait beaucoup à réédifier. Cette circonstance douloureuse, déplorable même à bien des points de vue, offrait des compensations. Sur un terrain vide il était plus facile d'élever des constructions nouvelles, plus solides que les anciennes, dont plusieurs avaient longtemps menacé ruine, avant de succomber sous les coups des démolisseurs ; on pouvait surtout éviter ce qui s'y était trouvé de défectueux. C'est ce que comprirent admirablement les deux frères de Lamennais. Leurs publications, leurs paroles, tous leurs efforts tendirent à rattacher plus étroitement l'épiscopat au Saint-Siège, à affranchir l'Eglise de France de la tutelle ombrageuse, dégénérant parfois en domination impérieuse, de l'Etat, en un mot à saper par sa base le gallicanisme. Certes, il fallait du courage, et un double courage, pour braver d'une part le despotisme césarien de Napoléon, pour s'en prendre de l'autre, à des traditions déjà vieilles dont étaient imbus un grand nombre de prélats, d'ailleurs infiniment respectables. Mais l'intérêt de la vérité, le zèle pour la gloire de Dieu et la soif du salut des âmes faisaient taire toute considération. Jean-Marie et Félicité de Lamennais furent inquiétés par la police impériale pendant les Cent-Jours. Durant la Restauration ils rencontrèrent une vive opposition dans leurs tendances que l'on appelait alors ultramontaines et se firent beaucoup d'ennemis. Le plus jeune surtout des deux frères, Félicité, celui qui devint plus tard si célèbre, s'était attiré de nombreuses animadversions par les exagérations de son langage et par l'audace souvent exubérante de ses attaques. Les Bourbons ne trouvaient pas plus grâce à ses yeux que Bonaparte.

La publication de l'*Essai sur l'Indifférence*, en posant sur le front de Félicité l'auréole de la renommée, n'imposa pas silence à ses adversaires; au contraire, elle servit leurs rancunes, en leur fournissant un nouveau point d'attaque. On sait que le succès du premier volume fut immense. Depuis le *Génie du Christianisme*, nul ouvrage traitant de matières religieuses n'avait eu un tel retentissement. L'auteur, sondant sans ménagement la plaie du siècle, en faisait ressortir avec éloquence la profondeur et il se préparait à en indiquer le remède. L'érudition, la force de la dialectique, l'ardeur de l'apostolat, s'unissaient dans cette œuvre vraiment magistrale. La torpeur où l'on s'endormait béatement au sein d'une prospérité matérielle inouïe succédant aux secousses du commencement du siècle, était rudement combattue. Il n'y eut, d'abord, qu'un cri d'admiration ; mais la lecture attentive du second volume, qui parut bientôt, révéla aux esprits attentifs, et peut-être plus encore aux cœurs ulcérés, des principes nouveaux, au moins douteux, périlleux certainement par leurs conséquences, et que l'on ne pouvait admettre les yeux fermés. Sans doute le but poursuivi par l'auteur, qui était de réveiller en quelque sorte des morts spirituels, demeurait juste et légitime ; sans doute ses objurgations conservaient toute leur vigueur ; mais le *criterium* unique qu'il imposait aux intelligences était loin de satisfaire tout le monde et surtout d'avoir toute la solidité désirable. Nous n'insisterons pas ici sur le côté doctrinal de la question, parce qu'il se trouve parfaitement développé dans un document que la suite du récit nous amènera à publier plus loin. Il nous suffit de constater que, durant les dernières années de la Restauration, le nom de Lamennais avait acquis une célébrité éclatante, et que si l'on commençait à discuter, dans les écoles et dans quelques cours épiscopales, les théories que l'auteur de l'*Essai* avait soutenues avec tant de présomption, la grande masse du public, nous parlons du public intelligent et religieux, le regardait comme une sorte d'oracle, comme un futur Père de l'Eglise, comme un génie destiné à rallumer le flambeau de la foi presque éteint en France (dans les classes supérieures seulement bien entendu), en présentant les choses sous un nouvel aspect, en rajeunissant les sciences philosophiques ainsi que la théologie, en entraînant les générations, subjuguées par sa parole ardente, dans la voie du progrès, mais du progrès réglé par l'Evangile.

Les considérations qui précèdent étaient nécessaires pour faire comprendre l'ascendant extraordinaire qu'exerça ce prêtre étonnant, pendant un espace de temps assez court, il est vrai, sur ses contemporains. Tout ce qui se sentait de la

flamme dans le cœur, et se croyait des idées dans le cerveau,
se tourna vers lui. Ce fut comme un engouement universel.
Lorsqu'il fonda, dans son pays d'origine même, en Bretagne,
une école moins pour propager ses propres doctrines que pour
féconder des intelligences d'élite et leur imposer son joug
fascinateur, tout le monde y courut ; on fit plus, on y resta,
et l'on demeura longtemps, bien longtemps, même après la
constatation de ses erreurs, sous le charme de ce prestigieux
génie. Les deux frères Boré, Léon et Eugène, s'y rendirent
eux aussi, subissant l'enthousiasme général, désireux de compléter leurs connaissances et de ranimer leur zèle sous la
direction d'un si excellent maître, remplis de l'espoir de
prendre un jour part à l'œuvre de régénération morale et
sociale qu'il avait entreprise. On ne peut nier l'élan généreux de toute cette brillante jeunesse.

Voici comment un des disciples de Lamennais, qui eut, lui
aussi, mais comme dans une pénombre, son heure de notoriété et presque de célébrité — Maurice de Guérin —, décrit
l'asile solitaire où le maître avait convoqué, loin des bruits
du monde, ceux qui aspiraient à le réformer.

« La Chênaie est une sorte d'oasis au milieu des steppes (1)
de la Bretagne. Devant le château, s'étend un vaste jardin
coupé par une terrasse plantée de tilleuls avec une toute petite chapelle au fond. » Dans le voisinage se trouvait un
étang, où pendant les grandes chaleurs les hôtes du propriétaire aimaient à se baigner et à lutter entre eux à la nage.
Il y avait même sur ces eaux dormantes un bateau.

Un autre membre de cette bande studieuse et rêveuse, qui

____

(1) Ce terme nous paraît trop ambitieux ; il fallait dire simplement
landes.

a laissé d'assez beaux vers, M. Du Breil de Marzan nous fait
pénétrer dans le petit cénacle. Le savant et bonhomme abbé
Rohrbacher, l'auteur de la grande *Histoire ecclésiastique*
où il rectifia les erreurs de Fleury, y venait de Malestroit, où
il avait fondé, d'après les instructions du maître, une sorte de
congrégation dont il sera bientôt question. « On goûtait fort
l'humeur joviale de ce naïf et consciencieux érudit, qui avait
une manière à lui de trouver les jeux de mots et d'en rire. »
MM. de Coux, d'Ortigues, Cazalès, s'y donnaient rendez-vous.
Montalembert y faisait de courtes apparitions. Là règnaient les
rapports de la cordialité la plus franche ; le maître avait pris
l'habitude de tutoyer ses préférés au nombre desquels M. Du
Breil de Marzan compte Ange Blaize, le neveu de Lamennais,
Elie de Kertanguy, son allié, et Eugène Boré qu'il appelle
« son aîné et son docte ami. » C'est Boré qui avait ouvert
les portes de la Chênaie à son ancien camarade du collège
Stanislas, Maurice de Guérin, déjà nommé, « dont l'âme tendre et comme un peu molle, cherchait un appui et une direction que les hésitations perpétuelles de son esprit lui rendaient
aussi difficile que nécessaire. »

La diversité des travaux, dont chacun avait son heure dé-
terminée variait agréablement, raconte l'un des témoins, l'uni-
formité des exercices communs à tous les habitants et l'unité
de la vie spirituelle dans cette famille composée alors de sept
ou huit jeunes âmes. Le lever, fixé à cinq heures, était suivi
de la prière et de la méditation. M. de Lamennais y présidait,
quand sa santé le lui permettait, ou se faisait remplacer par
un de ces disciples. Les différents points de l'oraison étaient
exposés avec une constante régularité. A la fin de l'exercice,
un résumé substantiel facilitait l'application des vérités
dont l'esprit s'était nourri dans la réflexion, et préparait à

la messe où tous assistaient et où plusieurs communiaient.

Au repas de midi succédait une heure et demie de récréation où l'on goûtait, en été, le charme des entretiens sous des ombrages, où l'on se livrait, en hiver à des courses ou au patinage. On faisait ensuite une visite au Saint-Sacrement et l'on récitait le chapelet. Les travaux littéraires ou philosophiques reprenaient alors leur cours jusqu'à la lecture spirituelle du soir faite par un des jeunes gens et assaisonnée de ses propres réflexions. Cette spontanéité n'a-t-elle pas quelque chose de tout à fait touchant ? C'était un caractère de l'enseignement du maître, qui s'attachait à conserver, à développer dans chaque âme ses propres qualités naturelles.

Le *Traité de la perfection chrétienne*, de Rodriguez, les Œuvres spirituelles de Bossuet et de Fénelon, des extraits des saints Pères, les sermons de saint François de Sales, les *Lettres* de sainte Thérèse et son *Château de l'âme* étaient ainsi lus et commentés. On retournait à la chapelle pour la prière du soir, et parfois pour le Salut du Très Saint-Sacrement. C'est dans ce moment que s'élevaient les voix d'Élie et de Maurice, qui avaient le privilége de ravir l'âme tendre de Lamennais.

Le soir, après souper, on passait au salon ; c'était l'heure de la causerie intime et sans apprêt. Maurice de Guérin, dans son *Journal* et dans ses *Lettres*, nous montre un immense sopha, vieux meuble de velours cramoisi râpé, placé sous le portrait de la grand'mère de M. Féli (1), qu'elle semblait contempler avec complaisance. « En regardant bien ce meuble, on finissait par apercevoir dans un coin une petite tête, rien que la

____

(1) C'est ainsi que dans l'intimité on abrégeait le nom de Félicité de Lamennais.

tête, avec des yeux reluisants comme des escarboucles, et pi-
votant sans cesse sur son cou ; on entendait une voix tantôt
grave, tantôt moqueuse, et parfois de longs éclats de rire
aigus. » C'était le maître qui conversait. Un peu plus loin, on
entrevoyait dans l'ombre une figure pâle, large front, cheveux noirs, beaux yeux portant une expression de tristesse et
de souffrances habituelles, et parlant peu. Cette apparition
s'appelait M. Gerbet, depuis évêque de Perpignan, « le plus
doux et le plus endolori de tous les hommes». Nous le re-
trouverons dans la suite de ce récit.

Le dimanche, l'abbé de Lamennais, devenu prédicateur,
électrisait par sa parole tantôt tendre, tantôt enflammée, ses
jeunes auditeurs qui croyaient entendre en lui un prophète ou,
pour mieux dire, le prophète des temps modernes. Il les entretenait surtout des obligations de la vie monastique, les ini-
tiant à l'avance à l'esprit et aux pratiques de la congrégation
semi-bénédictine et semi-laïque, qu'il avait fondée à Malestroit
et qui fut bientôt transférée à Ploërmel. Il insistait surtout sur
la nécessité de sacrifier à Dieu et à ses supérieurs l'entière
propriété de soi-même, doctrine d'assujettissement spirituel
qui ne concordait guère avec les idées de liberté démocrati-
que et d'affranchissement qu'il commençait, dès cette époque,
à propager parmi les masses.

Lamennais excellait à faire jaillir d'un entretien familier
des pensées ingénieuses, des aperçus profonds et lumineux.
Il prenait texte et prétexte de tout ce qu'il avait sous les
yeux, d'un accident, d'un rien pour se livrer à des considérations qui ravissaient ses auditeurs. Une pomme dans le jardin venait-elle à se détacher de l'arbre, c'était un exemple de
la brièveté de la vie, de la vicissitude des choses humaines.

« Savez-vous, disait une fois le maître en s'adressant à ses disciples, pourquoi l'homme est la plus souffrante des créatures ? C'est qu'il a un pied dans le fini et l'autre dans l'infini, et qu'il est écartelé, non pas à quatre cheveaux, mais à deux mondes. »

Ne reconnaissez-vous pas l'empreinte de ce caractère profondément mélancolique, qui devait contribuer à l'entraîner si loin et devenir une des causes de sa chute ?

En attendant, il exerçait le plus grand empire sur ceux qui l'approchaient et l'un de ses disciples l'appelait « un prêtre que les hommes comptent parmi leurs gloires sur la terre et que les saints réclament comme un des leurs dans le ciel (1). »

Toutefois un œil exercé eût pu discerner à cette époque, dans ce prêtre plein de zèle et de dévouement et qui s'attachait à guider ses disciples dans les voies de la vrai spiritualité, quelque chose qui, extérieurement du moins, n'avait rien de sacerdotal, certaines bizarreries de costume, peut-être de langage, qui contrastaient péniblement avec le décorum, accompagnement indispensable du caractère sacré. Celui de ses admirateurs que nous venons de citer montre « le grand homme, petit, grêle, pâle, yeux gris, tête oblongue, gros nez et long, le front profondément sillonné de rides..., tout habillé de gris, et, quand nous sortions pour la promenade, marchant toujours en tête, coiffé d'un mauvais chapeau de paille... » A la vérité, il ajoute que le maître a des mots charmants, que les saillies les plus vives, les plus étincelantes, s'échappent de lui.

Ce grand génie, qui embrassait le monde dans ses conceptions parfois mal digérées, aurait dû, se renfermant dans un

(1) Maurice de Guérin.

cercle plus étroit, considérer que ce n'est pas sans motif que l'Eglise a adopté pour ses ministres un costume qui les distingue du vulgaire, les préserve de toute attitude grotesque ou simplement familière et les désigne au respect de la foule. En rompant sans nécessité avec des habitudes extérieures, mais fondées en raison, Lamennais préludait, sans s'en douter assurément, à sa laïcisation (1), et rendait la transition plus facile.

Un reproche plus grave qui a été adressé à sa mémoire, c'est de n'avoir pas été fidèle à la récitation quotidienne du bréviaire. Il aurait obtenu, à la vérité, une dispense du Saint-Siège, sur les instances de Lamartine qui demandait qu'on laissât à un si beau génie, défenseur déjà célèbre de l'orthodoxie, tout le temps nécessaire pour étudier et pour écrire. Complaisance funeste pour celui qui en fut l'objet, s'il en usa, car il dut perdre par là une partie des forces morales dont il avait besoin pour résister aux rudes tentations d'entêtement et d'orgueil dont il allait être assailli. Ce fait a, du reste, été démenti, et il nous paraît appartenir à la légende.

La révolution de juillet, qui survint sur ces entrefaites, par le déchaînement d'idées et de passions qu'elle produisit, acheva de jeter hors de sa voie une âme qui commençait à se déséquilibrer. Presque toutes les têtes, alors, il faut bien le dire, é aie it à l'envers. C'était le moment où les Saint-Simoniens entreprenaient tout simplement de réformer non seulement la société, mais encore la morale publique et privée et jusqu'à la nature humaine. Lamennais, qui depuis longtemps poursuivait de ses attaques insensées le gouvernement de la

---

(1) Entendue dans le sens extérieur et mondain On sait que le prêtre, quels que soient ses écarts, demeure toujours prêtre.

Restauration, vit dans l'avènement d'un pouvoir nouveau le triomphe de son opposition. Non pas que les hommes qui arrivaient au pouvoir fussent sympathiques à ses principes de rénovation religieuse, mais il espérait trouver dans les institutions actuelles un point d'appui. Après avoir vainement cherché dans l'autorité politique le concours longtemps réclamé, il s'imagina que la liberté lui fournirait les moyens de réaliser ses projets. D'autoritaire absolu qu'il était la veille, il devint fougueux démocrate ; et il fut peut être le seul à ne pas s'apercevoir de cette évolution ; ce n'était, à ses yeux, qu'un changement de méthode. Peu lui importait, puisque sa doctrine demeurait la même. Il ne songeait pas aux résistances qu'il allait provoquer, aux inimitiés qu'il allait susciter, et qui, s'ajoutant à celles contre lesquelles il avait eu à se défendre, le constituaient dans un état de lutte si terrible qu'à moins d'un immense empire sur lui-même, dont malheureusement l'expérience le montra peu capable, il devait infailliblement succomber.

Ce fut alors qu'il fonda le journal l'*Avenir* qui devait, dans sa pensée, assurer son triomphe, et qui, au contraire, le conduisit à sa perte. Mais avant d'aller plus loin, nous sommes obligé de faire quelques pas en arrière.

II

Les relations de M. de Lamennais avec Eugène Boré existaient depuis 1829. Dès la première heure le prêtre breton

s'était pris de la plus vive affection pour cette nature si franche, si cordiale, si désintéressée. Il avait assumé la direction,
non seulement de ses travaux littéraires ou philosophiques,
mais encore de sa vie spirituelle. Même au plus fort des orages
qui dévastaient son propre intérieur, il conserva, pendant
longtemps du moins, assez de sérénité pour préserver son
élève du naufrage, pour le maintenir dans une fervente piété,
dans cette piété qui, comme il le disait après saint Paul, est
utile à tout. Pourquoi ne s'est-il pas toujours appliqué à lui-
même cette maxime ?

On peut dire que M. de Lamennais aimait surtout l'âme
d'Eugène Boré. Il ne cessa, pendant six ans qu'il le garda sous
sa direction et qu'il entretint avec lui une correspondance plus
ou moins suivie, de lui faire les recommandations les plus
pressantes, de lui adresser les plus sages conseils en vue du
salut, de lui montrer l'éternité comme le terme de tous ses
travaux, comme le seul but digne de captiver un esprit raison
nable. E. Boré fut vraiment pour l'hôte de la Chênaie un sujet
de prédilection. Son maître lui prodiguait les appellations les
plus tendres, il le traitait comme son fils, le tutoyait familièrement. « Je suis, mon cher enfant, lui écrivait-il, tout à toi du
fond du cœur. » Et une autre fois : « Je t'embrasse tendrement... Tout à toi du fond *de mon cœur*. » (Ces derniers mots
soulignés.) « Je te serre sur mon cœur, *mon Eugène bien
aimé*. » Et encore : « Nous t'embrassons tendrement, et moi,
mon Eugène, bien plus qu'un autre. »

Citons enfin ces lignes où perce l'accent de la sincérité : « Je
t'embrasse avec un amour de père... » « Viens te reposer
sur le cœur de ton père qui t'aime tant. »

Pendant le séjour de Lamennais en Italie, où l'avaient
appelé les affaires les plus graves, et pendant lequel sa des-

tinée commençait à se décider, aux prises avec les préoccupations les plus vives, au milieu des démarches les plus absorbantes, il trouvait le temps d'adresser à son disciple le plus cher des missives pleines de tendresse. Les mots qui suivent indiquent le prix qu'il attachait à ses prières et trahissent en même temps certains troubles de son âme. « Prie le bon Dieu que sa sainte volonté s'accomplisse en moi sans obstacle de ma part. Prie-le de me donner le courage d'être séparé de mes enfants aussi longtemps qu'il le jugera bon, afin qu'éternellement je sois avec eux... Je te bénis de toute mon âme ! » Et une autre fois : « Ton absence m'est plus pénible que je ne puis te le dire, mais elle est nécessaire et je m'y résigne. »

Ces passages que nous pourrions multiplier révèlent tout ce qu'il y avait de tendresse au fond de cette nature parfois si altière. Ils nous montrent l'auteur futur des *Paroles d'un croyant* sous un aspect tout autre que celui sous lequel on est habitué à se le représenter. Hâtons-nous d'ajouter que ces effusions supposent des sentiments analogues chez celui qui en était l'objet. Pour que le maître aimât à ce point son disciple, il fallait que le disciple témoignât à son maître un respect, une docilité, une confiance presque sans limites. Le caractère si aimable et si sympathique d'Eugène Boré se révèle ainsi par une sorte de reflet. Nous ne possédons qu'une ou deux de ses réponses aux soixante-trois lettres de Lamennais qui nous ont été confiées en original ; mais on peut en présumer l'esprit par la continuité de la correspondance. Evidemment le disciple répondait tendrement à ces avances paternelles ; il devait s'aveugler sur les défauts du maître, et prendre chaleureusement parti pour lui, quand il le voyait en butte à des inimitiés et à des attaques sur des points délicats de doctrine auxquels, par la tournure de son esprit et la nature de ses études, il était complètement étranger. Il voyait surtout dans le solitaire de La Chênaie un directeur spirituel. C'est lui qu'il consultait pour ses affaires de conscience, c'est à lui qu'il soumettait les résolutions prises à la suite d'une retraite faite dans le mois de février 1830. Voici le texte de ses réflexions que nous reproduisons pour montrer quel était alors l'état de son âme et le degré de sa ferveur. Il n'avait que vingt-et-un ans.

« Mon Dieu, ayez pitié de moi ! Je suis faible et le plus faible des hommes. La faiblesse est le grand principe de mes imperfections, de mes vices... Que faire, ô mon Dieu ! ô sainte Vierge ! Aller avec confiance, après m'être jeté sous votre double protection. Je serai bien exposé ! Cela entre peut-être dans le dessein de votre Providence. C'est une épreuve qui me méritera de grandes grâces, si je reste fidèle. Avec votre aide, je le puis, d'autres *ont vaincu le monde*. »

Puis viennent ses engagements également mis par écrit :

« Je promets : 1° De faire matin et soir ma prière ; de plus, le matin, une méditation, et dans la journée au moins une lecture pieuse ;

« 2° D'entendre tous les jours la messe, quand je le pourrai ;

« 3° D'aller à confesse tous les samédis et de m'efforcer d'être jugé digne d'approcher du Très Saint-Sacrement ;

« 4° D'éviter toute société des jeunes gens de..., et, lorsque je m'y trouverai, d'agir avec la simplicité d'un enfant ;

« 5° De rechercher la société des personnes sérieuses, telle que des ecclésiastiques ;

« 6° D'éviter toute recherche dans ma toilette ; y garder toujours la modestie et la simplicité. »

Ces résolutions, l'habitude de la communion hebdomadaire, la fuite des sociétés dangereuses, la juste défiance des entraînements de la vie mondaine, révèlent un chrétien déjà éprouvé qui veut absolument faire son salut et qui prend ses mesures en conséquence. On remarquera que l'humilité a dicté ces sages engagements. C'est l'humilité qui préservera Eugène Boré des périls d'une liaison compromettante et l'élèvera peu à peu aux sommets les plus hauts de la vertu ; c'est l'orgueil, au contraire, qui fera déchoir son maître et finira par le précipiter dans l'abîme. Double leçon dont tout le monde peut faire son profit.

Lamennais avait reçu communication de ces résolutions généreuses. Il répondit à son disciple par les lignes suivantes en date du 18 février : « Ta lettre, mon Eugène, m'a fait grand plaisir. J'espère que Dieu te fera la grâce de garder fidèlement les bonnes résolutions que tu as prises. Ne t'en écarte sous aucun prétexte, et sois ferme contre toi-même. » Puis, après lui avoir donné sur ses affaires d'intérêt des conseils qui décèlent l'homme pratique, Lamennais ajoutait : « Je t'engage à hâter le plus possible tes arrangements de famille, afin de diminuer pour toi la perte d'un temps précieux. » Il voulait, ce semble, le dégager de tous les embarras matériels pour le faire vivre d'une vie toute intellectuelle et morale. Il revient sur ce sujet dans une lettre du 30 août : « Avance le plus que tu pourras la conclusion de tes affaires » ; et il le presse de s'adresser à une personne entendue qui le dispensera de toute sollicitude. On peut supposer qu'il avait jeté les yeux sur lui, afin de l'enrôler dans la sainte phalange qu'il projetait de fonder. Peut-être aussi désirait-il l'avoir sous la main, afin de pouvoir l'utiliser pour la direction du journal l'*Avenir* dont il lui annonçait discrètement la fondation.

« Il va paraître, lui écrivait-il, un nouveau journal quotidien intitulé l'*Avenir*. M. Gerbet en a rédigé le prospectus. »

Et il ajoutait : « Ce journal choquera beaucoup de royalistes
et en ramènera d'autres au bon sens, je l'espère du moins.
Il paraît que nos pauvres royalistes angevins vont s'enfon-
çant de plus en plus dans un abîme d'extravagance et d'idio-
tisme. Cela est déplorable : il ne peut en résulter que beaucoup de mal. » Puis, faisant allusion à des prédictions qui
ne manquent jamais de pulluler dans les temps de troubles
politiques : « Ces belles prophéties ne sont pas nouvelles. Il
y a près de deux ans qu'on m'en a parlé, et plusieurs fois
déjà elles eussent dû s'accomplir ; mais les prophètes s'étaient
par malheur trompés sur l'époque . La bonne volonté y est,
du moins. L'Empire grec, dans ses derniers moments, était
tombé moins bas. »

On voit que Lamennais ne se montrait pas tendre à l'égard
de ceux qui ne partageaient pas sa manière de voir. Il avait,
du reste, blâmé de tout temps la politique de la Restauration
et il s'était montré impitoyable pour tous les ministres qui
avaient successivement exercé le pouvoir.

En annonçant l'apparition prochaine de l'*Avenir*, Lamennais avait pris la précaution de ne pas se faire connaître
comme l'inspirateur et le principal rédacteur de ce journal.
Mais le jeune Boré ne tarda pas à l'apprendre. Plein de confiance en son maître, jaloux de contribuer à sa gloire, il résolut de coopérer à une œuvre qui, entreprise sous de tels
auspices, ne pouvait manquer d'assurer le relèvement de la
société et le triomphe de l'Église. Les actions étaient d'un
prix élevé, trois mille francs. Boré, quoique peu fortuné,
n'hésita point : il souscrivit pour une action, de moitié, il
est vrai, avec son frère, et il se libéra immédiatement d'un
tiers. Il avait auparavant consulté son directeur, sans l'autorisation duquel il ne prenait aucune détermination. Naturel-

lement Lamennais' l'approuva fort. « A mon avis, lui écrivait-il, il y a un grand bien à espérer de ce journal, et tout
annonce qu'au lieu d'être onéreux, ce placement offrira des
avantages qui peuvent devenir considérables. » Hélas! Lamennais, qui se moquait si cruellement des faiseurs de pré-
dilections, ne fut pas cette fois meilleur prophète. On sait que
cette entreprise ne réussit pas mieux commercialement que
politiquement ; elle fut pour son fondateur la source de graves
embarras pécuniaires qui achevèrent d'aigrir son caractère et
contribuèrent à le faire sortir du droit chemin.

Lamennais se piquait pourtant de s'entendre en affaires. Il
multiplie dans sa correspondance ses conseils en ce genre.
« Garde-toi de rien vendre en ce moment, écrit-il à son jeune
ami. Si tu peux louer en argent tes fermes à moitié, ce sera
le mieux, mais je t'engage à ne faire que des baux assez
courts, parce que les circonstances me paraissent peu favorables pour affermer. » Et, après lui avoir recommandé de
ne placer ses fonds que sur bonnes hypothèques, il termine
en lui souhaitant de trouver une personne sûre et intelligente
qui s'occupe de ses affaires à Angers, recouvre les locations,
les fermages, etc. « Ne quitte pas cette ville que tu n'aies
tout mis en ordre et pourvu à tout. » (Lettre du 17 octobre.)

On ne s'attendait guère à trouver chez le futur auteur de
l'*Esquisse d'une philosophie* ces préoccupations bourgeoises
et essentiellement terre à terre. Mais il faut convenir que de tels
détails ont quelque chose de touchant, quand on pense qu'ils
concernent un jeune homme très instruit, mais qui débute dans
la vie et que l'on veut prévenir contre sa propre inexpérience.

Bientôt la direction spirituelle reprend la place qui lui appartient : elle domine dans les lettres suivantes qui s'éche-
lonnent de 1830 à 1836.

« N'oublie pas que la science, dangereuse en ce qu'elle nous tente continuellement d'amour-propre, est la plus grande des vanités, lorsqu'on ne la reporte pas à un but plus solide et d'un ordre plus élevé. En toutes choses ne regarde que Dieu et ton salut. Dieu est notre terme unique, aie-le donc sans cesse devant les yeux et tout au fond du cœur. Offre-lui tes travaux, désavouant toute pensée, tout désir, tout acte qui aurait en lui un autre principe que le désir de lui plaire et de le glorifier. »

Quelques jours plus tard, mêmes avis salutaires :

« Efforce-toi, mon cher enfant, d'avancer chaque jour dans la voie sainte de l'humilité et du renoncement à toi-même. C'est la voie de la paix, même sur la terre, la voix du contentement et de la joie intérieure, la voie qui conduit au repos éternel. »

Puis, revenant sur les conseils donnés précédemment, et comme s'il voulait les inculquer profondément à son disciple, en frappant en quelque sorte à coups redoublés :

« Prends garde de t'attacher à tes études par un sentiment trop humain. Tout pour Dieu, pour Dieu seul. Il faut être disposé à quitter tout pour lui, au premier signe de sa volonté, tout sans exception et même ce en quoi nous n'avions d'autre but que sa gloire. »

Heureux Lamennais, s'il eût mis lui-même en pratique la morale qu'il prêchait si bien aux autres !

La sollicitude pour la santé d'un disciple si cher trouve sa place dans cette correspondance :

« Je te recommande de ménager ta santé et ta vue. Ce n'est pas ménager le temps, c'est le perdre que d'épuiser ses forces par un travail excessif. Tiens-toi donc en garde contre un excès de ce genre. »

Une autre fois, pendant une absence, il s'adresse à toute sa petite colonie de la Chênaie. Il engage fortement ses jeunes disciples « à travailler en commun, à devenir des hommes de prières et de vertus, des hommes de Dieu, à n'étudier que dans des vues surnaturelles. »

Lamennais surveillait, même de loin, la santé de son élève de prédilection. Il apprend à Florence que Boré a eu une attaque de choléra. Cette nouvelle excite ses alarmes. « Je reçois, mon bien cher petit enfant, ta lettre du 7. Elle m'inquièterait bien vivement, si tu ne m'assurais que tu es tout à fait remis. » Puis viennent des recommandations touchantes : « Je te conjure, mon Eugène chéri, de prendre grand soin de ta santé. Tu as eu grand tort de ne pas t'aliter dès les premiers symptômes. Ne commets pas cette imprudence, une autre fois. »

Il ne saurait entrer dans notre plan de raconter toutes les vicissitudes de l'affaire politico-philosophique qui appelait à Rome l'abbé de Lamennais ; nous ne pouvons que signaler les rapports existant à cette époque entre le maître et ses disciples, principalement avec Boré, et faire connaître par de brèves indications l'état de l'âme de celui sur lequel toute l'Europe avait alors les yeux fixés. Nous le répétons, M. de Lamennais avait à lutter contre des ennemis personnels qui tiraient parti de ses témérités et de ses erreurs pour lui porter des coups dont il aurait peine à se relever. Le chef de la nouvelle école, aveuglé sur sa propre faiblesse, ressentait vivement les attaques auxquelles il était en butte, et son cœur, débordant d'amertume, aimait à s'épancher dans celui de ses amis. Eugène Boré lui écrivit alors une lettre des plus affectueuses, que nous ne possédons pas, mais dont le sens nous est suffisamment indiqué par la réponse du destinataire. Nous donnons celle-ci presque tout entière. C'est un cri d'angoisse qui révèle bien des douleurs et qui montre le sage et ferme directeur oubliant ses propres chagrins pour fortifier l'âme qui s'est remise à sa garde.

« Frascati, le 28 avril 1832.

« Mon pauvre cœur a été bien touché de ta lettre si bonne et si tendre, mon Eugène bien-aimé. Que Dieu te protège ! qu'il te bénisse ! qu'il te donne une vie moins troublée que la mienne ! et, s'il lui plaît d'appesantir sur toi-même la croix que porta son divin fils, qu'il t'adoucisse ce dur mais salutaire travail par la suavité de sa grâce ! Efforce-toi, mon cher enfant, d'avancer chaque jour dans la sainte voie de l'humilité et du renoncement à toi-même. C'est la voie de la paix, même sur la terre, la voie du contentement et de la joie intérieure, la voie par où sont passés tous les élus, tous les disciples de Jésus-Christ, la voie qui conduit au repos éternel. »

A ces recommandations générales, M. de Lamennais ajoutait des avis particuliers, en rapport avec la situation et les occupations de son disciple.

« Prends garde, lui écrivait-il, de t'attacher à tes études par un sentiment trop humain. Tout pour Dieu, tout pour Dieu seul. Il faut être disposé à quitter tout pour lui, au premier signe de sa volonté, tout sans exception. Oh ! la belle science que celle de mourir ! *Quotidie morior,* disait l'apôtre, et que demandait-il pour les chrétiens ? qu'il fussent ensevelis avec Jésus-Christ en Dieu, *consepulti cum Christo in Deo.* C'est ainsi, mon enfant, que tu te sanctifieras. Cet exercice contient tous les autres. Aussi que ce soit pour toi un exercice d'amour sans contrainte, sans trouble ; car le royaume de Dieu est paix et joie dans l'Esprit-Saint, *pax et gaudium in Spiritu sancto.* »

Après ces effusions d'une tendre piété, le correspondant en venait à des conseils pratiques en vue de la carrière que le jeune Boré pouvait être appelé à parcourir un jour. Ces conseils, on ne peut en disconvenir, sont marqués au coin de la prudence ; ils dénotent un observateur sagace qui connaissait bien les aptitudes de son disciple.

« Elie me mande que tu continues avec ardeur l'étude des langues. Cela est bien ; mais que cette étude ne te fasse pas négliger celle de l'histoire, pour laquelle tu as de l'attrait et que tu pourras rendre utile. Réserve-toi aussi un peu de temps pour t'exercer à écrire. Je tiens beaucoup à cela, parce que le fruit de tout le reste en dépend. Etudier c'est recevoir, écrire c'est donner, ou plutôt rendre, c'est accomplir le commandement : *Docete.* Ce qui ne sert qu'à nous nuit le plus souvent et n'a point de promesses de récompense. »

Comme conclusion, une demande de prière pour lui même ; comme s'il avait le pressentiment de l'orage qui allait fondre sur lui et de sa chute imminente, donc un acte d'humilité profonde et d'abandon total pouvait seul le préserver :

« Adieu, mon Eugène bien-aimé. Prie le bon Dieu que sa sainte volonté s'accomplisse en moi, sans obstacle de ma part. Prie-le de me donner le courage d'être séparé de mes enfants, aussi longtemps qu'il le jugera bon, afin qu'éternellement je sois avec eux. »

Lamennais était, sans doute, sincère en écrivant ces lignes touchantes. Malheureusement, il se trouvait de plus en plus sous l'empire de cet orgueil philosophique, sinon le pire, du moins le plus dangereux de tous les orgueils, parce qu'il puise ses forces dans l'opiniâtreté des convictions et semble s'élever au-dessus des mouvements impétueux des passions et des sens. Ceux de ses meilleurs amis, auxquels l'âge et la réflexion permettaient un jugement de sang-froid, commençaient à s'éloigner de lui et à lui soumettre des objections. Il comptait parmi ses correspondantes habituelles la comtesse de Senfft, dont le mari s'était converti du protestantisme à la religion catholique. Comme cette dame lui témoignait quelques inquiétudes à propos des opinions qu'il avait adoptées, Lamennais lui répondait à la date du 1ᵉʳ mai 1832, se plaignant qu'on suspectât ses sentiments catholiques. « En supposant, disait-il, que nos opinions diffèrent radicalement, vous n'avez pu douter du reste, parce que le reste est l'honnête homme, l'*homme chrétien* (1). » Il avouait, au surplus, que ses idées formaient un ensemble très difficile à juger, et dont l'intelligence eût demandé plusieurs jours d'entretien. Malgré cette opposition qu'il était réduit à constater chez ses plus dévoués fidèles, il persistait dans des opinions qui ne sont, en réalité, affirmait-il, que « le catholicisme même *tant oublié depuis des siècles* » , et il se confirmait dans la pensée que ces opinions, non seulement deviendraient l'opinion commune, le sens usuel et pratique des peuples, mais encore « le principe régulateur du monde nouveau que la Providence *couvait* en ce moment sous ses ailes. » Il fallait une bonne dose de présomption pour se flatter d'y voir seul plus clair que tout le monde n'y avait vu depuis des siècles, et il était difficile d'allier cet exclusivisme et cet isolement avec ce sens commun même sur lequel il aimait tant à s'appuyer.

(1) Lettre reproduite dans la corespondance de Lamennais, publiée par M. Fabre.

Un mois après (le 2 juin), il annonçait à son frère « la dislocation prochaine et *violente* d'un ordre de choses incompatible avec la durée du catholicisme. » Voilà les visions de
l'avenir qui hantaient ce cerveau à demi détraqué. Quant au
Chef de l'Église qu'il était venu consulter, il le traitait, con-
fidentiellement, il est vrai, avec la dernière irrévérence : « Ce
pauvre pape a de la piété, mais voilà tout ; il ne sait rien,
n'entend rien, ne comprend rien. »

Vis-à-vis de M. de Coux, Lamennais se montrait plus réservé. Après avoir accueilli avec une sorte d'avidité les nouvelles qui lui venaient de France et qui faisaient prévoir une
nouvelle explosion révolutionnaire, qu'il était disposé à saluer
de tous ses vœux, Lamennais ajoutait (20 juin 1832) :

« Il est difficile que l'esprit de mécontentement ne se pro-
page pas dans toutes les provinces et n'y pousse pas les partis même les plus opposés (entre eux) à des résistances dont
les suites sont incalculables. Et il faut avouer que les prétextes
ne manqueront pas à ceux qui chercheront dans la force une
garantie contre la force qui s'est établie au-dessus des lois et
au-dessus de la Charte, qui aujourd'hui n'est plus même un
nom. Sous le règne de la bayonnette, il n'est point d'excès
auquel le pouvoir ne puisse et ne doive être conduit. Dieu
sait quelles en seront les conséquences. »

Lamennais annonçait ensuite l'intention de quitter Rome
prochainement et de se rendre en Belgique en passant par la
Bavière. Il croyait sa mission terminée à Rome, et se persua-
dait, bien à tort (ou du moins il cherchait à le persuader à
son correspondant) que son orthodoxie avait été reconnue et
qu'il demeurait libre de faire tout ce qui lui paraîtrait le
mieux. Les hommes les plus habiles et les plus considérés de
Rome lui conseillaient, prétendait-il, de reprendre la publica-

tion de l'*Avenir*. Le cardinal Micara, entre autres, l'aurait pleinement rassuré en lui rappelant qu'il était venu à Rome pour solliciter l'examen de ses doctrines, et qu'ayant fait cette demande de vive voix et par écrit, nulle condamnation n'était intervenue : « Donc, ajoutait le prince de l'Église, elles n'étaient pas condamnables, et nul n'avait le droit de les représenter comme contraires à la foi catholique. » Il poursuivait : « Si l'on avait eu à vous donner quelque avertissement à cet égard, vous auriez reçu un *monitoire canonique*. Vous n'en avez pas reçu ; dès lors vous êtes parfaitement en règle et maître de vos actions ainsi que de vos paroles. Le silence du Saint-Siège vous justifie, parce que l'Église, qui condamne l'erreur et les écrits qui la contiennent, ne procède jamais par voie d'approbation. » Le cardinal serait allé encore plus loin, si le compte-rendu publié par le prêtre breton est fidèle : il l'aurait engagé à ne tenir aucun compte de l'opposition des évêques. « Tant pis pour ceux qui désapprouvent vos efforts ! lui aurait-il dit. S'ils ignorent ou méconnaissent leurs devoirs, ce n'est pas une raison pour que vous abandonniez les vôtres. »

M. de Lamennais citait encore plusieurs ecclésiastiques de haut rang et des théologiens de renom qui tenaient le même langage. « Après tout cela, concluait-il, il est bien clair que la question de conscience est résolue pour nous.

Si nous publions ces détails, ce n'est pas pour atténuer la faute commise plus tard par Lamennais, quand il leva l'étendard de la révolte contre l'Église. Nous voulons établir seulement qu'à cette date il se faisait très sincèrement illusion et pouvait se croire dans la bonne voie. Il écoutait de préférence, par une disposition bien naturelle à l'homme, ceux qui partageaient ses idées, plutôt que ceux qui les combattaient, ceux

qui le poussaient en avant, plutôt que ceux qui lui conseillaient la prudence. Quant à la pléiade d'hommes distingués
qu'il avait groupés en France autour de lui, les Lacordaire,
les Gerbet, les Montalembert, les de Coux, les Combalot, bien
que quelques-uns se sentissent déjà ébranlés, il n'est pas
étonnant, en présence de ces témoignages et de ces encouragements, qu'ils hésitassent à rompre avec lui. A plus forte
raison, les jeunes hommes d'élite qui s'étaient mis sous sa direction, ne juraient que sur la parole du maître et demeuraient convaincus que seul il était dans le vrai, et que les
obstacles qu'il rencontrait sur sa route lui étaient uniquement
suscités par la jalousie de ses rivaux ou la malveillance de
ses ennemis.

III

Le 10 août de la même année, 1832, Eugène Boré, alors à
Paris, recevait de l'abbé Sibour, dont on connaît la fin tragique, communication d'une pièce importante qu'il se hâtait
de transmettre au cénacle de la Chênaie. C'était le texte du
projet d'une censure du système philosophique de Lamennais,
qui devait être souscrit par plusieurs prélats français, en tête
desquels figurait l'archevêque de Toulouse, pour être ensuite
remis au Pape.

Nous donnons en partie la teneur, en partie l'analyse de ce
document, daté de Toulouse, 28 août 1832 :

« Il est facile de voir que les propositions censurées décou-

lent du faux principe qui sert de fondement au système philosophique de M. l'abbé de Lamennais. — Nos philosophes
prétendus donnaient beaucoup trop à la raison. M. de la M...
l'a méprisée jusqu'à cet excès de soutenir qu'elle ne pouvait
nous donner sur rien, pas même sur notre propre existence,
une certitude infaillible. — Première erreur.

Comme, cependant, il voulait trouver la certitude infaillible
quelque part, il a cru la voir dans la raison humaine générale,
même depuis qu'elle a été dégradée et obscurcie par le péché.
— Deuxième erreur.

De cette dernière erreur dérivent à peu près toutes les
autres ; car, pour soutenir l'infaillibilité de la raison humaine
générale, il a fallu dire : que jamais la généralité des hommes
ne s'était égarée *sur un même point* (1) ; que l'idolâtrie était
seulement un crime et non une erreur ; que tous les hommes, avant Jésus-Christ, ou *au moins* la généralité, avaient
une idée distincte d'un Dieu unique, du vrai Dieu ; que les
Juifs n'avaient aucun avantage en matière de croyance sur
les peuples payens ; que le genre (sans doute humain) (2) avant
Jésus-Christ, croyait tout ce que nous croyons, et que nous
croyons tout ce qu'il croyait ; que le christianisme n'est, dans
ses dogmes, que la raison humaine ; que le sens commun et
le sens catholique sont une même chose. Et, comme jamais

(1) Preuve : Le paganisme ou l'idolâtrie renfermait au moins
deux erreurs bien universelles : la persuasion qu'il y avait dans
les idoles une vertu divine, et la croyance que c'était un devoir de
lui offrir des sacrifices. Or, c'était le témoignage universel qui entraînait les *particuliers* dans ces deux erreurs, suivant cette parole
de saint Paul : *Ad simulacra muta prout ducebamini euntes* (I.
Cor. XII, 2). (Note de la Censué).

(2) Le mot est resté au bout de la plume.

les théologiens catholiques n'avaient raisonné sur de pareils principes, il a fallu attaquer, pour la soutenir, la méthode théologique suivie jusqu'à ce jour. On est donc venu dire : que la science catholique est encore à créer ; que M. de la M... travaille à régénérer le catholicisme ; bien plus, que le catholicisme a souffert des éclipses ; qu'il s'est affaissé dans un épouvantable cahos (*sic*) pendant plusieurs siècles ; enfin, que l'Église s'est trouvée emprisonnée dans une portion de l'Europe et dans un territoire aussi désolé que rétréci.

L'auteur de cet écrit s'attachait ensuite à expliquer l'ordre suivi dans la censure des propositions. Les fausses maximes de l'*Avenir* sur la liberté de la presse, la liberté de conscience, la liberté politique des peuples, avaient pu se lier dans l'esprit de l'auteur à un principe fondamental de l'infaillibilité de la raison générale. Il paraissait, d'ailleurs, nécessaire de censurer ces maximes dans ce qu'elles avaient de contraire à l'enseignement catholique.

M. de Lamennais savait rendre spécieuses telles de ses propositions qui étaient les plus révoltantes, parce qu'il les expliquait d'une manière qui en changeait absolument le sens ; mais on faisait observer avec raison que le sens répréhensible n'en subsistait pas moins à cause du rapport nécessaire avec ce que l'auteur voulait établir, de sorte que l'erreur demeurait dans l'esprit du lecteur avec les termes qui l'exprimaient.

Ainsi, quand M. de Lamennais expliquait cette proposition inouïe : « Les chrétiens croient tout ce que croyait le genre humain avant Jésus-Christ », en disant que par ces mots : *tout ce que croyait le genre humain*, il faut entendre seulement quelques vérités primordiales dont il était resté des traces dans le monde avant Jésus-Christ, cette proposition ainsi entendue ne pouvait plus servir à prouver ce que l'auteur voulait établir, à savoir que l'unité (de doctrine apparemment) est un des caractères du christianisme, que le christianisme est, par conséquent, la religion véritable, et que tout cela découle de l'infaillibilité de la raison générale, car on prouverait aussi bien avec la même proposition prise dans le même sens, la vérité du paganisme.

Quelle fut l'impression d'Eugène Boré à la lecture de cette pièce ? Nous l'ignorons : il se contente, en l'envoyant à Élie de Kertanguy, de la qualifier de curieuse. Il est probable qu'elle avait sérieusement attiré son attention. Les arguments solides qu'elle contient étaient de nature à lui faire, au moins, concevoir des doutes sur la vérité du système incriminé. Mais Eugène Boré n'avait pas à proprement parler l'esprit philosophique. Son maître, qui lui reconnaissait, d'ailleurs, de grandes qualités intellectuelles, notamment sa pénétration en histoire, et ce qu'on peut appeler le don des langues, s'en était bien vite aperçu et l'avait dirigé dans d'autres voies.

Suivant le dessein annoncé, Lamennais revint en France par l'Allemagne : il trouva à Munich une lettre de Boré qui le tenait au courant des évènements. La démarche des évêques et la publicité qu'on y avait donnée ne l'effrayaient point. « Si, comme je le crois, écrivait-il, ils n'obtiennent pas la condamnation qu'ils demandent, le silence du Saint-Siège sera une justification éclatante de nos doctrines ; si, contre mon attente, quelques propositions étaient condamnées, le jugement du pape devrait terminer toute controverse » (1). On ne pouvait témoigner plus de confiance et en

(1) Le pape blâma, d'ailleurs, la publicité donnée à ce document comme inopportune et de nature à accroître l'irritation naturelle de Lamennais.

même temps plus de docilité. Lamennais se trompait dans
ses prévisions. A Munich même l'atteignit la fameuse encyclique *Mirari vos* qui, tout en respectant sa personne (il
n'était même pas nommé), frappait son système. Le prêtre
breton, un moment étourdi de ce coup inattendu, se soumit
sans réserve. Déjà, du reste, Lacordaire s'était séparé de lui;
et Boré, qui ne comprenait rien à ces scrupules, avait annoncé
au maître ce qu'il appelait son *triste* départ. En même temps,
il l'annonçait à l'un des hôtes les plus assidus de la Chênaie,
alors à Bruxelles, M. l'abbé Gerbet. « Mon cher Père, lui
écrivait-il de Paris le 11 août, M. Lacordaire n'est plus des
nôtres, il a rompu définitivement. Depuis longtemps je
voyais l'horizon s'obscurcir et les nuages s'amonceler, mais
je ne croyais pas que l'orage dût éclater aussi tôt... M. Lacordaire est parti hier, sans rien me dire ; il avait laissé dans
ma chambre deux paquets : dans l'un se trouvait un petit bil-
let où il me disait adieu, me souhaitait du *courage* et m'annonçait qu'il partait pour l'Allemagne. L'autre paquet, adressé
à M. de Coux, contenait son mémoire justificatif. » Dans cet
écrit, Lacordaire blâmait Lamennais d'avoir exprimé l'intention de reprendre la publication de *l'Avenir* avant que le
Saint-Siège se fût expliqué, ce qu'il considérait avec raison
comme une rupture du silence promis dans le dernier numéro
de ce journal. Il paraît que MM. Gerbet, de Coux et d'Ault-
Dumesnil avaient d'abord pris une détermination semblable.
Ils n'y avaient renoncé que par la crainte de contrister Lamennais. Lacordaire blessé de ce qu'il appelait leur défection,
donnait sa démission de membre du comité de rédaction de
l'Avenir et du conseil de l'Agence, sa conscience l'empêchant, affirmait-il, de rester plus longtemps avec des hommes
que n'arrêtaient ni la désapprobation du cardinal Pacca, ni

la circulaire des évêques. Cette démarche et ces explications de Lacordaire affligèrent grandement Eugène Boré, qui redoutait l'impression fâcheuse qu'elles produiraient sur beaucoup d'esprits. « Mais, ajoutait-il, Lacordaire n'emporte pas, en s'en allant, la vérité, et nous sommes assurés qu'elle nous reste. »

Cette assurance était, nous ne voulons pas le dissimuler, gravement entachée de présomption. Hâtons-nous de faire remarquer que, lorqu'Eugène Boré s'exprimait avec tant de confiance, il ignorait complétement la décision de Grégoire XVI qui ne fut promulguée que quelques jours plus tard. Boré professait une soumission trop absolue au Vatican, pour ne pas s'incliner devant ses oracles. L'encyclique fut pour lui un trait de lumière qui lui montra le danger qu'il courait en s'attachant trop étroitement à un homme qui venait d'encourir une censure partie de si haut. Toutefois, comme le maître acceptait docilement, du moins en apparence, la décision qui atteignait, non pas sa personne, que Rome avait la condescendance de ménager, mais sa doctrine, il continua à correspondre avec lui et à faire partie de l'*Agence pour la défense de la liberté religieuse* que M. de Lammenais avait fondée ; mais il se tint sur ses gardes. Nous le verrons désormais entretenir les relations les plus tendres et les plus respectueuses avec le sage et ferme directeur dont la tendresse spirituelle lui inspirait la plus vive gratitude ; mais, tout en admirant son génie que nul ne songeait alors à contester, il se permit alors de lui faire des observations discrètes et même, comme nous le verrons plus tard, des reproches énergiques, à mesure que cet esprit dévoyé, qui tournait au sectaire, avançait dans la voie funeste au bout de laquelle son orgueil devait le conduire à l'abîme.

Pour se faire une idée exacte de la situation à cette époque,
il importe de remarquer qu'en dehors même des amis intimes et des disciples de M. de Lamennais, il y avait dans l'Eglise, soit en France, soit en Italie, bon nombre de personnes qui
inclinaient vers ses doctrines, probablement parce qu'elles
ne les avaient pas bien approfondies, et qui le poussaient
non pas dans la voie de la résistance au Saint-Siège, mais à
l'affirmation de ses idées. Ces conseillers imprudents s'effor-
çaient d'atténuer la censure pontificale, de la représenter comme une concession faite aux exigences de la politique, de
l'interpréter plutôt dans le sens d'une décision disciplinaire
que comme un jugement doctrinal. Lamennais, d'ailleurs, par
son attitude prudente, se conciliait bien des sympathies. A
Rome, on accueillait avec bienveillance ses moindres démarches. Une lettre inédite que nous avons sous les yeux men-
tionne un écrit du Père Orioli qui attestait la satisfaction que
le pape éprouvait de l'attitude de Lamennais. En novembre
de la même année 1832, on lui écrivait de Rome que le Pape
n'avait nullement l'intention de sanctionner la censure des
évêques et qu'il était décidé à garder un silence absolu. Il
était clair que le Saint-Siège tenait à témoigner les plus grands
égards à celui qui s'était montré pendant si longtemps le zélé
champion de ses droits. Le tort et le malheur de Lamennais
furent de ne pas apprécier cette condescendance et de la tenir
pour une stricte justice qu'on lui rendait et qu'on devait lui
rendre.

De retour à la Chênaie, Lamennais se montra justement
préoccupé de graves affaires d'intérêt. La liquidation de
l'*Avenir* était pour lui un lourd fardeau. On se mêlait à cette
époque autour de lui de spéculations en Angleterre, qui devaient enrichir ses amis, mais qui ne lui causèrent que beau-

coup d'embarras. Ces soucis multipliés ne l'empêchaient pas
de correspondre avec son « Eugène » et de lui adresser les
plus sages conseils. Boré, en ce moment, se livrait à l'étude
avec ardeur. « Je ne suis pas comme toi, mon cher enfant,
lui écrivait-il en octobre, je n'ai aucun goût au travail. Lorsqu'il s'agit d'écrire, j'éprouve ce que ressent celui à qui l'on
va faire une opération. A mesure que j'avance dans la vie,
elle me devient plus pesante. Il faut pourtant la supporter telle
que Dieu nous la donne. Aie soin de lui rapporter tes études, qui sans cela seraient bien stériles, et de mêler la prière
à ton travail. » Quelques jours plus tard, il le remerciait d'une
« bonne et tendre lettre » qu'il lui avait adressée, et qui avait
fait « grand bien à son pauvre cœur. »

Une lettre du 31 décembre nous montre Lamennais préoccupé de savoir ce qu'étaient devenus les ouvrages de Savo-
narole qu'il avait laissés à Paris. Pourquoi pensait-il à ce
moine superbe et révolté ? A noter encore cette phrase : « Du
Lac m'écrit de Castres, que dans cette partie de la France pas
un de nos amis n'a été ébranlé. » Ce du Lac, homme des anciens âges, croyant robuste, à demi bénédictin, devint plus
tard un des rédacteurs les plus importants des journaux l'*U-
nivers* et le *Monde*. Lorsqu'un chrétien de cette trempe demeurait attaché à Lamennais, comment ses jeunes disciples
ne lui seraient-ils pas restés fidèles ? Ce dévouement s'adressait, d'ailleurs, à la personne ; quant aux doctrines, la lumière
n'était pas encore faite dans tous les esprits.

A la fin de l'année, l'ermite de la Chênaie réunissait encore
huit disciples sous sa houlette. Son crédit était loin d'avoir
partout baissé : il jouissait en ce moment d'une paix relative.

Cette accalmie ne devait pas durer. Dans le mois de mars
de l'année suivante (1833), Lamennais se plaignait à son affec-

tueux confident des intrigues que, prétendait-il, on tramait contre lui à Rome. Il redoutait quelque nouvelle décision du Pape et il prévoyait en même temps le jour où il se verrait obligé de quitter la France afin d'éviter la saisie pour dettes. Au milieu de ses perplexités, la piété ne l'abandonnait pas : « La volonté de Dieu ! » s'écriait-il, « il n'y a de la paix que dans un parfait abandon entre ses mains » et il ajoutait, quelques lignes plus bas : « Quoi qu'il arrive, bénissons d'avance la Providence de ce qu'elle ordonnera. » On était alors en Carême, et il suivait exactement les prescriptions de l'abstinence, sauf que la délicatesse de sa santé l'empêchait de jeûner. Malgré cet adoucissement il se trouvait très fatigué, et son travail en souffrait.

Le 29 mars, même langage, où perce cependant un fond d'obstination et d'orgueil : « Je dois m'attendre à tout ; mais Dieu me fait la grâce d'être parfaitement tranquille. Je ne veux que ce qu'il veut, *et ce qu'il voudra amènera certainement le triomphe de la grande cause que nous défendons.* Mais auparavant nous aurons beaucoup à souffrir de la part des hommes aveuglés par les passions. » Ne s'aveuglait-il pas lui-même ?

A cette date, les relations épistolaires entre Lamennais et Eugène Boré étaient très fréquentes ; ils s'écrivaient plusieurs fois par semaine. Le disciple s'occupait avec un zèle infatigable de toutes les affaires du maître, lesquelles, comme nous l'avons dit, étaient fort embrouillées. Il lui servait aussi souvent d'intermédiaire pour les commissions les plus délicates. Boré était investi d'une telle confiance, qu'il partageait avec Montalembert et un troisième dont nous n'avons pu découvrir le nom, la charge d'ouvrir toutes les lettres adressées à Lamennais, à Paris. Il n'envoyait en Bretagne que celles qu'il jugeait propres à l'intéresser spécialement.

Le 7 septembre, Lamennais se décida à congédier sa chère colonie de la Chênaie ; il passa l'hiver dans cette résidence, avec son fidèle Elie pour unique compagnon.

Le 14 septembre, une lettre de Lamennais allait trouver Boré à Munich. Le maître continuait à s'intéresser à ses études ; il le priait de le rappeler au souvenir de ses amis de là-bas, Dollinger, Moy, Goërres père et fils, Bader, Cornélius et Schelling. Presque tous ces noms sont devenus célèbres, mais à divers titres. Le premier était entré le plus avant dans l'affection du prêtre breton. D'une érudition incomparable, il se faisait déjà remarquer par quelques hardiesses équivoques. On sait comment il a tristement fini, après avoir été l'un des champions les plus obstinés du schisme des vieux-catholiques. Il y avait entre ces deux esprits des affinités dangereuses.

Lamennais s'était montré pendant quelque temps hésitant. Il flottait entre la pensée de persister dans son dessein ambitieux de réformer l'Eglise et d'éclairer le monde, et une retraite profonde où il aurait enseveli ses jours. Dans son anxiété, il s'ouvrit à Boré, dont il appréciait le jugement et le calme ; il lui indiqua même une entrevue où, après avoir pris conseil de quelques intimes, il se déciderait. Nous ne savons si cette entrevue eut lieu. Certainement si Boré fut consulté, il dut opiner en faveur de la soumission. On peut contester sa compétence dans les matières philosophiques ; mais il connaissait le mérite et le devoir de l'obéissance : il en donnera bientôt des preuves manifestes.

Cependant les événements marchaient. Lamennais, incapable de revenir en arrière, venait de lancer une bombe destinée à éclater avec fracas. Le pamphlet virulent intitulé *Paroles d'un croyant* avait paru.

Les meilleurs amis de l'auteur étaient, pour le moins, inquiets. Montalembert, alors à Tœplitz en Bohême, n'avait dissimulé ni ses anxiétés, ni sa désapprobation. Lamennais le savait, car il le mande à Boré dans une lettre du 5 juillet 1834, où il se vante, en revanche, de l'approbation enthousiaste d'un certain Schrinecki. « Pour moi, écrivait le pamphlétaire audacieux, je m'affermis de plus en plus dans mon opinion. » Et il racontait cette petite historiette : « Un médecin du département de la Corrèze m'écrit : « Il y a deux ans, je faillis être jeté par la fenêtre pour avoir osé parler de vous et de vos doctrines, et aujourd'hui votre nom est devenu un rempart, une sauvegarde. » Les flatteries de ses partisans ont conduit Lamennais à sa perte. Que ne se rappelait-il les avertissements que l'auteur de l'*Imitation* prodigue à propos des vaines adulations ?

Quelques jours après, Lamennais faisait par lettre à la comtesse de Senfft la déclaration suivante : Jusqu'au dernier soupir je resterai chrétien (oui, à sa façon) ; mais je resterai homme aussi... Je couvrirai de mon silence, aussi longtemps qu'on me le permettra, les faiblesses et les injustices dont je serai seul victime ; j'étendrai mon manteau, en détournant les yeux, sur la nudité de mon père. »

Quelles réticences et quelles menaces voilées sous la modération apparente de ce langage !

Vers la fin de l'année, Lamennais écrivait : « Je crois que tout le monde devient fou. » N'aurait-il pas pu s'appliquer à lui-même ce triste pronostic ?

Sur ces entrefaites, le vénérable évêque de Rennes, Mgr de Lesquen, dans le diocèse duquel se trouvait située la Chênaie, lui adressa les plus touchantes exhortations pour obtenir une soumission sans réserve. Lamennais lui fit une réponse dés plus sèches et se renferma dans une obstination calculée. Les plus grands personnages de l'Eglise, en France, s'intéressaient, d'ailleurs, à ce malheureux obstiné. Le pieux et énergique archevêque de Paris, Mgr. de Quélen, assurait M. de Coux qu'il concevait pour son ami la plus tendre estime, et le priait de lui transmettre l'expression de ses sentiments. Ni avertissements, ni prévenances ne manquèrent à Lamennais. Fallait-il donc se mettre à ses pieds ?

La dispersion de la colonie de la Chênaie n'avait pas rompu les liens qui en unissaient les membres. Maurice de Guérin, traversant Paris, écrivait à Hippolyte de la Morvonnais : « J'ai embrassé Elie, Boré. C'est une sorte de Chênaie que la maison qu'ils habitent, tant elle est tranquille et retirée ; ils y ont transporté toutes les habitudes du désert. »

Lamennais passa l'hiver dans sa solitude bretonne, cherchant à tromper sa tristesse par de grands travaux d'embellissement, plantations et autres, qu'il faisait exécuter sur sa terre. Il continuait en même temps ses études philosophiques et préparait la publication d'un volume de *Mélanges* dont il communiqua la préface à son jeune ami. Celui-ci, tout en acceptant l'ingrate mission d'en corriger les épreuves, eut le courage d'écrire franchement à son maître qu'elle n'était pas de son goût. L'auteur, un peu déconcerté, se justifia comme il put : « La préface, lui répondit-il, n'est pas ce que tu attendais. Je l'ai écrite pour moi, pour fixer ma position, pour diriger quelques esprits vers certaines questions importantes, dont la solution ne se trouve certainement pas dans le cadre rétréci et rigoureusement tracé où on la cherche. » Toujours la prétention de régenter l'Eglise et la société, et de se croire plus éclairé que tout le monde. Puis venait un retour sur lui-même, sur ses infirmités, sur les affections dont il était sevré.

« Je me plais ici, et même beaucoup, mais il n'est point de jour où je ne regrette mes amis. La conversation me manque et j'en ai besoin. (28 janvier 1835.) »

Les adversaires de Lamennais ne demeuraient pas inactifs. Eugène Boré découvrit quelques-unes de leurs ruses et s'empressa d'en prévenir son maître ; il lui conseillait surtout la prudence. Lamennais le remercia avec effusion de sa sollicitude, il loua encore une fois « son cœur si fidèle et si bon » (31 janvier.)

Il était quelquefois question dans cette correspondance de Montalembert, que l'on ne désignait que par une initiale. Depuis que le brillant orateur se tenait en garde contre les témérités de son ancien compagnon de luttes, celui-ci le traitait assez lestement. Il ne lui reconnaissait plus qu'une intelligence médiocre unie à une conscience timorée. « Ceux, disait-il, qui sont dans la même position que lui, me paraissent extrêmement à plaindre ; sans liens avec le présent, n'osant regarder l'avenir, force leur est de se jeter dans le passé, pour y chercher je ne sais quel aliment vide qui ne rassasie point. Ils tâchent de vivre de la poussière des morts. Pauvre nourriture ! (28 février.) » Cette sévérité peut paraître d'autant plus étrange que, l'auteur de l'*Essai sur l'Indifférence* s'étant trouvé dans une gêne extrême, Montalembert avait généreusement pourvu à ses plus pressants besoins.

Lacordaire n'était pas, du reste, plus ménagé. Ses conférences ne trouvaient pas grâce aux yeux de cet impitoyable critique. Il insistait sur « ce qui manquait du côté de la science véritable, de la justesse et de la profondeur d'esprit. » A la vérité, il rejetait le plus grand tort sur ceux qui « avaient rendu impossible la défense de la cause que Lacordaire avait entrepris de servir. (21 mars.) » Ainsi, c'était l'Église et les chefs de l'Église qu'il rendait responsables de la pauvreté prétendue des discours d'un de nos plus grands orateurs de la chaire.

La correspondance que nous avons sous les yeux présente ici une lacune de quatre mois. Cette lacune s'explique par l'éloignement de Boré qui fit alors un voyage scientifique à Venise. Lamennais, dès qu'il apprit le retour de son jeune ami, se hâta de lui écrire et de le féliciter de ses travaux. Cette lettre, comme les précédentes, témoignait d'un vif intérêt pour le jeune érudit. Toutefois, nous sommes frappé de la différence d'accent. On sent que, dans l'intervalle, la décadence morale a progressé. Lamennais n'a plus sur les lèvres un seul mot de piété. Loin de là, il parle avec une sorte d'ironie du pays « où l'arche, dit-on, s'est arrêtée (1) » et il raille les religieux de l'île Saint-Lazare, à Venise, (les Mékhitaristes) de la prospérité qui a succédé à de rudes et laborieux commencements :

> « Dieu prodigue ses biens
> A ceux qui font vœu d'être siens. »

Il termine en demandant le *Don Juan* de Byron. Il s'était précédemment fait envoyer le *Faust* de Goëthe. Ces deux révoltés vont lui tenir désormais compagnie. C'est ainsi qu'un prêtre monte sa bibliothèque ! Mais il faut faire de la place aux nouveaux arrivants. Qu'à cela ne tienne ! Lamennais a, d'ailleurs, besoin d'argent. Il cherche à se défaire de sa précieuse collection des Pères grecs et latins. Et c'est Eugène Boré qu'il charge de cette triste commission. Ces livres, ose-t-il dire, ne lui seront plus d'aucune utilité. Est-ce qu'il les

(1) Allusion à un voyage en Arménie projeté par E. Boré.

sait par cœur ? Non ; mais ils le condamnent. Sa pensée se tourne désormais vers de nouveaux horizons. Il s'apprête à dire à son passé un irrévocable adieu.

Ce n'est pas ici le lieu de rappeler les chutes successives et lamentables de ce grand génie. L'écho en venait de temps en temps à Eugène Boré, alors au fond de l'Asie, et préservé par cet éloignement même de ce funeste ascendant.

Le *Livre du Peuple* était tombé par hasard entre ses mains à huit cents lieues de la France ; c'était l'œuvre de celui qu'il appelait son maître : il le dévora. Voici comment il appréciait l'œuvre et l'auteur : c'est à son *Journal intime,* où il consignait ses impressions, que nous empruntons ce double jugement (15 novembre 1838) : « Pendant sept ans, j'ai grandi sous son aile, et c'est lui qui, par son enseignement, m'a appris à connaître toute la grandeur et la sainteté de la religion catholique. Que sa doctrine était belle alors ! Ses paroles coulaient de ses lèvres pleines d'onction et d'éloquence. Depuis, cette vérité, qui lui apparaissait si resplendissante et si pure, s'est voilée à ses regards et, par un profond jugement de Dieu, il s'est fait le sectaire qu'il attaquait et qu'il plaignait d'une manière si touchante dans ses premiers ouvrages... Cette dernière œuvre porte, comme toutes les autres, l'empreinte du génie. Eh ! qui ne partagerait pas sa compassion pour le sort du peuple, si misérable partout, et néanmoins capable de bonheur ! Je pense, comme lui, qu'une grande régénération sociale doit s'opérer, et nous devons tous y mettre la main. Mais pourquoi proposer un symbole aussi froid et aussi incomplet que celui que propose le chapitre relatif à la religion ? Croyez ce que croit l'humanité. Cela suffit-il aux gens que l'on doit instruire ? Comment démêleront-ils au milieu des ténèbres générales la vérité pure et simple ? Cette vérité ne

se trouve, comme le disait autrefois l'auteur, que dans le catholicisme ; pourquoi donc en proposer une autre ?... Je ne
puis suivre le maître, et je m'en sépare, trop heureux de voir
et de comprendre encore la même vérité qu'il m'a fait connaître. »

Eugène Boré s'attachait, néanmoins, à ne pas rompre les
liens qui l'unissaient à Lamennais et à la famille de Lamennais. Il espérait ainsi conserver prise, un jour ou l'autre, sur
cet esprit dévoyé. De Tauris, au fond de la Perse, il écrivait
au beau-frère de M. Féli, M. Ange Blaize, une lettre pleine
de sentiments élevés, où, en lisant, comme on dit, entre les
lignes, on découvre facilement l'intention d'exercer une action indirecte sur son ancien maître et de le soustraire à des
influences suspectes (1). Dans ces pages graves et austères, il
remercie son ami de lui avoir envoyé un souvenir à une
aussi grande distance et applaudit « à cette force de caractère
qui ne se dément point en vous et qui conduit à un but désigné, à travers tous les obstacles. » Mais il ajoute immédiatement : « Qui peut soutenir notre faiblesse, sinon la conscience
de travailler pour le bien des hommes et pour la gloire de
Dieu ?... Si, dans notre sphère étroite, nous cherchons à
étendre et à hâter la venue du règne universel de la foi et de
l'amour sur la terre, quoi qu'il arrive, notre conscience sera
satisfaite. Si nous ne voyons pas le succès, n'importe ; d'autres le verront après nous et en goûteront les joies célestes. »

Boré expliquait ensuite le profit qu'il avait retiré de son
séjour dans une contrée, autrefois le siège de la civilisation,
aujourd'hui plongée dans la barbarie. Le contraste avec l'Europe florissante était saisissant. C'est que l'Europe était de-

(1) Lettre du 26 juin 1839.

meurée, au fond, chrétienne, tandis que l'Orient végétait
sous le joug abrutissant de l'islamisme. « Ici, disait-il, nous
trouvons dispersés des chrétiens qui sont aussi nos frères,
et dont toutes les disgrâces ont pour unique cause l'abandon
de l'unité de l'Eglise. » L'allusion à l'attitude du prêtre in-
soumis était visible, et la leçon bien nette, quoique discrètement voilée. Boré l'accentuait encore plus loin, tout en demeurant à dessein dans des généralités : « Pour moi, je veux
sanctifier mes efforts. Chaque jour je reste plus convaincu
qu'il n'y a de régénération possible que par la religion. Chaque jour il est aussi plus évident pour moi que la foi catholique est la seule qui puisse réunir toutes les communions
dissidentes pour en faire un seul troupeau... Aussi les catholiques sont-ils partout à la tête de la civilisation. » Il concluait ainsi : « Pour moi, je crois, qu'en cherchant à faire
progresser les autres, il faut progresser soi-même et donner
l'exemple de la pratique morale et intellectuelle. » Un dernier
mot à l'adresse de Lamennais : « J'ai écrit dernièrement au
cher M. Féli ; assurez-le bien de mon filial attachement. »
C'était le disciple qui enseignait maintenant le maître ; mais
il se faisait toujours petit et humble à son égard pour conserver une place dans son cœur.

Le commerce épistolaire entre Lamennais et Boré continuait toujours, inspiré par un attachement sincère du premier,
par la gratitude et le dévouement du second. Il était difficile
qu'une pareille liaison des âmes se bornât à un simple échange
de compliments et de tendresses. Le maître essayait d'endoc-
triner son disciple ; le disciple, pour se défendre, n'avait qu'à
rappeler à son maître son ancien enseignement. C'est ce
qu'il faisait avec autant de respect que de fermeté. Le ton de
Boré s'élevait avec l'expérience et avec les années. Une let-

tre du 31 décembre 1840, datée de Djulfa, près d'Ispahan, où il surveillait une école fondée par ses soins, et qu'il adressait au solitaire de la Chênaie à l'occasion du jour de l'an, est à cet égard un véritable monument, par l'élévation des pensées et la justesse du raisonnement. Nos lecteurs nous sauront gré de la reproduire presque en entier.

Lamennais avait cru comprendre, d'après une lettre précédente de son ancien élève, que celui-ci désespérait des hautes destinées de l'humanité, et il l'assimilait à un petit enfant qui se figure que l'on est perdu, sitôt que l'on cesse d'apercevoir le clocher de sa paroisse. Boré protestait contre ces lâches appréhensions. « Jamais, disait-il, mon cœur n'a nourri plus de foi, de larges et douces espérances sur la vocation finale des hommes, et jamais aussi il n'a senti dans sa volonté plus d'énergie et de persévérance pour coopérer, selon son extrême faiblesse, à la réalisation de ce glorieux avenir. Oui, ajoutait-il, faisant allusion aux idées de son correspondant sur la cohésion future du genre humain, je crois que la grande société *universelle*, loin de défaillir ou de broncher dans la route qui lui est ouverte, s'y avance plus majestueusement, entraînant à sa suite de nouvelles générations tenues à l'écart jusqu'alors par la Providence, ou qui elles-mêmes, par une folie dont elles sont repentantes, s'étaient retranchées volontairement de la communauté unie et perpétuelle. » Boré en apercevait pour l'Orient les indices visibles à tous les regards attentifs; et l'agitation qui se manifestait dans le sein de ces populations était pour lui le mouvement du réveil.

Il poursuivait : « Le progrès des uns et le retour des autres vers le vrai et le bien, terme qui nous est toujours proposé dans le temps et au delà, je ne l'appellerai point *une de ces grandes transformations qui s'accomplissent d'époque en époque,* parce que la vérité, comme vous nous l'avez assez répété autrefois, étant l'être manifesté à l'intelligence, ne peut se *transformer,* se changer, mais seulement s'étendre, se dilater, en vertu de l'infinité qui est en lui. Or, cette vérité, considérée dans la collection d'hommes qu'elle unit à Dieu et entre eux, n'est que cette Église sainte que vous nous avez encore montrée commençant avec le monde et ne devant pas même passer avec lui. Relevée et absoute de la faute primitive, sanctifiée et rachetée par le sang de notre divin maître, Jésus Christ, elle s'est incorporée à lui, qui daigne se nommer son *Chef.* En participant à sa vie et à ses grâces, comment pourrait-elle mourir ou même chanceler? Non, elle est ce qu'elle a été, ce qu'elle sera... *Jesus Christus heri et hodie, ipse et in sæcula.* Vous-même l'avez crue et proclamée telle, et elle ne changera pas à cause de la *transformation* de vos idées. »

Venaient ensuite des objurgations personnelles des plus pressantes : « Pourquoi vouloir être plus sage que la multitude de ces docteurs que vous avez aussi admirés et qui semblent avoir épuisé dans leurs écrits et leurs conceptions toute la sagesse? Pourquoi préférer votre raison à cette raison générale que vous avez dit être la règle et la vérification du vrai? Pourquoi vous isoler de l'unique société réunie par la charité ou l'amour de l'Esprit saint? Oh! par l'amour que je vous porte, par l'admiration que vous m'inspirez, par la tendresse que vous me témoignez, daignez réfléchir sur ces paroles que vous dit avec humilité un ami que vous avez honoré du nom d'enfant? »

Pourrait-on imaginer un appel plus touchant? Eugène Boré reprenait :

« Quant à moi, cher Monsieur Féli, ma foi se fortifie cha-

que jour par l'effet de la grâce divine, et toujours je m'iden-
tifie plus complétement au corps de l'Eglise, et je cherche à
me perdre par le dévouement dans son universalité. Chaque
jour aussi, la charité élargit mon âme et lui fait désirer de
se sacrifier pour la vérité qu'elle a le bonheur de connaître. »

Boré annonçait alors son intention d'embrasser l'état religieux, quand il aurait assuré le sort de ses écoles, afin de
poursuivre son œuvre de propagande avec plus d'autorité.
« Sachez, disait-il encore, que mon ambition n'aspire à rien
moins qu'à la résurrection et à la reconstitution de l'Eglise
orientale. »

Le correspondant de Lamennais donnait ensuite des détails
sur l'état actuel de ses écoles. Puis, il profitait de la publication annoncée des études de son ancien directeur sur la
métaphysique, pour lui rappeler ces « grands maîtres de
l'Eglise » qu'il avait si dédaigneusement sacrifiés. Il ne crai-
gnait pas de lui dire : « Si vos idées *n'ont pas changé*, vous
suivrez, sur l'idée-mère de la Trinité, saint Augustin, saint
Thomas, Richard de Saint-Victor, mes auteurs favoris. Il est
difficile de dire quelque chose de plus juste qu'eux. » Délica-
cate leçon que le maître infatué n'était plus guère capable
d'entendre. Après lui avoir conseillé la lecture de saint Bonaventure qui joint à la science du philosophe les vertus du
saint, Boré redoutait la solitude complète pour son ancien
maître. « Je la crois, écrivait-il, funeste à votre santé comme
à votre intelligence. » Et il ajoutait, dans un élan de tendresse bien sentie : « Si j'étais près de vous, j'y remédie-
rais par mon empressement à jouir de votre société. Je vous
aime toujours, cher Monsieur Féli, et chaque jour vous êtes
présent dans ma prière comme dans mes souvenirs. Recevez,
avec mes souhaits de nouvelle année, l'assurance de mon

attachement filial. » Et il signait : *Votre enfant reconnais-sant*, Eugène Boré.

Ces accents furent impuissants à pénétrer dans une âme déjà fermée à la sagesse, à la modestie, à la défiance de soi-même, à la foi. Quelques années plus tard, Eugène Boré, de retour en Europe, chercha à voir son ancien maître. Celui-ci, qui redoutait de tendres reproches et ne pouvait souffrir la contradiction, lui ferma sa porte. Ils ne se sont jamais revus depuis.

Même depuis la chute définitive de son ancien maître, Eugène Boré n'a jamais parlé de lui qu'avec une extrême réserve. Loin d'attaquer sa mémoire, il semblait ne pas désespérer de son salut, à cause de sa sincérité.

CHAPITRE III

Etudes d'Eugène Boré. Il est nommé professeur suppléant d'arménien
au Collège de France. Projet d'un voyage en Orient. Séjour à Vienne.
Traversée de Trieste à Constantinople. Installation d'Eugène Boré
dans une famille arménienne catholique. Il se lie étroitement avec les
missionnaires Lazaristes.

I

Pendant les années même où Eugène Boré entretint avec
M. de Lamennais les rapports les plus intimes, il poursuivit
parallèlement le cours de ses études. Les ombrages de la
Chênaie ne l'abritaient qu'à l'époque des vacances ; le reste
du temps, il le passait à Paris, où il retrouvait quelques-uns
des disciples du maître. Celui-ci venait quelquefois les rejoindre, et ils vivaient tous en commun, sous un même toit.

C'est surtout du côté des langues orientales que l'attention
et les efforts du jeune Boré s'étaient portés : il fit de rapides
progrès dans cette branche importante des connaissances humaines. Le désir de conquérir la célébrité n'était pas son seul
mobile. Il se pénétrait de plus en plus du néant de toutes les
satisfactions terrestres, et il ne se proposait pour but que de

« travailler pour la plus grande gloire de Dieu ». L'abbé de Salinis ayant, sur ces entrefaites, pris la direction du collège de Juilly qui avait autrefois jeté tant d'éclat, Eugène Boré y fixa sa résidence pendant toute la durée de l'année 1831. Il garda toujours depuis un souvenir précieux de cette studieuse retraite. « C'est là, écrivit-il plus tard à son frère Léon, devenu professeur dans la même maison, que je me suis pénétré plus profondément de l'esprit et de la foi du christianisme, en lisant les Saint Pères, en étudiant la Bible et en rédigeant notre métaphysique pour nous aider à expliquer par la raison les dogmes du symbole. »

Boré était de retour à Paris à la fin de l'année, et il s'essayait à une sorte de vie religieuse dans le monde, en s'affiliant à la communauté de Saint-Pierre que M. de Lamennais venait de fonder. Il s'exerçait dès lors à la pratique des trois vertus monastiques d'obéissance, de pauvreté et de chasteté. L'occasion se présenta bientôt de manifester son ardent amour de Dieu et du prochain. Le choléra avait fait sa première apparition en France ; on sait combien le fléau fit de victimes à Paris. Boré s'exposa généreusement au péril, soignant les malades et s'attachant surtout à leur procurer les secours religieux. Sérieusement atteint lui-même, il recouvra assez promptement la santé. Son zèle était, du reste, communicatif ; il eut le don et la joie de fortifier contre de trop vives appréhensions un de ses meilleurs amis qui se montra par la suite zélé défenseur de l'Eglise, M. Taconet, devenu plus tard propriétaire des journaux l'*Univers* et *le Monde*, et dont le nom reparaîtra dans la suite de ces récits. Boré était, en même temps, un des membres les plus assidus de la conférence de Saint-Vincent-de-Paul, qui commençait à se répandre.

Ces occupations pieuses ne l'empêchaient pas, du reste, à

cette époque, de fréquenter le monde, où sa taille avantageuse, sa tenue toujours irréprochable, peut-être parfois un peu recherchée, la noblesse et l'élégance instinctives de ses manières, enfin l'air d'aménité répandu sur son visage, sans parler de l'élévation de son langage et du charme de sa conversation, lui procuraient de véritables succès, auxquels il ne se montrait pas insensible. Il commençait déjà à être connu et la Société asiatique de Paris le reçut, en mai 1833, au nombre de ses membres. Un voyage qu'il fit en Allemagne, où il put voir Montalembert et Rio, ainsi que d'illustres savants de ce pays, contribua encore à accroître sa notoriété ; aussi plusieurs recueils scientifiques s'honorèrent de sa collaboration. Après avoir été un élève des plus distingués, il se trouvait digne de passer au rang des maîtres. Cette récompense lui échut. M. Florival, qui professait le cours de langue arménienne au Collège de France, ayant obtenu un congé, le ministre de l'instruction publique, qui était alors M. Guizot, nomma M. Boré suppléant. Le jeune professeur remplit avec mérite ces fonctions qui achevèrent de le mettre en évidence pendant les années 1834 et 1835. Chargé ensuite par le ministre d'une mission littéraire à Venise, chez les Pères Méchitaristes, il consigna le résultat de ses recherches dans un mémoire qui fut imprimé au couvent même. En rentrant en France par la Suisse, à Genève, il vit Listz, devenu depuis si fameux ; dès cette époque notre héros était lié avec des hommes de la plus haute valeur, il pouvait sans présomption frayer avec eux.

Il était naturel qu'après avoir vu les Arméniens à Venise, Eugène Boré souhaitât les étudier dans leur propre pays. Cette nation, la plus importante et la plus lettrée parmi toutes celles qui professent le christianisme en Orient, excitait singulièrement son intérêt. D'ailleurs, pour aller jusqu'en Arménie, il convient de passer par Constantinople et il faut traverser l'Asie mineure. M. Boré se trouvait donc, par une pente naturelle, amené à visiter tout l'Orient. Après avoir pris la résolution de s'éloigner à cette distance des rives de la Seine, il n'en coûte guère, en effet, de se transporter dans les régions circonvoisines, la Perse, la Chaldée, la Palestine surtout avec les grands spectacles qu'elle réserve au croyant. Quelle magnifique perspective pour un savant et pour un fidèle! Boré se décida, en conséquence, à faire ce grand voyage. Ses connaissances en linguistique devaient rendre cette entreprise moins difficile et plus fructueuse. N'était-ce pas le meilleur moyen d'étendre le cercle de ses études et d'en tirer profit pour la cause de la religion, la seule qui lui parût digne des efforts et des travaux d'un chrétien? Tels étaient les sentiments qui l'animaient et qu'il exprimait à son frère Léon en lui faisant part de son dessein. « Je voyage, lui écrivait-il, véritablement pour Dieu. Je vais visiter le pays qui fut le berceau du christianisme, étudier la langue qu'on y parlait, en examiner les monuments, pour revenir ensuite fort de ces nouvelles connaissances, prêter mon faible appui à ceux qui combattent déjà! »

Avant d'entreprendre cette longue pérégrination qui n'était pas alors sans péril, et qui aujourd'hui même présente de sérieuses difficultés, Boré avait pris la précaution de se faire investir de l'autorité, ou du moins du prestige d'un personnage officiel. Chargé par le ministre de l'instruction publique et par l'Académie des inscriptions et Belles-Lettres d'une double mission scientifique, il s'était ainsi procuré la facilité de se faire ouvrir bien des portes qui autrement se fussent fermées devant lui et le droit de se réclamer de la protection de l'ambassade française à Constantinople. Il partit donc plein de confiance en Dieu qui ne pouvait manquer de bénir des intentions si droites et si pures.

Quand Eugène Boré entreprit son grand voyage, il semble que son esprit n'était pas bien fixé sur les pays qu'il se proposait de visiter ; du moins, si son intention était bien arrêtée, il n'en avait pas fait part à ses plus intimes amis. Son premier objectif était la « belle Italie », comme il l'appelle, cette contrée enchanteresse qui a le privilège d'attirer toutes les âmes élevées. Le désir de complaire à un compagnon de voyage le fit d'abord se diriger sur Vienne où il comptait ne rester qu'une quinzaine de jours. Mais une maladie, qu'il regarda comme « providentielle », le retint plus d'un mois dans la capitale de l'Autriche. Vienne avait dès lors la réputation d'une ville de plaisirs, qui offrait au passant des distractions de toutes sortes. Mais le jeune voyageur, préoccupé du but sérieux vers lequel il tendait, ne se laissa pas séduire. La retraite forcée à laquelle il fut d'abord condamné par la souffrance lui inspirait des réflexions de plus en plus graves sur la vanité de la vie présente et sur le peu d'importance des succès qu'on peut y obtenir. Il ne dissimula pas à son frère Léon le changement qui s'opérait peu à peu dans son intérieur et dont les préludes dataient probablement de plus loin. « Il me semble, lui écrivait-il, avoir perdu de ma frivolité avec ma santé apparente, et je bénis Dieu d'être plus méditatif et d'avoir moins de distractions mondaines. » Et à l'un de ses amis de cœur, à M. E. Taconet, dont l'amitié lui fut toujours très profitable au point de vue spirituel : « Je me suis levé plein de dégoût pour ce monde, où j'ai trouvé des charmes pendant un temps et qui est si ami du plaisir, surtout ici où les femmes sont mille fois plus légères qu'à

Paris ! » Et plus loin : « Je romprai avec le monde des fêtes, dont je ne me soucie plus, et je redeviendrai seulement chrétien et homme. » Ce n'étaient pas là de vaines paroles. Boré alla très peu dans le monde, où il était pourtant si fort goûté. Il passait une bonne partie de son temps dans un couvent de Méchitaristes, il s'y rendait chaque jour causer, écrire et lire. Deux jeunes religieux, « charmants, doux et modestes », lui donnaient des leçons d'arménien. Il fréquentait aussi assidûment les bibliothèques, et étudiait les langues orientales avec passion. Cette quasi retraite dans un monastère, ces projets de fuite en Orient, le rendirent, comme il le dit, « très piquant »; dans ce monde où l'on ne parlait que de bals et de concerts, on ne comprenait rien à ce que l'on taxait d'originalité pure. Ce n'était pas, du reste, sans une lutte secrète qu'il se maintenait dans ses résolutions d'isolement. Son plus ferme soutien ce n'était pas l'étude, il le reconnaît lui-même, mais bien la religion qu'il s'attachait toujours à pratiquer fidèlement. Des relations intimes avec le secrétaire du Nonce, italien aussi aimable qu'éclairé, dont il avait fait son directeur, servirent également de contrepoids à toutes les séductions de ces mondanités.

Si nous insistons sur ces détails, c'est parce qu'ils sont, à nos yeux, l'indice d'une étape décisive dans la vie morale d'Eugène Boré. Désormais il ne regardera plus en arrière, il marchera de progrès en progrès dans la voie de la plus haute perfection morale.

Les réflexions et les entretiens d'Eugène Boré l'avaient définitivement fixé dans le dessein d'aller en Orient étudier à leur source les langues sémitiques, vers lesquelles il se sentait porté d'un très vif attrait, et dont il comprenait l'importance pour la connaissance des origines du christianisme et

de la naissance des hérésies. Il se proposait d'aller au Liban,
de s'y enfermer dans un monastère avec quelques-uns de ces
pieux moines maronites, dont Lamartine avait tracé naguère
un portrait si séduisant, d'approfondir la connaissance du
syriaque, qu'il ne possédait qu'imparfaitement, et de mettre
la dernière main à une traduction des œuvres de saint
Éphrem.

Le but qu'il avait devant les yeux était, on le voit, surtout
religieux. Son ambition s'élevait jusqu'à l'honneur de combattre par la plume en faveur du catholicisme ; il ne souhaitait pas autre chose. C'était une sorte de croisade scientifique
qu'il entreprenait en se lançant seul ou presque seul dans
un voyage dont il ne se dissimulait pas les dangers. Mais
son intrépide résolution ne lui faisait pas négliger les conseils de la prudence. Il avait eu soin d'abord de s'assurer des
ressources pécuniaires, au risque d'amoindrir son modeste
patrimoine. Des livres, des publications diverses sur l'Orient,
choisis et recueillis avec intelligence, lui formaient une bibliothèque de voyage indispensable à qui veut parcourir avec
fruit des pays peu connus. Enfin, pour se donner un appui
moral et au besoin matériel, il adressa à l'Académie des Inscriptions, où il était avantageusement connu, un mémoire
assez long, où il développait ses projets, énumérait ses
moyens d'action, offrait d'envoyer des rapports et des communications, et sollicitait, en retour, le concours éclairé de ce
corps savant.

Le séjour forcé d'Eugène Boré à Vienne ne lui avait pas
été d'ailleurs inutile. Sans parler des connaissances nouvelles
qu'il avait acquises et qui devaient faciliter son voyage, sans
insister sur les relations qu'il s'était créées, il avait jeté sur
l'empire autrichien un regard observateur qui lui permettrait

de juger sainement l'état moral de cette monarchie d'apparence alors si florissante. Une étude, qui a été insérée dans la *Correspondance d'un voyageur en Orient*, nous révèle sa clairvoyance dans le présent et la justesse de ses prévisions pour l'avenir. Nous allons essayer d'en donner la substance.

Eugène Boré commence par constater que le peuple est généralement bon, croyant et pieux. Les campagnes surtout sont habitées par d'excellents fidèles. Il a pu admirer dans les églises rustiques les hommes rangés parallèlement à leurs femmes et à leurs enfants, priant avec une angélique ferveur et faisant retentir les voûtes du temple de leurs chants harmonieusement cadencés et soutenus par l'orgue ; car le moindre village a son orgue dans son église et souvent des chantres qui exécutent, non sans mérite, les messes des premiers compositeurs. Dans le Tyrol supérieur la façade des maisons est revêtue de fresques représentant des sujets édifiants. Les chemins sont bordés de calvaires, de statues et de croix, au pied desquelles le passant s'agenouille en allant à ses travaux. Si un voyageur est tombé victime d'un accident, on se hâte de dresser une croix portant une inscription qui relate la funèbre aventure et sollicite des prières. Entre-t-on dans une auberge? on remarque à l'entrée de la salle où l'on boit et où l'on mange, un bénitier : au fond de la pièce sont suspendues les images du Christ et de la Vierge. Notre voyageur entendit avec édification dans un village de la Styrie le maître de l'hôtel réciter le *Benedicite* et les *Grâces* avec les hôtes descendus chez lui.

Malheureusement, si les classes inférieures offraient un spectacle consolant, il n'en était pas de même des classes élevées. L'attention de M. Boré se fixa principalement sur le clergé, qu'il considérait avec raison comme la source d'où se répand l'enseignement religieux sur la masse de la population. Son jugement peut paraître, au premier coup d'œil, empreint d'une excessive sévérité : on se l'expliquera si l'on songe à la haute idée que se faisait déjà le futur prêtre de Jésus-Christ du caractère sacerdotal. A ses yeux, le prêtre séculier n'est pas astreint à une moindre perfection que le religieux. Il admet, à la vérité, que celui qui vit dans la solitude, sevré de tout contact avec le monde et vaquant à la contemplation, peut s'élever plus promptement à un degré supérieur de la vie spirituelle, mais celui qui est demeuré dans le monde, est tenu à la même rigidité de mœurs et à une égale pratique des vertus chrétiennes. Nous devons remarquer ici que M. Boré reconnaît implicitement qu'on n'avait aucun scandale grave à reprocher au clergé des divers pays composant la monarchie autrichienne, car un clergé corrompu aurait bien vite gâté les laïque soumis à sa direction ; sa critique se portait sur d'autres objets. Pour la bien faire comprendre, il est nécessaire de remonter avec l'auteur du mémoire jusqu'à l'époque du traité de Westphalie qui avait, après les orages de la guerre de Trente ans, établi en Allemagne une situation relativement stable et paisible, mais où les droits de la vérité religieuse avaient été sur plusieurs points sacrifiés.

On sait quelle était la règle politique consacré par ce pacte fameux : des limites territoriales étaient invariablement assignées à chacun des cultes qui se partageaient l'Allemagne; catholiques et protestants se trouvaient également parqués dans des circonscriptions dont ni les uns ni les autres ne pouvaient guère sortir. De plus, le principe si contestable en soi (à cause des différentes acceptions qu'on lui donne) de la liberté de conscience avait trouvé une application inattendue dans l'interdiction absolue de controverse. Cet isolement complet et ce mutisme imposé avaient naturellement refroidi le zèle. Le clergé catholique surtout, tranquille dans ses positions et certain d'ailleurs de posséder la vérité, s'était tenu dans l'inaction, se bornant à prêcher la morale de l'Evangile à ses ouailles. Tout autre avait été l'attitude des pasteurs protestants, inquiets par la nature même de leur principe, turbulents, agressifs et présomptueux. En affranchissant la pensée humaine de toute loi, en proclamant une liberté d'opinion illimitée, ils inaugurèrent un mouvement littéraire et scientifique qui ne tarda pas à prendre un développement prodigieux. D'une part, ils cultivèrent avec autant de soin que de succès, il faut bien le reconnaître, la langue nationale et lui firent produire des œuvres remarquables ; de l'autre, ils s'appliquèrent à une exégèse ou interprétation de l'Ecriture Sainte, téméraire toujours, souvent erronée, mais qu'ils avaient l'habileté d'étayer d'arguments philologiques fournis par la connaissance de la langue hébraïque qu'ils étudiaient avec ardeur.

C'est ainsi que les universités du nord, filles puinées des anciennes universités catholiques, mais infidèles à leurs mères, propagèrent parmi les populations allemandes des opinions et semèrent des doutes qui pénétrèrent d'autant plus facilement dans les esprits qu'ils leur étaient présentés dans la langue nationale. Le danger était réel ; les adversaires ne firent rien, ou que peu de choses, pour le conjurer. M. Boré reprochait avec raison au clergé catholique de n'être pas descendu sur le terrain où le conviait le clergé protestant, pour le combattre avec ses propres armes, c'est-à-dire avec les armes d'une érudition qui, lorsqu'elle est de bon aloi, finit toujours par rendre hommage à la vérité.

Au point de vue littéraire et philosophique, la situation n'était pas plus rassurante. Contraste lamentable ! à des écrivains tels que Klopstock, Schiller, Lessing, Gœthe, Kant et Hegel, tous protestants ou incrédules, les catholiques n'avaient aucun nom à opposer. Il fallut, pour rencontrer de dignes défenseurs de la vérité, que des conversions se fissent dans le sein même de l'hérésie. Stolberg, F. Schlégel, Adam Muller étaient sortis des rangs du protestantisme ; on eût dit, suivant la juste remarque d'Eugène Boré, que Dieu avait pris plaisir à exposer l'Église d'Allemagne, faible et nue, aux coups de ses ennemis, afin de les confondre par ce spectacle même, qui leur prouvait qu'une œuvre divine peut subsister malgré et sans le génie dont les hommes sont si fiers.

Une autre plaie du catholicisme en Autriche était le Joséphisme ; l'origine, le caractère et les conséquences en sont assez connus. Quelle action pouvait exercer sur les âmes un clergé tenu en tutelle par une administration en partie incrédule et privé de la faculté de communiquer directement et librement avec son chef suprême ? A demi séparées du tronc où circule incessamment une sève généreuse, les branches perdent de leur vigueur et finissent par s'atrophier. Ainsi s'expliquait la décadence des trois principaux membres de l'ordre monastique de l'Autriche, des Bénédictins, des Écossais et des Augustiniens. Les grands travaux historiques et théologiques qui les illustrèrent autrefois avaient presque entièrement cessé.

M. Boré déplorait avec amertume cet abandon des études sérieuses qui pouvaient seules, prétendait-il, aux yeux des indifférents et des incrédules, justifier les immenses richesses que ces ordres possédaient encore, et qui avaient échappé à la manie réformatrice et aux suppressions de Joseph II. L'opinion de ceux qui regardent l'abondance des biens ecclésiastiques comme incompatible avec la pratique de la pauvreté

monastique ne peut, sans doute, se soutenir. Un couvent
peut être riche, sans que ceux qui l'habitent vivent dans le
luxe et la mollesse. Qui ne connaît ces admirables religieux de
la Grande-Chartreuse, leur vie pauvre et mortifiée, et en même
temps cette générosité en quelque sorte royale avec laquelle
ils dotent les contrées déshéritées qu'ils habitent d'œuvres
d'utilité publique, ponts, routes, établissements de bienfaisance ? Au moyen âge, les grandes possessions territoriales
des abbayes ont seules rendu possible, grâce aux labeurs
obstinés des moines, le défrichement de l'Europe.

On pourrait peut-être reprocher à notre jeune censeur de
n'avoir pas combattu assez énergiquement ces théories, pour
le moins hasardeuses ; mais, en revanche, il recouvrait tous
ses avantages, lorsqu'il signalait avec blâme l'emploi abusif
que faisaient parfois de ces richesses les supérieurs de tels
monastères, en constructions factueuses sans destination
utile. Il considérait avec tristesse ces cloîtres somptueux qui
s'élevaient sur les bords du Danube, plus magnifiques que
le palais impérial à Vienne (lequel, par parenthèse, est fort
laid). Il voyait avec peine le religieux qui l'accompagnait dans
l'enceinte d'un de ces couvents lui montrer avec complaisance les splendides dorures et les enjolivements faits récemment avec d'énormes frais, qu'on eût pu consacrer bien plus
utilement à acquérir les ouvrages de la science et de la litté-
rature modernes. Il eût mieux aimé rencontrer, dans un autre
établissement qu'il visitait, d'humbles et étroites cellules
sanctifiées par l'étude et par la prière, plutôt que les spacieu-
ses et élégantes serres vitrées citées par le *Guide des voyageurs* comme les plus belles de la monarchie. En revanche,
il accueillait avec bonheur les éloges unanimes que méritaient
la tenue sévère des Ligoriens, l'industrie chrétienne et labo-

rieuse des Méchitaristes, la charité des Frères de la Miséricorde.

On sait que les abus qui excitaient les justes plaintes des vrais amis de l'Église ont en grande partie disparu. La sollicitude pontificale s'est étendue récemment sur ces rameaux à demi desséchés du grand arbre bénédictin, et on peut espérer de les voir prochainement reverdir. Tous les couvents qu'énumérait Eugène Boré et dont il déplorait l'isolement ne font plus maintenant qu'un corps placé sous la tutelle et la surveillance du Saint-Siège. C'est à l'initiative aussi éclairée qu'énergique de Sa Sainteté Léon XIII qu'est due cette réforme intérieure aussi bien qu'extérieure, acceptée par les délégués des diverses maisons bénédictines dans l'Autriche-Hongrie. L'avenir de l'ordre monastique en ce pays se présente aujourd'hui sous les plus heureux auspices.

Depuis l'époque où M. Boré séjournait dans l'empire des Habsbourg qu'il observait d'un regard si pénétrant, les guerres et les révolutions y ont amené d'affreux ravages. On se rappelle les boulversements de 1848 : l'empereur Ferdinand chassé de sa capitale, forcé d'y rentrer comme prisonnier, parvenant plus tard à s'échapper, réduit à soumettre les révolutionnaires viennois et les insurgés hongrois par la force des armes. On connaît son abdication et le règne si tourmenté de son successeur François-Joseph. La désastreuse campagne des sept jours terminée par le coup de foudre de Sadowa est également présente à l'esprit de nos lecteurs. Nul n'ignore les changements considérables introduits dans la constitution de l'empire ; mais les mœurs et l'état social sont demeurés à peu près les mêmes. Deux choses ont grandement contribué à maintenir l'intégrité de la monarchie devenue duarchie: l'amour des populations diverses pour leur unique souverain et l'attachement héréditaire de la dynastie à la religion catholique, qui est le plus ferme soutien des états. Deux mots d'explication sont ici nécessaires.

On sait que le grand empire qui s'étend sur les rives du Danube ne comprend pas moins de sept nationalités différentes, allemande, tchéque, italienne, madgyare, croate, polonaise et roumaine, qui se détestent cordialement les unes les autres. La fidélité à leur commun maître est le lien unique qui en forme et en maintienne le faisceau. Ce dévouement respectueux, suffisant pour assurer la stabilité matérielle, ne pourrait garantir la prospérité morale sans le sentiment profondément religieux dont sont animés les princes qui portent la couronne apostolique. Les empereurs d'Autriche ont toujours affecté de rendre public leur attachement à la religion. Si la bureaucratie, qui est un des chancres de ce pays, a souvent paralysé leurs bonnes intentions, du moins le souverain se montre personnellement et officiellement catholique ; il n'écarte pas, il recherche plutôt les occasions de manifester publiquement son zèle religieux. Eugène Boré put le constater lui-même pendant son séjour à Vienne. Le 18 octobre eut lieu une cérémonie solennelle et touchante : l'inauguration du nouveau couvent de ces Arméniens méchitaristes dont le voyageur français devint si promptement l'ami. L'empereur Ferdinand, accompagné de l'impératrice et de toute sa cour, se tenait avec un pieux recueillement au milieu des jeunes novices et des prêtres récitant les prières de la liturgie orientale, pendant que le nonce du Pape et l'archevêque de Vienne bénissaient le ciment que Sa Majesté posa sur la dernière pierre par un usage diamétralement opposé au nôtre, mais qui a la même signification symbolique. L'empereur visita ensuite l'imprimerie, où huit presses furent mises en œuvre pour tirer sous ses yeux un exemplaire d'une prière arménienne traduite en vingt-quatre autres langues, tant orientales qu'européennes, et imprimée avec les caractères spéciaux de chaque idiome. Les religieux Méchitaristes de Venise seuls auraient pu surpasser cette magnificence, sans parler, bien entendu, de la Propagande, à Rome, qui ne connaît pas de rivaux dans le monde entier.

II

Eugène Boré, s'embarqua à Trieste pour Constantinople le soir du 16 décembre 1837. La mer était mauvaise ; le voyageur qui n'avait alors ni le pied, ni l'estomac marins, souffrit baucoup du mal de mer pendant la nuit et durant la journée suivante. Mais il était déjà habitué à lutter contre la douleur et à la dominer ; car, dès le 17 au soir, à son arrivée dans le port d'Ancône, il se leva de son lit pour saluer le drapeau tricolore qui flottait sur la citadelle. Boré eût toujours le cœur très français, et il ne sépara jamais dans sa pensée ni dans ses affections le culte de la patrie du dévouement à l'Eglise, bien persuadé, comme il avait raison de l'être, que l'alliance sincère de l'une et de l'autre ne peut être que très profitable à toutes deux.

La ville d'Ancône avait été surprise, en pleine paix, quelques années auparavant par un corps expéditionnaire français, véritable attentat au droit des gens qui motiva justement une énergique protestation du cardinal Bernetti, ministre d'état du Saint-Siège. Ce n'est pas que le gouvernement français eût conçu des projets hostiles à la souveraineté du Pape ; il voulait seulement tenir en échec, en Italie, la puissance autrichienne qui, sous prétexte de troubles révolutionnaires suscités dans les États de l'Église, avait interprété trop largement en sa faveur les traités existants et occupé une partie des légations. Grégoire XVI, au fond, n'était peut-être pas trop fâché de la démarche de la France, car il s'assurait ainsi notre protection contre des défenseurs trop zélés et un peu embarrassants. En fait, une convention régla bientôt, avec l'agrément du gouvernement pontifical, l'occupation française qui devint dès lors parfaitement légitime.

Au fond l'Autriche et la France étaient également soucieuses de maintenir l'intégrité des possessions du Saint-Siège : elles montaient toutes deux la garde à ses frontières, l'une à Ferrare, l'autre à Ancône, pour mettre le Vatican à l'abri des atteintes de la Révolution. Ces opérations militaires sans grande importance n'étaient qu'un épisode de la rivalité plusieurs fois séculaire entre les deux grandes puissances catholiques, qui se disputaient depuis les jours de Charles-Quint et de François Ier l'influence, sinon la domination dans la péninsule. Boré n'ignorait pas plus l'histoire du passé que les faits récemment accomplis ; voilà pourquoi son patriotisme se donnait libre carrière sans scrupule. Mais combien son cœur de français et de catholique eût été douloureusement affecté, s'il eût pu pénétrer l'avenir, s'il eût aperçu dans une vision prophétique une armée française franchissant les Alpes, remportant sur les troupes autrichiennes des victoires éclatantes, chassant de l'Italie des émules détestés, mais ne profitant du triomphe que pour laisser s'accomplir la plus criminelle des usurpations, préparer, soit par une coupable connivençe, soit par une faiblesse presque aussi honteuse, l'envahissement des états pontificaux, et laisser la Révolution impie se répandre comme une marée montante jusqu'à battre les murs de Rome qu'une suprême catastrophe, celle de 1870, devait finir par lui livrer complètement.

Ces futurs événements demeuraient cachés au jeune voyageur qui voguait gaiement vers l'orient, l'imagination toute remplie des souvenirs classiques, ou de ceux plus récents de la guerre de l'indépendance. Ce fut avec une sorte de ravissement qu'il aperçut successivement dans le cours de sa navigation, Corfou, l'ancienne Corcyre, la petite Ithaque rendue célèbre par Homère et par Fénélon, Missolonghi, Navarin, d'une renommée plus récente, Syra, une des Cyclades, où un accident nautique le força à séjourner, Athènes, enfin — et ce nom dit tout — avec son Pirée mais sans ces fameux murs dus au génie prévoyant de Thémistocle et avec les ruines immortelles qui ont bravé les siècles. Toutefois une sorte de désillusionnement assombrit bientôt sa pensée : la réalité prosaïque démentait les prévisions du poète qui chantait en lui : « Il ne faut venir ici, écrivait-il, à un de ses amis, qu'avec des *souvenirs*. Le présent y est bien triste. On trouve une grande misère et de la barbarie chez cet ancien peuple civilisateur, et l'on voit une effrayante stérilité dans tous ces lieux que notre imagination peuple de fontaines, de cascades, de bosquets d'orangers et de citronniers. »

Cette indigence de la nature et des hommes était-elle le produit de la barbarie et de l'oppression musulmanne qui ont duré si longtemps? ou bien faut-il croire que les Hellènes, ces grands exagérateurs, pour ne pas dire pis — *Græcia mendax*! — avaient par de séduisantes fictions embelli un pays qui, en lui-même, n'offre rien de bien pittoresque?

L'une et l'autre hypothèse peuvent avoir un fond de vérité.

Le 6 décembre, Boré débarqua à Constantinople, où il fut reçu à bras ouverts par un compatriote qui a depuis acquis une juste notoriété. M. Cor, devenu plus tard drogman de l'ambassade française, poste modeste, mais honorable, où il a rendu des services sérieux à l'Eglise et à son pays, était alors secrétaire de Reschid pacha, ce célèbre homme d'état, qui a eu l'honneur d'initier la Turquie à la civilisation occidentale. Il épargna au voyageur les embarras inséparables de l'arrivée dans un monde tout nouveau pour lui. Quelques jours après, grâce à des lettres de recommandation qu'il tenait de ses bons amis les Méchitaristes de Vienne, Boré se trouvait installé chez une famille arménienne catholique, dans des conditions qui lui procuraient à la fois un honnête confortable, d'agréables relations et la facilité d'étudier avec les mœurs du pays les langues orientales dont il avait besoin d'acquérir la pleine possession avant de pousser plus loin sa pointe aventureuse. Il se trouvait là vraiment dans son double élément, un intérieur honnête, religieux, paisible, avec toutes les ressources nécessaires pour acquérir la science, non pas dans un but de vaine gloire, mais afin de pouvoir se rendre utile. Ainsi qu'il l'écrivait quelques jours plus tard à l'un de ses correspondants, il ne voulait pas travailler pour le bruit et la réputation. Peu sensible désormais à l'encens de la renommée, il ne se proposait que le bien et l'avantage de la cause sainte dont il désirait ardemment le triomphe. Dieu bénit ces pures intentions, il lui accorda le surcroît de cette gloire que Boré répudiait sincèrement, mais qui devait l'aider à rendre de plus éclatants services à l'Eglise.

Voici comment il traçait, en s'adressant à ce même ami, le tableau de son installation matérielle.

« Figure-toi une grande chambre carrée, où je fais en tous les sens, en me promenant, de quatorze à quinze pas. Le plafond est sculpté en arabesques ; un beau tapis neuf orne le plancher ; et le devant, qui suivant l'usage de ce pays, est un vaste balcon vitré, avançant sur la rue, est rempli par un large sopha recouvert de percale et orné de festons de dentelle, sur lequel huit personnes peuvent s'asseoir à l'orientale, les jambes croisées ou demi-couchées ; des rideaux blancs et verts, entrelacés avec un goût *parisien,* me défendent des regards curieux. Deux commodes à la française, placées vis-à-vis l'une de l'autre, au milieu de la chambre, servent à contenir mes effets de toilette ; et aux deux coins situés parrallèlement au divan, sont deux énormes armoires peintes en jaune, comme le reste de la chambre, destinée l'une à contenir mon lit, qui ne s'étend que le soir sur le tapis, et l'autre à servir de bibliothèque pour tous mes livres. Deux tables forment mon pupitre à la Tronchin, en se superposant. Les cheminées sont chose inconnue. On les remplace par un vase en cuivre très élégant, nommé *mangal,* où l'on entretient la braise allumée. Quant aux chaises, il ne faut pas en chercher, et véritablement, avec de tels sophas, on peut bien s'en passer. »

Passons maintenant au côté moral qui est bien le plus attachant. En le décrivant M. Boré fait, sans s'en douter, une délicieuse peinture des mœurs orientales. La famille qui lui donnait l'hospitalité, une hospitalité largement rétribuée bien entendu, se composait d'abord du père, brave homme féru de la civilisation française pour laquelle il témoignait son admiration en s'habillant à moitié comme un parisien, mais non pas précisément comme un parisien des boulevards — il n'avait pas osé pourtant prendre le chapeau, parce que les turcs ne le toléraient pas encore. — Puis venait la mère, beau type de

femme arménienne, un peu défigurée par des souffrances con-
tinuelles ; et six enfants, un garçon et cinq filles échelon-
nées depuis l'âge dequatre ans jusqu'à dix-sept ans et demi ;
l'aînée seule avait le droit de porter le titre de *doudou* (Ma-
demoiselle).

On s'ingéniait à faire pour l'étranger une cuisine française,
effort qui paraîtra méritoire, quand on songera que les Turcs
mangeaient encore avec les doigts, et qu'ils ignoraient l'usage
des fourchettes, des cuillers et même de la table. *Mossieu
Borré* comme on l'appelait en grasseyant, était regardé comme
un personnage, presque comme un phénomène. D'abord il savait et parlait l'arménien littéraire généralement ignoré, et que
comprennent seuls les prêtres et les docteurs de la nation.
Quand il s'exprimait dans cet idiôme aves des gens lettrés,
on l'écoutait comme un oracle. Il en était venu au point
de donner des leçons de grammaire à ses jeunes hôtesses
qui, en revanche, enrichissaient son vocabulaire turc ou arménien vulgaire. Les trois aînées, avides d'apprendre mais fort
enjouées, méritaient la sympathie de tous pour leur candeur,
leur air d'innocence, leurs prévenances entre elles, leur attention respectueuse pour le savant français. Boré ne pouvait
s'empêcher d'être touché de cette angélique simplicité qui
n'était troublée par aucune passion, aucune curiosité mal-
saine, puisqu'elles avaient toujours grandi sous l'aile de
leur mère, sans sortir plus d'une fois la semaine, et seulement pour assister à l'office du dimanche.

Elles ne causaient jamais avec les jeunes gens de leur âge,
parce ce que ceux-ci, suivant l'usage, se tenaient toujours
avec les hommes dans les réunions, fumant pacifiquement le
tchibouk et ne comprenant d'ailleurs rien aux plaisirs de la
conversation. Boré avait remarqué les longs cheveux noirs

de ces jeunes filles qui leur enveloppaient la tête de leurs
tresses disposées en forme de diadème. Elles étaient vêtues
de la robe européenne, tandis que la mère portait encore le
pantalon oriental, et elles paraissaient avoir quelques notions
des modes de l'occident qu'elles étudiaient sur la toilette des
dames franques. Pourtant quand elles sortaient, les pantoufles
et les brodequins rouges, le manteau brun et le voile blanc,
qui ne laissait paraître que les yeux et le nez révélaient le
cachet de l'orient.

Dans ce doux et sûr asile, Eugène Boré se livrait à l'étude
des langues avec une sorte d'acharnement: il s'attachait à
compléter les leçons de la théorie par la pratique du langage
famillier. Après avoir feuilleté des grammaires et des diction-
naires toute la journée, il se plaisait à converser avec « les
trois grâces arméniennes » qui, accompagnées de leur père et
de leur mère, venaient parfois lui rendre visite dans sa chambre, où poussées par un brin de curiosité féminine, elles ne se
lassaient pas de contempler les beaux gilets à ramages et les
magnifiques cravates qu'il avait apportés de Paris, et dont il se
plaisait à leur faire étalage. Pendant ce temps, les deux petites
le traitaient en frère ainé, lui sautaient sans façon sur les
genoux, mais le plus souvent on se réunissait dans le salon
de la famille. Une partie de la soirée se passait en causeries
amicales qui lui servaient de récréation, mais dont il tirait
profit pour se perfectionner dans la connaissance des langues
étrangères. A neuf heures il se retirait dans sa chambre pour
travailler jusqu'à dix heures et demie. Il restait presque toujours chez lui, bien qu'en sa qualité de *Franc,* il eût le droit
de sortir à n'importe quelle heure de la nuit, privilége alors
refusé aux *raias* ou sujets chrétiens de la Porte. Les Francs
se distinguaient de ses derniers, par le port de la casquette

ou du chapeau. Les Arméniens et les juifs avaient leurs bonnets, les Turcs se coiffaient avec cette disgrâcieuse calotte rouge que tout le monde connaît, car le turban commençait à être dédaigné et ne trouvait grâce que dans les cérémonies d'apparat. Ainsi on se reconnaissait surtout à la tête : tout le monde s'inclinait devant *l'homme portant chapeau.*

Durant la journée, Boré visitait de préférence le quartier turc ; il s'approchait des divers groupes, surtout des hommes du peuple et tâchait de surprendre quelques mots avec l'accent que lui donnaient les Osmanlis, parfois il se hasardait à proférer lui-même quelques paroles, sous prétexte de demander un renseignement, et il ne se sentait pas d'aise quand il avait su se faire comprendre. Il se plaisait aussi à faire avec son ami Cor des courses à cheval dans les environs de Constantinople, car il était fort adroit cavalier ; on le voyait caracoler avec une sorte de coquetterie devant les gros et lourds pachas qu'il comparait à des sacs de farine placés en équilibre sur leurs pacifiques coursiers. Rencontrait-il à la promenade des dames turques, hermétiquement voilées, il s'efforçait de saisir au passage quelques lambeaux de leur langage qui a, paraît-il, une singulière douceur dans leur bouche et qu'elles parlent avec une remarquable pureté. Jamais il ne perdait de vue le but qu'il s'était assigné en s'arrêtant dans la capitale de l'empire : acquérir l'instrument qui lui était nécessaire pour visiter avec profit les contrées orientales.

On pense bien qu'Eugène Boré ne négligeait pas ses devoirs de chrétien ni son avancement spirituel. Partout où il passait, il se sentait attiré vers les membres du clergé. C'était, d'ailleurs, parmi eux seulement qu'il trouvait quelque instruction et les renseignements qui lui étaient précieux, soit sur l'histoire du passé, soit sur l'état de la société actuelle. Les principaux docleurs arméniens venaient souvent le visiter. On s'étonnait, par suite des préjugés que la plupart des Francs contribuaient à entretenir en se tenant éloignés de la religion, on s'étonnait de voir un simple laïque se livrer ouvertement à des pratiques de dévotion ; aussi l'appelait-on quelquefois un *demi-papa*, ou un demi-prêtre. Cette appellation le faisait sourire ; il ne prévoyait pas alors que le jour viendrait où il deviendrait un *papa* tout entier, et où Dieu récompenserait sa fidélité à remplir les devoirs du chrétien, en l'appelant à un état de perfection plus haute.

Eugène Boré n'avait pas tardé à remarquer la grande situation qu'occupaient les Lazaristes à Constantinople. Successeurs des Jésuites emportés par la tourmente, ils possédaient le seul collège existant dans l'empire turc, et ils y donnaient à toute l'élite de la jeunesse une éducation française. Leurs manières simples mais polies, leurs bienfaits, leur supériorité morale et intellectuelle leur avaient acquis un grand crédit auprès de la haute société turque ; ils faisaient à la fois aimer et respecter la France, nation à laquelle ils appartenaient tous alors dans cette résidence, et la religion catholique. Notre jeune voyageur ne tarda pas à se mettre en rapport avec eux : il fit visite au sous-directeur, homme d'un sens parfaitement droit et qui avait une haute portée dans l'esprit. En causant avec lui, il remarqua dans sa petite bibliothèque un livre portant le nom de l'abbé Caron ; c'était un de ses amis de France, et en même temps une des plus intimes relations de l'abbé Leleu — ainsi s'appelait le sous-directeur. — Celui-ci se rappela alors avoir vu à Paris Eugène se promener en *blouse grise* dans le petit jardin de la rue Vaugirard, d'où il avait daté tant de lettres adressées à l'abbé de Lamennais, lorsqu'il s'était placé sous sa direction. On se trouvait en pays de connaissance ; la liaison devint bientôt étroite. M. Leleu, choisi pour guide spirituel de cette conscience si loyale et si droite, ne tarda pas à acquérir sur elle un grand et salutaire empire. Nous trouverons plus d'une fois la trace de cette influence dans le cours de ce récit. Boré devint promptement l'un des hôtes les plus assidus de la maison des Lazaristes.

Le jour de Noël, il assistait à l'office dans leur chapelle. Du chœur où il avait pris place, il suivait avec une dévotion sincère la cérémonie qui était véritablement touchante, et il y trouvait un attrait tout particulier, surtout en entendant l'orgue répéter les mêmes motifs qui frappaient l'oreille des chrétiens de Paris, le même jour et à la même heure dans leurs églises. A la communion, il se rappela tous ses bons amis de France, et il mit expressément ses futurs voyages sous la protection de Celui dont il espérait visiter l'année suivante le berceau à Bethléem. L'avenir demeurait pourtant bien incertain à ses yeux, et il aimait à se laisser conduire par la Providence divine. « Je suis, disait-il, disposé à accepter ce qui m'arrivera comme l'effet de la volonté du Tout-Puissant. Je ne me propose qu'une seule chose, être utile un jour à la cause de l'Eglise, si j'en suis jugé digne. » Il est superflu de faire ressortir cette humilité et cette admirable pureté d'intention.

Au milieu de ses études et de ses préparatifs de voyage, Eugène Boré trouva le temps de rédiger un Mémoire pour l'Académie des Inscriptions qui fut envoyé à Paris, et dont la lecture fut donnée à ce corps savant par M. Dureau de la Malle. L'Académie répondit à cette communication par un rapport flatteur que lui transmit M. de Sacy et dont Eugène Boré se trouva très honoré. Il écrivit vers le même temps à M. Etienne, alors procureur général des Lazaristes, devenu depuis, comme on sait, supérieur général de la Congrégation, et avec lequel M. Leleu l'avait mis en rapport. Ainsi se serraient peu à peu entre la Mission et le jeune savant des liens qui devaient devenir un jour si étroits.

La vigueur naturelle du tempérament d'Eugène Boré n'avait pu le mettre totalement à l'abri des atteintes du climat fort inégal de Constantinople. Il avait aussi ressenti l'influence d'un hiver exceptionnellement rigoureux et qui l'avait d'autant plus éprouvé qu'en Orient on ne sait pas se défendre du froid. Mais il avait, dès lors, tellement l'habitude de se vaincre et il tenait si peu de compte des exigences du corps que c'est à peine si dans sa longue correspondance, il lui échappa une fois d'accuser un simple malaise. Encore a-t-il soin d'ajouter qu'il voit dans cette disgrâce apparente une attention délicate de la Providence qui a voulu lui procurer plus de loisirs pour l'étude, et lui enlever des occasions de dissipation. Il se préparait ainsi par l'exercice courageux de la patience et de la force de volonté, aux assauts plus rudes qu'il aurait à soutenir bientôt durant ses pénibles pérégrinations dans des contrées à demi barbares, sans routes, sans hôtelleries, en butte à toutes les intempéries des saisons. Nous aurons prochainement l'occasion d'admirer sa fermeté de résolution et sa bonne humeur dans des circonstances épineuses.

Il ne voulait, du reste, entreprendre ce long et périlleux voyage, que dans des conditions qui lui permissent d'en retirer les fruits. Ainsi multiplia-t-il avec raison ses précautions et ses préparatifs. Il possédait maintenant parfaitement le turc, l'arménien et l'arabe de façon à pouvoir converser avec les habitants des pays qu'il devait traverser. L'histoire ancienne et moderne, l'archéologie, la numismatique n'avaient pas de secrets pour lui. Stabon, Ptolémée, Xénophon lui étaient familiers. Toutefois son bagage scientifique ne lui parut pas suffisant. Non content d'étudier à fond la botanique et l'histoire naturelle, il apprit à dresser des plans et à mesurer les hauteurs, à l'aide d'un instrument. Un jeune médecin de ses amis lui donna quelques notions de thérapeutique de façon à pouvoir employer utilement une boîte de médicaments que M. Taconet lui avait envoyée d'Europe et qu'il compléta sur les lieux avec des drogues en usage dans ces climats si différents du nôtre. Un élève de l'illustre Arago perfectionna ses connaissances en physique et en astronomie. Il prit même des leçons d'escrime, afin de pouvoir se défendre au besoin contre les brigands dont certains parages étaient infestés, et il se trouva d'une force suffisante pour parer avec succès en tierce et en quarte et pour faire le moulinet sans broncher. Enfin, il s'appliqua à écrire à la mode turque, c'est-à-dire en se servant du *qualam* ou *calam*, ou plume, art difficile à cause de la complication des caractères, mais dans lequel il atteignit une certaine perfection. On aurait dit un second *Pic de la Mirandole*, prêt à discourir de *omni re scibili et quibus dam aliis* (1), mais sans que cette science quasi universelle portât la plus légère atteinte à sa profonde modestie.

Son bagage matériel n'était pas moins considérable. Des circonstances particulières lui permirent d'acquérir à des conditions fort avantageuses la plupart des objets qui avaient appartenu à l'un de ses devanciers dans la carrière aventureuse des voyages. L'infortuné Schultz, assassiné en 1828 par les Kurdes, avait laissé une caisse remplie de livres fort curieux, de cartes introuvables, d'une foule d'objets qui étaient pour Eugène Boré d'un prix inestimable, tabatières et rasoirs pour

____

(1) « Sur tout ce que l'on peut savoir et sur d'autres choses encore. »

cadeaux, mémoires et ouvrages dépareillés, le texte du Zend-Avesta, d'innombrables copies d'inscriptions cunéiformes, le *Parfait Maréchal*, un manuel de chimie et de médecine, un médailler ; pour la cuisine, des plats étamés faits tout exprès, des couteaux, bref un service complet. Boré vit dans cette rencontre inopinée une marque spéciale de la protection céleste, qui l'assistait d'avance dans tous ses besoins prévus et imprévus.

Pour son costume, notre intrépide voyageur s'était fait confectionner un pantalon de cheval, qui ressemblait à celui d'un carabinier, « étant garni de cuir partout et ayant une lisière sur le côté. » A un autre pantalon parisien il avait fait mettre également sur le côté une bande d'étoffe d'or. En y joignant une casquette de chasseur d'Afrique, une redingote faite à la militaire, garnie d'une rangée de boutons de métal, ornée d'un collet et de passe-poils rouges, une giberne et un grand sabre, le futur missionnaire avait l'air, comme il le dit lui-même sur le ton de la plaisanterie, d'un officier retraité de lanciers. N'oublions pas une paire de pistolets à la ceinture, un poignard, un fusil destiné surtout à abattre lièvres et perdrix, et enfin une formidable paire de moustaches qu'il laissait croître depuis six mois. On verra plus tard combien sous cet accoutrement belliqueux il se montra humain et bienfaisant à l'occasion.

CHAPITRE IV

Eugène Boré part pour la Perse en compagnie de M. Scafi, missionnaire
Lazariste. Voyage dans l'Asie mineure. Ses impressions et ses travaux.
Visite du monastère d'Echemiazin, siège du patriarcat arménien
schismatique.

I

Le 2 mai 1838, jour où l'on célèbre la fête de saint Clément
d'Alexandrie, le courageux défenseur de l'orthodoxie en Orient,
M. Boré assistait pieusement à la messe dans la chapelle de
la résidence d'été des Lazaristes à Bébek. Avant les adieux,
qui pouvaient être éternels, l'un des missionnaires récita d'une
voix émue la prière du bréviaire romain pour les voyageurs.
Puis la petite caravane franchit le détroit et aborda sur la côte
d'Asie. Elle était ainsi composée : en tête marchait M. Scafi,
prêtre lazariste, suivi de près par notre jeune savant. Ali, turc
et musulman, précédemment attaché au Séraskier, ou ministre de la guerre, était chargé d'intervenir auprès des autorités
ottomanes et de réquisitionner les chevaux et les logements dus
aux voyageurs en vertu du firman impérial. Ali avait le regard

fier, le ton et l'habitude du commandement, il portait la tête
haute. Un domestique arménien, nommé Abraham, espèce de
géant, tremblant devant Ali, formait avec ce dernier un parfait contraste. Il était pourtant doué d'une force athlétique bien
utile pour manier le bagage lourd et encombrant : quatre
coffres énormes où s'entassaient les ustensiles de cuisine, les
meubles de voyage et les livres de la bibliothèque, et qui servaient de lit pendant la nuit, et d'autel, à l'occasion, pour la
célébration du saint sacrifice. Deux sandji ou postillons
complétant l'escorte, achevaient de donner à la caravane
une apparence suffisante pour imposer le respect, chose nécessaire partout, et principalement en Orient.

La terre que l'on foulait dans cette première journée faisait
partie de cette ancienne province de Bithynie, qui embrassa de
bonne heure la foi chrétienne. Là s'élevait jadis la ville de
Nicée, où se tint le célèbre concile qui affirma la divinité de
Jésus-Christ méconnue par Arius. La contrée avait un aspect
riant. On côtoya d'abord une forêt bordée d'aubépines en
fleurs, d'où s'exhalaient, comme le raconte Boré, avec le par-
fum du printemps les chants du rossignol et du merle siffleur.
Ces débuts étaient pleins de poésie et de promesses. Malheureusement, à la plaine succéda un terrain montueux et difficile. A chaque pas les bêtes de charge bronchaient : les serviteurs se précipitaient pour relever les bagages et rétablir
l'équilibre. L'absence presque complète de routes tracées
rend en Orient les voyages extrêmement pénibles. Les turcs
laissent à la nature le soin de les ouvrir et de les entretenir ;
quant aux ponts, ils sont absolument inconnus, excepté ceux
qui, datant de l'époque romaine, ont bravé les injures du temps
et des hommes. Aussi n'avançait-on que lentement ; chaque
étape ne fournissait guère que six lieues.

De loin en loin on traversait un village : les chiens aboyaient furieux, et il fallait leur livrer un véritable combat pour échapper à leur atteinte. Les femmes s'enfuyaient en se voilant le visage, tandis que les hommes enchaînés par le fatalisme musulman restaient gravement assis sur le seuil de leur porte et fumaient impassibles sans se déranger.

Les grecs demeurés chrétiens ne forment plus, grâce à des persécutions et à des exterminations successives, qu'une infime minorité. En général, ils ont été refoulés dans l'intérieur de la presqu'île où ils habitent des cantons distincts. Le schisme et l'oppression musulmane les ont réduits à un état de servilisme et d'abjection que l'on a peine à imaginer et que nous aurons bientôt l'occasion de décrire.

Quand la caravane arrivait dans le hameau où elle devait passer la nuit, Ali faisait venir le kiaïa ou maire : c'était l'homme le plus considérable du pays, doté d'une certaine aisance, parfois même de la fortune. Devant l'exhibition du firman impérial, tout ce que possédait ce fonctionnaire, beurre, lait, légumes, poules, était mis à la disposition des voyageurs. M. Scafi et M. Boré se voyaient l'objet des manifestations d'un profond respect où se mêlait certaine cordialité. Quelquefois le Kiaïa poussait l'empressement jusqu'à faire tuer des moutons pour leur provision de route. Quands il partaient il les embrassait, les larmes aux yeux, en les priant de revenir. M. Boré toujours généreux avait peine à lui faire accepter une indemnité. Telle est l'hospitalité orientale, bien nécessaire dans un pays où il n'existe pas d'hôtelleries. Durant ces entrevues de hasard se révélait le fond du caractère turc, qui est honnête et bienveillant. Nos voyageurs faisaient ainsi, en cheminant, d'intéressantes études de mœurs. A côté du bien ils apercevaient aussi le mal. Un jour ils aperçurent une forêt qui brûlait. « D'où

vient cet accident ? » demandèrent-ils à leur guide. « C'est,
répondit-il, la manière dont on se venge ici de ses ennemis. »

On arriva bientôt sur les bords de la mer Noire, dans la petite ville de Chilé. Nos voyageurs furent installés dans le quartier grec, où on leur assigna pour logement la demeure de
l'évêque absent. Le vicaire, homme marié, abruti par une
ivresse presque perpétuelle, leur fit visiter deux chambres
obscures et humides, où il y avait une apparence d'autel.
« Ce sont nos chapelles », leur dit-il. L'autre vicaire était
assis à la porte d'une taverne et fumait tranquillement. Quel
spectacle !

Le lendemain nos voyageurs descendirent au port ; ils prirent place dans une chaloupe menée par six grecs que commandait un turc. Celui-ci avait l'air d'un maître entouré de ses
esclaves. Les rameurs se vengeaient de son air rogue et de son
mépris en l'injuriant dans une langue qu'il ne comprenait pas.

A Calpé on se trouvait dans un lieu historique, immor-
talisé par la plume de Xénophon. En comparant la description
de l'historien grec avec l'état actuel, les voyageurs purent
constater le désordre causé par un régime barbare et oppres-
seur. Les collines n'étaient plus tapissées de ces vignes qui
donnaient jadis un vin délicieux ; les figuiers n'ombrageaient
plus la maison du laboureur. Une scène assez étrange fit un contraste heureux avec les tristes pensées qu'évoquait le présent
rapproché du passé. Plusieurs paysans poussés par la curiosité
s'étant réunis pour voir les Francs, M. Scafi eut l'idée, au cours
d'une amicale conversation, de leur lire un chapitre de l'Imitation traduit en turc. En les voyant le cou tendu, la bouche
béante et les yeux humectés de larmes, M. Boré admirait,
comme il le raconta plus tard, l'efficacité de la parole chrétienne, agissant sur des natures grossières mais simples. Il

s'imaginait voir les premiers néophytes de la Bithynie écoutant la lecture de l'épître de saint Pierre.

Après avoir franchi le fleuve Sangarios, chanté par Homère, et qui porte encore aujourd'hui le nom de Sakariah, la petite caravane traversa une forêt où pendant la nuit, les loups marchaient par bande, et s'avançaient jusqu'à la porte des étables. Le cri du chacal retentissait dans la profondeur des bois et l'on distinguait aussi le glapissement du renard à la poursuite du lièvre. Quelle triste et sauvage solitude ! Quelques heures plus tard les voyageurs atteignirent un ancien centre de la civilisation hellénique, nommé Prusias ad Hippium ; il ne restait que des ruines éparses dans la moderne Uskoub. Ils traversèrent d'abord le cimetière, encombré de fragments de colonnes et de chapiteaux corinthiens. Plusieurs murs de maison présentaient des restes précieux mutilés et confondus avec de simples briques. La rue avait conservé ces larges dalles de pierres, qui formaient le pavé des villes romaines. Nos francs furent reçus avec une certaine solennité par le seigneur du lieu dans une maison moderne qui avait quelques prétentions féodales. A la porte se tenaient respectueusement debout une vingtaine de serviteurs, dont quelques-uns portaient l'éclatant costume osmanli. Le bey vêtu sans luxe, était assis, fumant un narguilé, entouré de docteurs, graves et dignes, avec leur barbe, leurs manteaux et leurs turbans. Sur l'ordre du maître des rafraîchissements furent servis.

Quand Ibrahim-bey eut appris le motif de la venue de ses visiteurs, il ne put retenir un sourire d'incrédulité. Je ne comprends rien à votre curiosité, dit-il en vrai turc de la vieille roche, mais chacun prend son plaisir où il le trouve. Le mien est de chasser le gibier, le vôtre est de chercher des pierres écrites, je vais vous en montrer. Et se levant, escorté de son entourage, il guida les voyageurs dans les rues de la cité neuve, leur signala des antiquités grecques que, dans son ignorance, il attribuait aux Génois, qui ont dominé dans ce pays à la fin du moyen âge, et finit par leur donner la gracieuse autorisation de visiter toute la ville, sans approcher toute fois de la mosquée.

Rentrés dans leur appartement, les voyageurs jetèrent un regard sur la vallée qui s'étendait à leurs pieds. Le spectacle était ravissant, et M. Boré le décrit avec complaisance. « La lune, dit-il, qui avait atteint son plein accroissement, éclairait les bois, les landes, les champs et les fermes. Çà et là ses rayons étaient renvoyés plus brillants par un ruisseau où un étang d'où s'élevait le concert printanier de mille grenouilles coassantes. A cinq lieues dans le midi apparaissait dans l'ombre la montagne d'Hippium, pic blanchi par les neiges, aux flancs rougeâtres et dépouillés... Sous ma fenêtre, se groupaient en cercle les maisons de la ville, avec leurs bouquets de lilas, où le rossignol soupirait des chants interminables. » Ces lignes et d'autres que nous citerons plus loin montrent jusqu'à quel point le jeune savant était sensible aux beautés de la nature et quelle poésie recélait cette âme si sérieuse et si grave.

Après avoir visité les ruines de l'amphithéâtre, nos voyageurs retournèrent vers le bord de la mer, d'où une barque les transporta, non sans péril, à Héraclée. Un orage survenu soudainement faillit les faire chavirer. Une sandale turque, attardée d'une heure, se brisa sous leurs yeux, au lieu même où ils venaient d'atterrir heureusement. Cet accident leur fournit l'occasion d'admirer la sérénité d'âme des pauvres naufragés. Pas une plainte n'échappa de leurs lèvres, pas un murmure contre la volonté toute-puissante qui frappait les uns et épargnait les autres. Dépouillés par les flots d'une partie de leurs vêtements, transis de froid, ils acceptèrent avec reconnaissance de prendre part au repas des francs, ils fumèrent ensuite et s'endormirent paisiblement sans prendre garde aux vents encore déchaînés.

La tempête passée on se remit résolument en marche. Dans un moment d'embarras et d'hésitation sur le sentier qu'il fallait suivre, Ali aperçut un pâtre qui prenait la fuite dans la crainte que ces étrangers ne lui fissent un mauvais parti. Sans tarder il fondit sur lui, un pistolet à la main, et lui cria de s'arrêter. S'il n'eût obéi sur le champ, c'était un homme mort. Ali n'était pourtant pas cruel ; mais il se sentait investi d'une autorité toute puissante. Les pauvres gens en Turquie — et aussi ailleurs — n'avaient qu'à courber la tête devant celui qui parlait au nom du souverain, c'est-à-dire du maître. Le despotisme a toujours été dans les mœurs de l'Orient.

La caravane atteignit bientôt les rives du Falios, ancien Billœcus, la plus large et la plus rapide des rivières de Bithynie. Il s'agissait de la traverser ; en fait de nacelle il n'y avait que le tronc d'un gros pin creusé, comme chez les sauvages, mais avec moins d'art. Cette barque informe était maniée par quatre hommes ramant d'une main avec des pieux, tandis que de l'autre ils rejetaient l'eau qui pénétrait par les crevasses. Comme les européens faisaient remarquer à ces barbares combien ce mode de passage était incommode et pouvait devenir dangereux, le plus âgé, que sa forte corpulence et sa tenue plus que négligée faisaient ressembler au nocher Caron, répondit simplement : « Vous avez raison, mais c'est ainsi que faisaient nos pères. » Cet argument parassait sans réplique à des gens qui ont horreur du progrès et de toute amélioration.

A Perchembé on prit gîte dans le *quonaq* ou logis de l'aïa. Une des chambres de cette demeure servait de mosquée. Le lendemain était un dimanche. Pendant que le muezzin appelait à haute voix, suivant l'usage, les fidèles musulmans à la prière, le prêtre du vrai Dieu, M. Scafi célébrait la messe dans le lieu même qui était décoré des sentences du Koran. Le Christ triomphait dans le sanctuaire même de ses ennemis.

Plus loin, M. Boré nous fait assister à une assemblée turque. L'aïa du village présidait une réunion de notables, une sorte de conseil municipal. « Une vingtaine d'hommes, la plupart vieillards à barbe blanche, étaient gravement assis sur un modeste sopha ; tous tenaient de la main et portaient à la bouche la longue pipe dite *tchibouq*, compagne inséparable des orientaux. La bizarrerie variée de leurs turbans, de leurs vestes et de leurs larges pantalons produisait un noble effet et faisait mieux ressortir tout ce qu'avait de mesquin le costume demi-européen de leur président. Cet homme avait pour insignes de sa dignité un *fez* rabattu sur les yeux, une redingote bleue à collet droit garnie de boutons ciselés, et un pantalon de la même couleur. Du reste, il ne connaissait pas la mode gênante de la cravate, et il avait les pieds nus... Bien qu'il s'agît d'une affaire importante, l'augmentation de l'impôt communal, il n'y avait ni cri, ni dispute, ni gestes dans l'assemblée, les uns fumaient en silence, et paraissaient plongés dans la réflexion... Quand Ali entra le firman à la main, tous s'inclinèrent d'un mouvement unanime et spontané devant cet ordre émané du pouvoir suprême ; et l'aïa avant de l'ouvrir le porta à ses lèvres.

Héraclée, bâti par les Milésiens au centre d'un pays délicieux, retint pendant quelque temps M. Boré et son compagnon. Il y avait là pour l'érudit bien des ruines à visiter, bien des inscriptions à relever. Nous passons rapidement sur des détails de ce genre qui n'intéressent guère que les gens du métier. Bornons-nous à remarquer qu'une fois de plus les voyageurs purent constater que la richesse et la fécondité naturelles du pays étaient annulées par l'impéritie de l'administration et la paresse des habitants. Le nombre des navires que recevait le port allait diminuant d'année en année. La décadence était visible et semblait irrémédiable.

Le quartier grec se composait d'une cinquantaine de maisons fort pauvres. Nos voyageurs y firent la rencontre d'un jeune prêtre schismatique qu'ils questionnèrent sur la lecture d'une inscription antique. Malheureusement cet ecclésiastique nouvellement promu aux ordres, avait tout juste assez de science pour déchiffrer l'écriture de ses pères sans la comprendre. Les autres desservants faisaient encore plus piteuse figure. Il nous en coûte de le dire, mais à quoi bon dissimuler la dépravation intellectuelle et morale où le schisme et l'oppression musulmans ont conduit ces populations autrefois si civilisées ? le prêtre était occupé à débiter, moyennant profit bien entendu, à ses ouailles un baril d'eau de vie qui venait d'arriver de Constantinople. La vente se faisait en plein air, sur le parvis de l'église. Le marchand en soutane eut la générosité d'offrir un verre à M. Boré, qui s'empressa de décliner la politesse. Invité à visiter l'église, il voulut bien y accompagner ces tristes ministres du seigneur, afin de faire acte de chrétien devant la foule ; mais il s'abstint de toute communion de prières avec des hommes séparés de la vraie église de Jésus-Christ.

Quelques instants après, un bon feu fut allumé pour sécher les voyageurs, la pipe et le café leur furent généreusement offerts. Le soir, dans un autre village, même empressement de la part des habitants. Les uns apportaient leurs lits et leurs couvertures, les autres du bois, des œufs, du lait. Ils vinrent tous ensuite prendre leur frugal repas devant les étrangers, afin de leur rendre honneur.

Dans l'intervalle nos voyageurs avaient visité les ruines encore imposantes du voisinage. Ils remarquèrent des pans de mur qui avaient fait partie d'édifices considérables ; mais le blé et l'orge croissaient abondamment dans les cours ainsi que dans les rues. Le pays était très fertile, mais mal cultivé ; aussi le pain y manqnait. Partout l'image aussi bien que la réalité de la décadence et de la dévastation.

Le pain faisait également défaut dans la ville de Bartan ou Bartine, composée cependant de 500 maisons. Il ne s'y trouvait pas davantage de pompe ; aussi un incendie faillit-il tout dévorer pendant que nos voyageurs s'y reposaient de leurs fatigues. Heureusement qu'une pluie torrentielle, survenue à propos, préserva les habitants d'une ruine totale. Leur fatalisme acceptait également les biens et les maux, sans chercher à s'assurer les uns et à se préserver des autres. M. Scafi eut le bonheur de solenniser la fête de l'Ascension, en disant la messe dans le misérable réduit qui lui avait été assigné. M. Boré servit le saint sacrifice suivant son usage ; sa pensée s'élevait de plus en plus vers le ciel.

Nous passerons rapidement sur l'inspection des ruines d'Amassérah, l'ancienne Amestris, et de l'ombreuse Cytore chantée par Homère. A chaque pas, les souvenirs classiques de M. Boré étaient réveillés par les sites, par les noms, plus ou moins défigurés, par les faibles débris des œuvres de la main des hommes. En saisissant sur le vif les tristes résultats des ravages du temps, son cœur s'attachait de plus en plus à ce qui est éternel. Cette considération le soutenait dans les épreuves et dans les dangers de ce long voyage.

La ville d'Amestris portait le nom de la mère du roi Darius qui fut vaincu par Alexandre le Grand. On y avait élevé de superbes monuments dont M. Boré put admirer les ruines. En s'approchant, il vit avec surprise, que des constructions qui de loin lui avaient apparu comme autant de cavernes creusées dans la montagne, formaient des voûtes colossales, au nombre de dix-neuf, ayant chacune dix mètres d'ouverture. Leur fond était percé d'une large porte communiquant avec des salles souterraines, dont le dédale se prolongeait à une profondeur inconnue. Les merveilles des jardins suspendus de Babylone avaient été ainsi renouvelés.

C'est à Amestris qu'en réunissant leurs efforts, MM. Scafi et Boré parviennent à rassembler les membres épars d'une double inscription grecque et latine. L'émotion de ce dernier fut vive, lorsque la lecture de cette inscription lui apprit qu'il se trouvait en présence des restes encore imposants d'un temple de la Paix ou de la Victoire élevé en l'honneur de l'Empereur Sévère par la quatrième légion gauloise. « Un Français, écrivait-il, ne contemple pas sans fierté, aussi loin de sa patrie, un signe inattendu de la valeur de ses barbares ancêtres, valeur héréditaire et comme inamissible, qu'ils ont si bien transmise à leurs enfants. »

La mutilation regrettable d'un grand nombre de bas reliefs antiques est due à la fureur iconoclaste des musulmans, auxquels leur religion inspire, on le sait, une profonde horreur pour toute image d'homme ou d'animal. En revanche, ils avaient, en général, respecté la croix des Chrétiens. Nos deux voyageurs remarquèrent ce symbole sur plusieurs édifices remontant à l'époque de la domination génoise. Ainsi, par une frappante disposition de la Providence, les sectataires de Mahomet ont

détruit les signes de l'idolâtrie et conservé le principales symbole de la religion chrétienne. Boré rappelait, à ce propos,
que le faux prophète a, dans le Coran, rendu un hommage
éclatant à la personne de Jésus-Christ en la présentant sous
un caractère de grandeur si imposant qu'elle semble flotter
entre la nature humaine et la divinité. Tout en voulant abolir
son culte, il le montre pourtant plus grand et plus saint que
lui-même. N'y a-t-il pas là une trace des croyances chrétiennes
altérées mais conservées en partie dans l'hérésie d'Arius ?

Les jours suivants se passèrent en investigations archéolo-
giques. On se transportait à grand peine d'un lieu dans un
autre, tantôt par mer, tantôt par la voie de terre. Dans le premier cas, le majestueux Ali réquisitionnait des rameurs désignés par les aïas ou beys, quel que fut le métier qu'ils exer-
çaient : dans le second il réclamait des chevaux qu'on ne lui
accordait pas toujours aisément. Le bon cœur de M. Boré se
révoltait au spectacle de l'avarice et de la dureté des chefs de
canton, imposant de rudes corvées aux pauvres gens de leur
dépendance et se réservant tous les bénéfices. Le régime
des castes n'existe pourtant pas chez les Turcs, et l'égalité
de nature chez eux est admise. Mais si l'on ne connaît pas
dans cette race les distinctions de la naissance, la distance que
crée la fortune est fortement accusée. Jamais on ne pourra
supprimer la différence existant entre le riche et le pauvre. Nos voyageurs en faisaient quotidiennement la triste expérience. Un jour, par exemple, Ali réveilla en criant à tue-tête
un misérable charretier que l'excès de fatigue avait endormi
sur le bord de la route, le contraignit à se jeter au milieu
d'un hallier épineux pour lui couper une baguette, et à se
mettre à l'eau pour guider la caravane à travers un gué. La
rivière traversée, l'homme du peuple se confondit en humbles dé-

monstrations vis à vis de celui qui l'avait indignement exploité, tandis qu'il recevait avec une froide indifférence l'offrande que les généreux étrangers lui mettaient dans la main, pour l'indemniser de ses peines. Il avait peur de l'un et ne se souciait pas des autres.

Une autre rencontre fut plus agréable à M. Boré ; c'était celle d'un ancien zouave de l'armée française. Né dans ce pays, Osman Ibrahim avait fait partie de la milice que le Sultan entretenait à Alger. Après la prise de cette ville par les Français, il s'engagea dans les rangs des vainqueurs dont l'humanité l'avait séduit et il fit un congé régulier. Au bout de ce temps, l'amour du sol natal le reprit, et il revint dans l'Asie mineure, mu par l'espoir de revoir son vieux père ; mais il ne trouva qu'une tombe fermée. « J'étais heureux là-bas, disait-il, bien vêtu, bien nourri, payé régulièrement ; ici je manque de tout, de pain quelquefois. » Son langage composé de français, d'italien, d'espagnol, d'arabe, et surtout des locutions les plus usitées parmis nos soldats, était des plus singuliers. Il réussit cependant à se faire comprendre. Son intention était d'appliquer dans le village qu'il habitait alors, les procédés de culture qu'il avait vu pratiquer en Afrique : il devait bientôt se marier, non pas à la turque, mais à la française. « Je n'aurai, disait-il, qu'une épouse, je l'aimerai et la respecterai. Elle ne sera pas toujours emprisonnée dans son voile : elle partagera avec moi l'autorité. J'apprendrai aux musulmans que le mariage est indissoluble, et que l'affection conjugale ne peut se partager entre plusieurs épouses. Ce brave homme, éclairé par la vue de la civilisation occidentale, était sur le chemin du christianisme : y est-il jamais parvenu ?

Au village de Dourodani nos voyageurs furent témoins d'un spectacle qui captiva leur attention. C'était un vendredi, jour consacré au culte et aussi aux affaires chez les musulmans. La foule des fidèles s'était portée vers la mosquée pour entendre les exhortations pieuses de l'iman. En ce moment le soleil atteignait sa plus grande hauteur ; la prière de *Zohar*, qui ouvre la journée civile des sectateurs de l'Islam allait commencer. Un jeune enfant remplissait les fonctions de *muezzin* ou de crieur sacré. Du haut du balcon du minaret, tourné vers le midi, c'est-à-dire du côté de la Mecque, la ville sainte, il chantait d'une voix pure et lente « Il n'y a point d'autre Dieu que Dieu, et Mahomet est son prophète. » Puis, au bout de quelques instants : « Levez-vous, faites vos prières, occupez-vous de l'action la plus parfaite de Mahomet, la plus parfaite des créatures ». Les fidèles, épars sur la pelouse, faisaient leurs ablutions, se prosternaient sur leurs tapis et murmuraient des oraisons. Ils détournaient avec soin, du reste, leurs yeux du *giaour* ou incroyant dont le seul contact les eut souillés. Tout cela, simplement, sans respect humain, mais aussi sans ostentation et avec un profond sentiment religieux.

M. Boré, dans sa foi et dans son zèle catholique se sentait intérieurement remué : « Eh quoi ! disait-il en lui-même, quel est le chrétien qui osât, dans nos grandes villes, à l'heure de l'Angélus, s'agenouiller sur le pavé des places publiques et prier ? » Puis il songeait à sa dignité d'enfant de l'Eglise régénéré par le baptême, purifié et nourri tant de fois du sang d'un Dieu ; il se jugeait bien supérieur par la grâce d'en haut, à ces pauvres gens plongés dans l'ignorance, victimes d'un misérable imposteur. La miséricorde divine pouvait avoir égard à leur droiture d'intention, mais ils ne soupçonnaient seulement pas la vraie grandeur morale, celle qui est fondée sur la pureté du cœur et non sur la netteté du corps.

A Castemouni, l'ancienne Germanicopolis, quelques familles

grecques vivaient obscurément dans le quartier où elle avaient été réléguées par les Musulmans. Là encore on pouvait constater l'abjection et l'opprobre. Le lieu Saint n'était qu'une chambre, ou plutôt une sorte de réduit souterrain, menaçant de s'écrouler sur les piliers de sapin qui le supportaient ; la nudité de l'autel souillé de poussière attestait moins encore la misère que la tiédeur de la foi. Les pasteurs schimatiques se dérobèrent honteusement à la visite de nos deux catholiques qui les cherchèrent en vain. On célébra tristement en ce lieu la fête de la Pentecôte.

Les voyageurs reçurent, en revanche, la visite de plusieurs derviches, espèce de moines mendiants, que la curiosité et la vanité poussaient à lier connaissance avec des chrétiens Francs. L'un d'eux, le scheik Osman, était fort vénéré du peuple à cause de ses austérités extraordinaires. Semblable en ce point à tous les Musulmans, il se piquait peu de modestie, et il montrait avec complaisance sa poitrine couverte de plaies qu'il s'était faites, disait-il, pour l'amour de Dieu. Ce vaniteux personnage offrit de s'enfoncer dans les bras et dans les jambes des brochettes de fer. Son costume semblait fait pour frapper l'attention par sa bizarrerie. Une peau de tigre lui couvrait les épaules ; un chapelet, des fers, instruments de ses mortifications, et une besace pendaient à sa ceinture. M. Boré qui l'observait avec soin jugea, d'après son extrême maigreur, ses yeux hagards, ses lèvres tremblantes, qu'il cherchait à se procurer des extases moins dans l'oraison que par l'usage de certaines drogues stupéfiantes, telles que l'opium et le chanvre. On sait que c'est à des pratiques de ce genre que les Hassichims ou assassins du temps de saint Louis devaient l'exaltation cérébrale qui les poussait à braver la mort et les tourments. Quelle différence avec l'humilité, la mansuétude et la sérénité des mystiques chrétiens, par exemple, d'un saint François d'Assise !

Le 9 juin, la caravane entrait dans le village de Redi Ambérié, lorsqu'une femme qui puisait de l'eau à une fontaine, vint poliment, le visage découvert, offrir à boire aux voyageurs. Etonné de cet acte de charité incompatible avec les mœurs des femmes turques, M. Boré l'interrogea. Il apprit qu'elle était arménienne, et que cinq autres familles chrétiennes habitaient ce lieu. Ces pauvres gens offrirent de grand cœur aux visiteurs inattendus leurs oignons et leur pain noir. Le pays était, d'ailleurs, misérable et les habitants écrasés par les impôts. L'iman lui-même était trop pauvre pour s'acheter une chaussure; les femmes étaient à peine vêtues, des familles entières émigraient chassées par la faim ; le caravansérail datant d'Achmel Ier, tombait en ruine.

On arriva bientôt au fleuve rouge, l'Hays des anciens, frontière normale de l'empire des Perses. Rien d'aussi désolé que ses bords. M. Boré décrit avec tristesse les herbes des prairies fécondées par son limon, se fanant sur leurs tiges, sans que personne songe à les recueillir. Aucune nacelle ne se hasardait sur ses eaux ; aucun filet n'était tendu à ses poissons ; il s'enfuyait inutile à la mer Noire, comme pour y cacher sa honte.

A Visir-Kuprisi les européens eurent la joie de trouver une église nouvellement bâtie et tenue avec une grande propreté. Elle servait au culte des Arméniens qui se montrent généralement beaucoup plus soucieux que les Grecs, de la décence du culte.

Le séjour à Samsoon, l'Amisus des grecs, fut marqué par la rencontre d'un derviche appartenant à la secte des sophis.

Ces philosophes, d'une morale relâchée, fruit naturel de leurs spéculations panthéistiques, sont fort répandus en Perse. Il demeurait au milieu des tombeaux et distribuait des talismans contre tous les maux, ce qui lui valait d'abondantes aumônes. M. Boré prit plaisir à l'interroger pour se renseigner plus exactement sur sa doctrine. « Mon ami, lui répondit le sophi, tu n'as pas besoin de sortir de ta religion. Reste nazaréen, comme je reste musulman. Toute forme de culte est indifférente, tout dépend de la pensée, et non de l'acte lui-même. Il suffit de s'unir à Dieu d'une volonté forte pour le trouver et pénétrer son essence. Ainsi notre être remonte à sa source et se perd dans le seul être qui existe. La créature disparaît et il ne reste que la divinité. » En prononçant ces mots, ses yeux s'enflammèrent, si bien que pour prévenir une attaque d'extase béatifique, son interlocuteur l'interrompit : « Mon ami, lui dit-il froidement, je ne doute pas que tu ne sois parvenu au dernier degré de l'anéantissement. Ta doctrine, du reste, n'est pas nouvelle, ni propre à ton pays. Partout on rencontre des gens qui s'affranchissent de la pratique de la morale bonne pour le peuple, et se réservent le privilège du culte prétendu spirituel. Quoi de plus insensé que ton système ? Le mal et le bien seraient-ils un ? L'homme et Dieu se confondent-ils en une substance unique ? Le sens intime répond que non. » L'orgueilleux derviche ne trouva rien à répliquer et l'entretien prit fin.

Quelques jours après M. Boré avait le bonheur de racheter de l'esclavage un jeune polonais qui, après les désastres qui affligèrent sa patrie, avait été relégué dans la province du Caucase où il fut pris par des Lesghis, ceux-ci le vendirent à leur tour à des Turcs. Depuis trois ans il servait un aga qui le traitait avec brutalité. Aussitôt que ses fers furent brisés,

il partit plein de joie pour la France qui, à ses yeux, était
une seconde Pologne.

Amasie, ville jadis célèbre et florissante, renfermait un
groupe assez nombreux de chrétiens, grecs et arméniens ;
mais ces pauvres gens, victimes d'une oppression séculaire,
osaient à peine se montrer. Cachés dans leurs maisons, allon-
geant à peine la tête du haut de leur terrasse pour voir passer
la caravane franque, ils portaient, quoique ce fût le jour du
Seigneur, des habits sales et déchirés. Le moindre signe
d'aisance et de prospérité les aurait, en effet, exposés à des
amendes et à une augmentation d'impôts. L'église grecque
était d'un aspect décent, et les popes qui la desservaient, déploraient le schisme cause de leur isolement et de leur faiblesse, mais ils ne faisaient aucun effort pour en sortir.

Dans un village voisin tous les habitants prirent la fuite à
la vue du costume officiel d'Ali. Il ne resta qu'un vieillard
aveugle qui demanda en tremblant si l'on venait lever une
taxe nouvelle.

Au sortir d'Estin les voyageurs s'estimèrent heureux de
trouver sur leur route le tombeau de Saint-Jean Chrysostôme
et d'y appliquer leurs lèvres. De son vivant le grand orateur
avait vainement déployé les trésors de son éloquence pour
amener ses contemporains à renoncer aux mœurs païennes
et à pratiquer l'Evangile. La ruine, la misère, la domination
des barbares ont été le juste châtiment du mépris de sa parole. Ce tombeau dont l'authenticité est indiscutable, a provi-
dentiellement bravé les injures du temps.

II

Jusqu'alors la caravane n'avait guère rencontré que des musulmans ou des chrétiens schismatiques. A Tokat, M. Scafi et M. Boré eurent la joie d'être reçus par un groupe de catholiques. Arrivés quelques jours avant la fête de Saint Grégoire l'Illuminateur, patron de la nation arménienne, ils entendirent avec bonheur la langue et la liturgie romaine associées aux chants et aux cérémonies orientales. Jamais prêtre d'occident n'avait paru en ces lieux : aussi l'allégresse était générale. Chacun se disputait les hôtes que le ciel envoyait. Les femmes et les enfants les suppliaient, avec une honnête et franche liberté, de venir les visiter. Quelle différence avec la stupide et maussade sauvagerie des femmes musulmanes, qui ne savaient que fuir à la vue d'un étranger ou l'accabler d'injures ! M. Boré avait pu remarquer en traversant l'Asie mineure que ces coutumes inhospitalières prévalaient jusque chez les chrétiennes schismatiques. Tant il est vrai que l'altération de la vérité influe d'une manière fâcheuse sur les mœurs, même quand elle laisse subsister une certaine foi en Jésus-Christ !

Les arméniens catholiques de Tokat, l'ancienne Eudocia, ne formaient que deux ou trois cents familles ; mais ce petit troupeau était fort édifiant. Nos voyageurs assistèrent à la pose de la première pierre d'une église. Jusque là les habitants se réunissaient pour l'exercice du culte, dans la salle de la maison commune de leur pauvre clergé. Les fonds manquaient pour activer les travaux. M. Boré les réconforta en leur faisant espérer un secours de l'association de la Propagation de la foi. On le trai-

tait, du reste, comme un personnage, et il se plaisait à recevoir
ces honneurs d'un air de gravité imperturbable pour ne pas
désobliger ses nouveaux amis. On lui fit occuper à Tokat un
bel hôtel en bois, à la vérité, mais de style oriental et orné de
fontaines jaillissantes. La propreté, au moins, y régnait. Sa
plus grande satisfaction était de s'y trouver à l'abri de certains insectes dévorants qui ne l'avaient pas épargné dans les
gîtes turcs.

M. Boré se plaisait à saluer dans cette petite et fervente communauté les vertus des chrétiens de la primitive Eglise : même
piété, même concorde, même charité pour leurs frères étrangers.
Leur enthousiasme ne connut plus de bornes, lorsqu'ils apprirent que l'un de leurs visiteurs était prêtre et missionnaire et
qu'il venait de Rome, de la grande Rome, où il avait été élevé.
A cette nouvelle, une vieille femme, entourée de sa posté-
rité jusqu'à la quatrième génération, éleva les yeux et les bras
au ciel en signe de reconnaissance pour un si grand bienfait.
Toutes ces familles étaient, d'ailleurs, regardées même par les
turcs et par les schismatiques, comme l'élite de la nation, et
jouissaient d'une considération justifiée par leur honnêteté, la
pureté de leurs mœurs et la supériorité de leurs lumières. Cette
distinction s'explique aisément : liées étroitement au centre de
l'orthodoxie, elles avaient toujours conservé des relations avec
Rome, reçu d'elle des notions, des usages, des traditions, et
participé en quelque sorte à la civilisation occidentale. Plusieurs
de leurs prêtres avaient fait leur éducation à la Propagande, appris le latin et l'histoire ecclésiastique. Ceux, au contraire, des
Arméniens qui étaient tombés dans le schisme, demeuraient
dans l'ignorance et se laissaient envahir peu à peu par la barbarie musulmane contre laquelle ils se sentaient impuissants
à réagir.

Les catholiques de Tokat relevaient d'un prélat qui portait le titre d'archevêque de Césarée, mais ne résidait pas dans cette ville illustrée autrefois par Saint Basile, parce que presque tous les arméniens qui l'habitaient étaient passés au schisme.

Le 1ᵉʳ juillet M. Scafi et son compagnon quittèrent le petit troupeau de Tokat avec la tristesse d'amis qui se séparent. « Nos souvenirs vous suivront avec nos prières disaient ces excellents chrétiens. Allez porter à d'autres frères des paroles de consolation ». Ce départ avait quelque chose de touchant et de solennel. M. Boré en a fixé l'image en quelques traits émus et poétiques. Le soleil se levait plein d'éclat derrière les cimes du mont Ghéjghej et remplissait l'horizon de sa pure lumière. Pas une vapeur dans les vallées, ni un flocon de nuage au firmament, dont le fond égalait la transparence du cristal. Sous ce beau ciel l'âme s'épanouissait d'elle-même comme la fleur, et la pensée embrassait, en se jouant, les espaces inconnus qui s'ouvraient devant les voyageurs. L'aspect d'une route où ils n'avaient jamais passé et où probablement ils ne repasseraient plus, charmèrent leur imagination avide de nouveauté. Ce voyage leur semblait une image fidèle du passage rapide et incertain de la vie elle-même.

Bientôt se présenta Siwas, l'ancienne Sébaste, célèbre par ses quarante martyrs qui périrent plongés dans un étang glacé. Nos voyageurs visitèrent avec vénération le lieu de leur supplice. On y avait jadis élevé une église aujourd'hui ruinée ; de ce monument il ne subsistait alors qu'une fontaine couverte par une voûte. Chose étrange ! les Turcs y viennent en pélerinage. Ils revendiquent aussi pour un des leurs, saint Blaise dont les vertus et les miracles ont porté partout la gloire de son nom. Son tombeau qu'on peut voir encore était confié à

la garde d'une vieille femme turque qui, de sa main trem-
blante, introduisit les chrétiens dans un caveau éclairé d'une
lampe. Elle le regardait comme un bon musulman. Allons
prier *notre saint*, dit cette femme, c'est pour lui que je
viens chaque matin allumer cette lampe. M. Boré ne parvint
pas à la détromper de son erreur.

On comptait les rares catholiques fixés à Sébaste. En revanche, le village voisin nommé Pernik était exclusivement habité
par leurs coréligionnaires. Cette circonstance s'explique par les
efforts et l'industrie d'un simple et fervent laïque, devenu
prêtre plus tard, qui convertit la population d'abord vouée àu
culte de l'erreur ; mais il paya ce triomphe par le martyre.
Michel — c'était son nom — fut mis à mort à la porte de
l'église de Sébaste. Depuis cet holocauste les habitants du village sont demeurés attachés à la vraie doctrine, et quand
M. Boré les visita ils étaient occupés à bâtir une église.

Erzingam qui attira ensuite les pas de nos voyageurs leur
rappelait les grands noms de Saint-Grégoire l'Illuminateur et
du roi Tiridate d'abord persécuteur de l'apôtre, puis converti
et convertisseur de son peuple. Ils visitèrent dans le voisinage,
sans s'effrayer des attaques des kurdes qui tenaient partout le
pays, le monastère d'Avak que la tradition fait remonter à saint
Thadée, Tortan, l'antiqué sépulture des patriarches et des rois
arméniens, le couvent d'Agob bâtis par Tiridate, et enfin Sourp-
Lousarovitih, où est creusée l'énorme caverne qui servit de
retraite à saint Grégoire. M. Boré, décrit ainsi ce lieu de déso-
lation : « Ni les gorges les plus sauvages de la Suisse et du Tyrol, ni les rocs les plus arides des autres parties de l'Anatolie,
ne m'ont présenté un spectacle aussi complet de terreur. Le
sol, bouleversé dans ses entrailles par les tremblements de
terre qui ont renversé huit fois la ville d'Erzingam, a quelque

chose de confus et de primitif qui rappelle le chaos. Quelques pins, semés au hasard par le caprice des vents, apparaissent sur les cimes… et les cris des vautours affamés, qui se mêlent au bruissement de mille ruisseaux, alimentés par les neiges, troublent seuls le silence de cette vaste solitude ».

M. Boré et son compagnon pressés d'arriver au terme de leur voyage ne purent visiter les nombreuses communautés catholiques fixées sur divers points de l'Arménie. Elles traversaient, d'ailleurs, à ce moment, une sorte de crise, car à la suite de la guerre qui avait mis aux prises la Turquie et la Russie, un certain nombre de familles arméniennes avait émigré sur le territoire moscovite, où malheureusement le schisme les guettait. Celles qui étaient demeurées sur le sol ottoman se faisaient remarquer par leur zèle. On voyait avec joie une population pauvre bâtir elle-même une église : les hommes travaillaient le jour et les femmes la nuit. Iblis n'avait qu'une famille catholique fort nombreuse, à la vérité, car elle ne comptait pas moins de cinquante membres.

Avant de pénétrer en Perse, dernier terme de son voyage, M. Boré résolut de visiter le monastère d'Echemiazin, résidence du patriarche des arméniens schismatiques, situé dans les territoires nouvellement annexés à la Russie. Il était mû par l'espoir de trouver dans la bibliothèque des documents précieux et ignorés ; mais il lui fallut subir une rude quarantaine à Alexandropol. Après un long séjour dans un réduit sale et humide, où il couchait sur des planches où croissait l'herbe, mal protégé contre les intempéries du dehors par des fenêtres sans vitres, au milieu d'une plaine dépourvue d'arbres et brûlée par un soleil caniculaire, uniquement soutenu par l'amour de l'étude et par la pensée des nobles buts qu'il poursuivait, notre intrépide voyageur célébra, comme il put, la fête de la Nativité de la Sainte Vierge, avec l'assistance de son compagnon, M. Scafi. Ils partirent le lendemain ; le temps était délicieux, les rayons naissants du soleil illuminaient la double cime du mont Ararat, où la tradition fait s'arrêter l'arche de Noé.

Echemiazin occupe l'emplacement de Vogerchabad, capitale du premier roi chrétien d'Arménie, Tiridate, dont nous avons dejà parlé et qui fut contemporain de Constantin. Une portion de l'église patriarcale bâtie par ce monarque subsiste encore : elle s'élève au centre du monastère. M. Boré visita l'un et l'autre avec intérêt. Il remarqua, en particulier, un réfectoire voûté, où trois cents convives auraient pu s'asseoir ensemble, mais qui n'abritait qu'un petit nombre de religieux. Ceux-ci portaient soit le titre prétentieux d'évêque ou même d'archevêque sans diocèse, soit celui de *Vertabed* ou docteur : ils habitaient des cellules disposées comme celle des Chartreux, mais ils n'imitaient pas leurs habitudes de silence et de solitude. L'imprimerie était négligée ; la bibliothéque ne contenait pas les richesses dont on avait parlé ; la copie la plus ancienne était une traduction de saint Chrysostôme, attribuée à un disciple de saint Messol, l'inventeur de l'alphabet arménien.

Au sortir d'Echemiazin les voyageurs traversèrent le pays des Kurdes, race adonnée aux rapines et aux brigandages à main armée. Une escorte envoyée par un pacha voisin, et mieux encore la Providence divine où M. Boré mettait toute sa confiance, leur servirent de sauvegarde. Il apprit plus tard qu'une troupe de marchands avait été dévalisée le lendemain de son passage dans ce même lieu. Une bande de mille cavaliers était devenue la terreur du pays : elle reconnaissait pour chef une vieille femme âgée de quatre-vingts ans, qui parcourait le pays, sur un cheval fougueux ; elle exerçait ses petits-fils à frapper, en galopant, l'ennemi à la gorge ou à la poitrine.

Aghamar, siège d'un autre patriarche également schismatique, qui prenait modestement le titre de *catholicos* (ou universel), bien qu'il n'eût dans sa juridiction que les villages épars dans le Kurdistan, reçut aussi la visite de nos voyageurs. Là encore grande fut leur déception. La bibliothèque ne comprenait qu'une centaine de manuscrits poudreux, entassés sans ordre. L'ignorance des moines dépassait toute prévision. Un seul d'entre eux connaissait de la langue littéraire juste ce qui est nécessaire pour l'intelligence de la liturgie. Trois jeunes religieux aspiraient au titre de docteur. L'un d'eux demanda sérieusement à M. Boré de l'instruire dans la science talismanique, pour lui faciliter la découverte des trésors cachés. Le second se déclara incapable de copier seulement des inscriptions arméniennes ; le troisième était un misérable transfuge de Constantinople. Quel abaissement ! Quelle ruine intellectuelle et morale !

De temps en temps on avait sous les yeux des spectacles moins navrants, et même consolants. M. Boré assista une fois, dans un pauvre réduit décoré du nom d'église à la sainte messe dite par un prêtre arménien prétendu orthodoxe. Il fut ému de la piété des hommes, des femmes et des enfants. Tous chantaient ensemble les litanies dont le ton plaintif et les paroles répétées en chœur et avec mesure semblaient être le refrain de l'hymne de la douleur. Il admirait leur respect pour le célébrant, orné de la seule pauvreté de ses vêtements sacerdotaux, sacrifiant sur un autel nu. Il goûtait avec joie et gratitude leur prodigue hospitalité. Ces paysans, dans leur naïf bon sens, lui disaient. « Notre église périra, Monsieur, faute de tête pour nous commander. Ah !

faites prier notre Saint-Père de Rome de nous en envoyer un. »

On peut regarder comme certain que la plupart des laïques sont de bonne foi. En nous agenouillant sur le tombeau d'un saint du pays, Grégoire de Nareg, écrivait M. Boré, nous nous vîmes entouré de toute la population des villages voisins qui nous demandait avec larmes quand viendrait l'heure de la délivrance.

C'est du clergé schismatique que procède tout le mal. L'altération de la doctrine a produit chez lui ce qu'on pourrait appeler la stérilisation du culte. Les sacrements ne sont pas compris, la pratique en est rare et défectueuse. On voit le fidèle se présenter debout à la sainte table. Le prêtre ne consacre qu'une hostie qu'il divise en autant de parties qu'il y a de communiants, de sorte que le saint sacrement n'est pas toujours présent dans le tabernacle. Les communions sont extrêmement rares, non seulement parmi les simples fidèles, mais encore parmi les prêtres et les vestabeds qui célèbrent à peine une fois l'an. Quelques uns vont jusqu'à supprimer l'Extrême-Onction, comme pouvant favoriser le relâchement en offrant au mourant un dernier moyen de salut !

Le 6 novembre 1838, M. Scafi et M. Boré firent leur entrée à Tauris ou Tébris, ville à demi civilisée où régnait un certain confort. Les fatigues supportées pendant un voyage qui avait duré plus de six mois les forcèrent à s'y arrêter, pour se refaire. M. Boré profita de son séjour prolongé pour fonder un établissement dont il nourrissait la pensée depuis longtemps, et qui devint le germe et le modèle des autres créations analogues dues à son initiative en Orient.

CHAPITRE V

I.

A mesure que M. Boré s'avançait en Orient, la vue de la profonde misère matérielle et morale où étaient plongées les populations schismatiques, les espérances de conversion et de relévement qu'il croyait apercevoir, l'attachement invincible du petit nombre des catholiques à leur foi et à leur Église, épuraient et fortifiaient ses propres sentiments. L'amour de la gloire humaine qui n'avait peut-être pas été entièrement étranger à ses premiers projets de voyage s'effaçait chaque jour dans son âme pour ne laisser place qu'au désir désintéressé du bien. Ainsi qu'il l'écrivait à son frère les derniers jours de l'an 1838, « en ce moment solennel où une nouvelle étape s'ouvre devant le pélerin de la vie et de l'éternité, » l'aiguillon qui le poussait se faisait d'autant plus sentir qu'il était l'effet d'un dévouement absolu à la religion et à la vérité, ainsi que d'une compréhension plus nette du bien à faire soit en Orient, soit en France. « J'ai jeté à mes pieds, ajoutait-t-il toutes les frivoles pensées du monde…, et je suis fermement décidé à travailler le reste de mes jours, selon mes faibles moyens, à poser quelques pierres du grand édifice de la reconstruction sociale qui se prépare… Peut-être serai-je utile à l'Eglise catholique, hors de laquelle tout dégénère et tout dédépérit, comme je l'ai vu en parcourant ces contrées jadis orthodoxes. »

Nous savons déjà que c'est par l'instruction que M. Boré espérait régénerer l'Orient et lui ouvrir les voies à la connaissance de la vérité religieuse. Amené par les circonstances à fixer momentanément sa résidence à Tauris, il forma, conjointement avec le missionnaire M. Scafi, le projet de fonder une sorte d'université, où des maîtres européens, plus ou moins versés dans la connaissance des langues orientales, auraient enseigné les sciences de l'occident à la jeunesse persane avide de s'instruire.

Il comptait sur le mouvement qui poussait alors les classes supérieures et la cour elle-même à s'appuyer sur la France pour résister à la pression de l'Angleterre et de la Russie. L'exemple de l'empire Ottoman, qui, sous l'impulsion du sultan réformateur Mahmoud, recherchait ouvertement l'appui des puissances chrétiennes et les lumières de la civilisation occidentale, avait ouvert les yeux aux politiques de Téhéram : On pouvait donc espérer que l'établissement scientifique dont on nourrissait la pensée, serait agréé par le Shah, d'autant plus qu'on devait y accueillir des élèves de toutes les religions, des musulmans, des chrétiens séparés aussi bien que des catholiques soumis à Rome. Il n'est pas besoin de faire remarquer ici que cette espèce d'enseignement (1) neutre justement condamné dans les pays où règne la vraie foi, constituait un progrès dans un empire où dominait l'Islamisme et où les persécutions religieuses avaient fait autrefois tant de victimes.

M. Boré voulait commencer par une école des plus modestes, où il aurait été seul professeur, tout en s'instruisant lui-même, enseignant le français, les sciences et la philosophie, pendant qu'il se serait perfectionné dans la connaissance des idiômes orientaux où il était déjà très versé. Il comptait former en peu de temps des disciples qui auraient plus tard servi d'interprètes à d'autres maîtres venus d'Europe. Mais comme son principal but était la propagation de la vérité religieuse, à laquelle les sciences humaines devaient seulement servir d'introductrices, il souhaitait vivement la création d'une mission catholique à Tauris même, où elle se serait appuyée sur l'université naissante, et d'où elle aurait rayonné dans tout le royaume de Perse.

Pour accomplir cette œuvre qui, dans sa pensée, devait ramener tous les schismatiques à l'unité, fortifier les catholiques

(1) Signalons une différence capitale entre l'école établie par M. Boré et celles que la franc-maçonnerie multiplie en France. Dans celles-ci l'instituteur doit se montrer personnellement neutre, du moins en classe. Il lui est interdit de montrer de quel côté il incline. En Orient, M. Boré ne dissimula jamais sa foi, il l'affirma même d'une manière éclatante à l'occasion d'une école qu'il voulait fonder en Chaldée, comme nous le raconterons plus loin. Les établissements dus à l'initisative de M. Boré n'étaient donc pas absolument neutres ; ils étaient seulement tolérants et accessibles à tous les cultes.

dans la vraie foi et peut-être convertir quelques sectateurs de l'Islam, il avait jeté les yeux sur les Lazaristes, qui outre leur maison de Constantinople, où lui-même avait appris à les apprécier, possédaient de nombreux établissements en Orient. Son inséparable et dévoué compagnon de voyage, Lazariste lui aussi, M. Scafi, entrait absolument dans ses vues ; aussi ne tarda-t-il pas à repartir pour l'Europe, afin de hâter le consentement des supérieurs, qu'il était, disait-il, sûr d'obtenir.

M. Boré ne se montrait, d'ailleurs, nullement exclusif. Il conviait tous les ordres religieux que des raisons particulières rattachaient à ces contrées lointaines, à y venir semer la bonne parole. Pourquoi les Dominicains nouvellement ressuscités à la voix puissante de Lacordaire, ne seraient-ils pas venus reprendre leurs missions de la Chaldée ? La société puissante des Jésuites ne pouvait-elle reverser sur ces régions déshéritées l'excédent des forces qu'elle ne pourrait employer en pays chrétien ? Il s'indignait de voir la congrégation méchitariste diriger un seul sujet vers sa première patrie. En traversant naguère le faubourg arménien de Sébaste, il avait salué la chétive maison où naquit son fondateur, saus rencontrer un cœur catholique pour répondre à ce salut.

Dans cette œuvre de régénération sociale et religieuse, M. Boré assignait un beau rôle à la France. Il aurait voulu que l'esprit de foi remontant du sein du peuple vers le pouvoir (nous citons ses propres expressions), convainquît celui-ci de l'avantage politique qui résulterait pour notre pays de se montrer franchement catholique et protecteur du catholicisme en Orient. « Le jour disait-il, où la France serait unanimement catholique elle aurait l'empire du monde. » Et il ajoutait avec un admirable sentiment de foi et de détachement de toute prospérité temporelle. « Ce n'est point dans l'espoir d'une suprématie politique que nous émettons cette pensée ; mais bien, parce que notre nation, seule entre toutes les nations du globe, présente le caractère distinctif d'une unité intime qu'elle doit à la conservation de son unité catholique. « Qu'aurait-il dit de nos jours où une secte aussi criminelle qu'insensée travaille à semer l'esprit d'incrédulité et s'apprête à diviser la France en deux camps ?

La conclusion à laquelle arrivait M. Boré était que le gouvernement français ferait bien d'envoyer une ambassade solennelle en Perse, afin de renouer les relations de bonne amitié qui avaient été rompues par l'expulsion du général Gardanne sous le premier Empire et de maintenir la clientèle catholique de la France dans ce pays. Nous verrons bientôt que ces conseils furent entendus en haut lieu.

Les vœux en faveur de l'établissement de missionnaires lazaristes en Perse subirent quelque retard. A ce moment la Congrégation de la Mission cruellement éprouvée par la tourmente révolutionnaire, se reformait lentement et péniblement par les soins éclairés de M. Etienne, qui y exerçait la principale autorité, bien qu'il n'eût pas encore été revêtu de la dignité de supérieur général. Mais quand cet habile et zélé administrateur eut étudié mûrement la situation, il s'empressa d'envoyer en Perse deux missionnaires, MM. Darnis et Cluzel, de vrais apôtres remplis de l'esprit de Dieu qui fait les saints et qui les rend capables d'engendrer d'autres saints à leur tour. (avril 1841). C'est donc à l'initiative intelligente et persévérante de M. Boré qu'est due la fondation de cette mission de Perse devenue depuis si florissante.

Ces mesures étaient motivées par le concours que M. Boré rencontrait dans le pays même. Son projet d'école fortement appuyé par le prince Quahraman-Mirza, frère du Schah, actuellement régnant, ainsi que par Mekll-Hassan-Mirza, fils du Schah précédant, fut accueilli avec une sorte d'enthousiasmc par toute la jeunesse de Tébriz, désireuse d'apprendre le français pour s'initier aux merveilles de la civilisation occidentale, et qui avait été jusque-là réduite aux leçons d'un cuisinier suisse. Le souverain lui-même ne tarda pas à accorder un firman conçu dans les termes les plus flatteurs (1). En outre ce prince — considération capitale dans ce pays et à cette, date — reconnaissait la liberté de conscience pour tous les peuples soumis à son empire. Les catholiques pouvaient donc respirer et la propagande de la vérité s'exercer librement.

L'école fut définitivement ouverte vers la fin de mars 1839. Les élèves se présentaient en masse, et M. Boré fut obligé d'en refuser plusieurs ; tous étaient musulmans, à l'exception des fils de quelques grands personnages arméniens.

(1) Voici le texte de ce document important :

« Que le très glorieux et très puissant prince Quahraman Mirza, notre frère, gouverneur de la province de l'Aberdidjan, lumière de nos yeux et favori des étoiles, sache que, par l'effet des sollicitudes de l'esprit bienveillant et sanctifié de notre Majesté, il a été décidé que l'honorable Eugène Boré, d'un savoir et d'une capacité reconnus, et l'une des colonnes de l'Eglise du Messie, ayant fait connaître aux ministres du royaume victorieux qu'il était venu dans la terre d'Orient pour y propager l'instruction, et que, dans ce but, il s'était fixé à Tauris, sur sa demande d'enseigner à la jeunesse persane la langue française et de l'instruire dans la science de l'histoire, de la géographie, de la philosophie, de la physique, de la géométrie et de la médecine, sans exiger aucune rétribution du sublime empire, nous ordonnons à notre puissant frère, attendu les avantages de toute sorte résultant de l'éducation de la jeunesse et de l'acquisition de ces sciences, d'accorder respect, protection et encouragement à l'honorable susdit M. Eugène Boré : tant qu'il s'occupera de cette noble tâche. Que personne ne s'oppose en rien à notre auguste volonté, devenue loi. »

Le professeur commença par leur enseigner en persan la langue française ; l'assurance ne lui manquait pas, il pérorait comme un professeur en Sorbonne. Aux spéculations intellectuelles se mêlaient les exercices du corps. Le dimanche soir il faisait de longues courses avec ses élèves, leur apprenait à secouer la mollesse orientale, à courir, à sauter, à faire de la gymnastique. Puis on s'asseyait au bord d'un ruisseau, on traduisait les odes d'Hafiz, poète persan renommé, en s'efforçant de les interpréter dans un sens mystique. A la récréation, le maître ne dédaignait pas de jouer avec cette jeunesse aux propos discordants. Cette école conquit en peu de temps une telle réputation que la mère du prince héréditaire promit de confier son fils à un instituteur si attentif et si dévoué.

L'activité de M. Boré ne connaissait pas de bornes. Après une année passée dans les rudes travaux de l'enseignement, au lieu de se livrer dans la douceur du *farniente* à un repos bien gagné, il voulut utiliser ses vacances en étendant sa sollicitude à une contrée voisine, l'une des premières qui ait embrassé le christianisme naissant, mais devenue depuis de longs siècles la proie de l'hérésie et du schisme nestorien. Nous voulons parler de la Chaldée, dont les premières annales religieuses sont remplies de traits admirables. Les rares connaissances de M. Boré en linguistique lui avaient permis d'étudier a fond les origines et l'histoire de cette patrie des patriarches ; il avait même adressé à l'Académie des Inscriptions un savant mémoire sur ce sujet plein d'attrait pour les érudits. On n'apprendra pas sans intérêt quelle était, à cette époque, la situation religieuse du pays.

Au siècle dernier, un jeune chaldéen schismatique de Diarbekir, converti par les Dominicains, jeta dans son pays la bonne semence. Peu à peu, il reforma un petit mais zélé

troupeau catholique dans la fertile vallée d'Ourmiahi, vrai para-
dis terrestre de la Perse. C'est là que la tradition place le berceau de Zoroastre, le célèbre réformateur religieux. Dans le
voisinage s'élève Maraga où le conquérant Houlagou bâtit
l'observatoire qu'a illustré l'auteur des *Tables astronomiques*,
le savant Abulfaradji, né aux environs. Cette terre est pleine
de souvenirs scientifiques et religieux. Les catholiques y avaient
adopté pour salut ces paroles touchantes : « Que le nom de Dieu
soit loué ! » A quoi l'on répondait : « Oui, en vérité, dans tous
les siècles ! » Ils résistaient avec une admirable constance à tous
les efforts de la propagande américaine protestante, qui offrait
de l'argent aux pères de famille pour peupler ses écoles vides.
M. Boré se transporta de sa personne sur le lieu du combat.

Repoussés par la population, les missionnaires protestants
américains, avaient été plus heureux vis-à-vis de l'évêque Nestorien d'Ardicher. Celui-ci, oubliant la promesse faite récemment à M. Scafi de permettre l'ouverture, dans sa résidence,
d'une école catholique, s'était laissé gagner par des présents
et il faisait maintenant opposition. La masse des laïques se
montrait favorable à un retour au centre de l'unité ; mais les
quatre évêques schismatiques de la région, furieux de perdre
ainsi leurs ouailles qu'ils refusaient de suivre dans leur conversion, menaçaient M. Boré de lui faire un mauvais parti.
Celui-ci, se rappelant à propos les paroles sacrées : « Vous n'a-
vez pas encore résisté jusqu'au sang », s'apprêta à la lutte. Le
soir était venu : il se coucha tranquillement sur la terrasse de
sa maison, suivant l'habitude prise sous ces climats brûlants.
Son sommeil ne fut pas troublé ; mais quelques jours après, il
dut comparaître devant le tribunal ou divan. Heureusement
pour lui, les musulmans s'unirent en cette circonstance aux
catholiques pour lui donner la victoire. Il avait pris pour dé-

fenseur un jeune major de l'armée persane, fils d'une chaldéenne, nommée Rachel, qui faisait par l'énergie de sa foi l'édification de tout le pays. L'affaire fut plaidée avec une grande solennité. L'accusé occupait une chaise d'honneur, près de laquelle le prince Hassan Mirza, l'oncle du shah, gouverneur de la province, avait pris place lui-même. Les Khans et les fonctionnaires se tenaient humblement debout devant lui. On peut dire que sa cause était gagnée d'avance. Le prévenu avait entre les mains le firman dont nous avons parlé, et par lequel le prince autorisait M. Boré « fleur du jardin de l'Eglise des enfants du Messie et colonne de l'instruction publique dans l'Etat » à établir des écoles.

Un prélat nestorien soufflé par les missionnaires protestants soutint l'accusation. « Prince, dit-il, en s'adressant à Hassan-Mirza, ces hommes qui se disent enfants du Messie ne sont que des francs idolâtres. » L'auditoire musulman, à l'énoncé de cette affirmation, éclata de rire, et un docteur de la loi se chargea d'y répondre. « Nous tolérons bien, dit-il, les Guêbres, adorateurs du feu, les Arméniens, les Juifs, les Sunnis (hérétiques musulmans) ; pourquoi inquiéterions-nous les catholiques ? » — Mais ils mangent du porc », reprit le prélat pour les rendre odieux aux sectateurs de Mahomet qui, comme on sait, s'abstiennent de la chair de cet animal. — « N'en avez-vous pas vu vous-même sur la table de Messieurs les missionnaires, vos patrons, et cela durant le carême ? » — Le prélat nestorien se tut, mais un jeune Khan fit observer que certains sophis se piquaient d'avaler des scorpions, des vipères et toutes sortes de bêtes immondes. Un autre évêque conclut en demandant que l'on mît à la tête de l'école un maître nestorien. M. Boré s'expliqua alors sans ambages et dit : « Nous voulons une école pour les enfants du Messie. Or les Nestoriens ont une foi différente de

la nôtre ; nous ne pouvons leur confier nos coréligionnaires. »
Cette parole clôtura les débats, et le tribunal musulman
donna gain de cause aux catholiques.

M. Boré félicité par le prince fut reconduit en triomphe
dans la maison de la veuve Rachel. Il y trouva les fidèles de
l'endroit récitant avec cette pieuse femme le chapelet devant
l'image vénérée de la Madone, afin de faire violence au ciel par
la ferveur de leurs supplications. Cette scène orientale, toute à
l'honneur de nos croyances, n'est-elle pas pour faire rougir tant
de chrétiens de l'occident indifférents ou même persécuteurs ?

Après avoir fondé quatre écoles catholiques en Chaldée, M.
Boré retourna à Tauris reprendre la direction de son principal établissement. Là, il vivait dans le recueillement et le travail.
Sa maison se composait d'un bon prêtre Chaldéen et de deux
domestiques devenus catholiques fervents. Le soir, ils priaient
suivant la double liturgie syriaque et arménienne, puis ils
s'endormaient tranquillement. Eugène Boré menait déjà, ou
peu s'en fallait, la vie d'un religieux. Il s'abstenait avec soin
de toute distraction mondaine. Aussi n'avait-il plus, comme
il l'écrivait à son frère le 23 novembre 1839, de ces folles
pensées qui le scandalisaient à Paris, lorsqu'il allait *évaporer*
ses bonnes inspirations dans des réunions de plaisir. « Continuons, ajoutait-il, tant que nous aurons un souffle de vie,
à marcher dans la même voie, en y poussant les autres... Si
Dieu est avec nous, qui sera contre nous ? » C'est le cri d'un
ardent et confiant prosélytisme.

II

Tout en se livrant aux œuvres de zèle, Eugène Boré ne négligeait pas son perfectionnement intérieur. Nous lisons, dans son *Journal intime*, que le 9 décembre 1839, il méditait sur les Epîtres de saint Jean, qui établissent clairement la distinction des deux races d'hommes entre lesquelles le monde se partage : les fils de Dieu, et ceux qui sont nés du sang et de de la chair. Il se demandait ce qui a fait que nous soyons d'un parti plutôt que de l'autre ? Et il se répondait : nous le devons à la naissance, à la position sociale, à l'éducation, autrement à la grâce de Dieu manifestée par ces moyens. Dans son humilité profonde, il rapportait tout à la miséricorde céleste.

Très peu de temps après, Boré tomba sérieusement malade, au point de se voir en danger de mort. Il se rétablit pourtant : « Mon Dieu ! s'écriait-t-il, vous êtes témoin de la joie avec laquelle j'étais préparé à quitter ce monde. Que pouvais-je, en effet, y souhaiter, puisque vous n'y êtes pas ! » Cet élan ne rappelle-t-il pas la parole touchante de l'auteur de *l'Imitation* (Livre III, chapitre dernier) : « Où vous êtes, là est le ciel ; et la mort et l'enfer sont où vous n'êtes pas. » Sa santé lui ayant été rendue rapidement, il y vit un signe d'encouragement. Il espérait que Dieu lui accorderait quelques jours pour travailler à sa gloire : c'était son unique ambition.

Le jour de Noël, il se réjouit de voir la petite chapelle plus remplie que jamais. La présence des officiers français, faisant partie d'une mission dont nous parlerons plus loin, lui réjouissait le cœur.

Nous continuons la lecture de ce *Journal intime* qui nous révèle l'intérieur du futur religieux.

5 janvier 1840. — M. Boré admire l'aptitude de la langue chaldéenne à exprimer le sens des Ecritures. « Quelle force ! quelle concision ! Et ce tour surprenant qui dénote l'inspiration !

Nul doute que Notre-Seigneur et saint Paul n'aient parlé ce langage. »

Quelques jours plus tard une nouvelle bien affligeante lui inspirait de vifs sentiments d'humilité. Son serviteur Abraham s'était fait catholique depuis un an, il avait cessé d'être à ses yeux un inférieur, il était devenu un égal et un frère. Et voilà qu'il apprend que ce misérable trompait sa confiance, qu'il avait fait de son foyer un lieu de désordre. Boré lui-même avait peut-être été soupçonné de connivence. Ce ne sera pas la dernière fois que cette âme d'élite sera dupe de la perfidie et de l'hypocrisie.

19 mai. — « L'apôtre défend à la femme la prédication publique, mais non celle qui s'exerce dans l'intérieur de la famille. » Suit l'énumération de toutes les femmes qui ont acquis depuis ce jour une juste célébrité par la conversion de leurs époux : Sainte Cécile, sainte Monique, Théodelinde, Clotilde, Flavia Domitilla etc.

Dans une autre partie de son *Journal* Boré citera, comme contrepartie de ce qui précède, un passage de saint Jérôme montrant presque tous les hérétiques qui avaient paru avant lui, soutenus et quelquefois poussés par des femmes qui les avaient corrompus ou qu'ils avaient perdues eux-mêmes.

Eugène Boré ne se contentait pas de méditer. Fidèle aux enseignements de la Chênaie, il lisait. La possession de plusieurs langues lui permettait de savourer les traités des auteurs dans leurs idiômes respectifs. Il se nourrit, entre autre, à cette époque, des ouvrages spirituels de Sainte-Thérèse, notamment du « Château de l'âme ». Cette amante mystique de Notre-Seigneur le ravissait, il avouait qu'elle avait grandement contribué à son perfectionnement intérieur. Il goutait aussi beaucoup les maximes de saint Ignace et de saint François Xavier. Les écrivains orientaux, tels que saint Jean Climaque, saint Ephrem, lui devinrent familiers : il se plaisait à en citer divers passages dans son *Journal intime.*

Ses pensées se concentraient quelquefois sur la vérité de la religion catholique, et sur la solidité des preuves sur lesquelles elle repose. Il remarquait que seule elle supporte la comparaison avec les autres croyances ; elle triomphe même de ce rapprochement. Au contraire, le Mahométisme, le Brahamanisme, le Bouddhisme ne se soutiennent que par l'ignorance et l'entêtement de leurs sectateurs.

Il se pénétrait de plus en plus du vide de toutes choses. « Mon Dieu, qu'est-ce que la vie ? s'écriait-il à la date du 9 août. Quelques heures ajoutées les unes aux autres et formant des jours, des mois et des années dont la somme la plus considérable n'est qu'un point imperceptible dans la durée du monde. Qu'est-ce que la richesse ? un peu de matière corruptible... Qu'est-ce que la science ? un commencement de connaissances limitées par des secrets impénétrables, en sorte qu'elle n'est que la conscience éclairée de notre ignorance... »

Le 15 août ramenait avec la fête de la mère de Dieu l'anniversaire de la naissance d'Eugène Boré. Il les célébra l'un et l'autre au couvent des Bénédictins de Djulfa, au milieu des catholiques accourus pour prier avec lui et pour lui. A la communion il jeta un regard sur sa vie passée dont il déplora les langueurs avec une sévérité peut-être exagérée. « Une nouvelle année commence, écrivait-il. Si elle doit être la dernière, mon regret ne sera pas de quitter le monde, mais d'avoir fait encore si peu de choses pour ma sanctification... Seigneur Dieu, faites ce qu'il vous plaira, je suis entre vos mains, je veux me perdre en vous, me dégager toujours davantage des mille liens secrets qui nous rabaissent vers la terre... Vierge mère, je suis véritablement votre fils, étant né ce jour-ci sous vos auspices : vous ne cesserez jamais votre maternel patronage ».

Nous relevons, à la date du 1ᵉʳ octobre, une belle remarque sur l'amitié. Commentant un texte de saint Paul, qui appelle Tite son fils dans la communauté de la foi, Boré affirme que la parenté spirituelle se forme par l'identité des croyances, et que la véritable amitié n'existe que quand on la rapporte à Dieu.

Quelques jours après, il revient sur sainte Thérèse, à laquelle il emprunte un passage qui l'a frappé : « Ceux qui peuvent s'enfermer dans ce petit ciel de notre âme, où elles trouvent Celui qui en est le créateur aussi bien que de la terre, et qui s'accoutument à ne rien regarder au delà... doivent croire qu'ils marchent dans un excellent chemin. »

Une fois il entend un docteur musulman proférer en chaire les paroles suivantes : « Oui Dieu a élevé Marie, mère de Jésus, au-dessus de toutes les autres femmes de la terre », et il se réjouit dans son cœur. Puis il réfléchit que la secte des Chistes compare Fatmé à Marie et Ali à Jésus. Beaucoup de musulmans croient à la divinité d'Ali. C'est comme une contrefaçon du catholicisme.

Un jour il assistait à une sorte de pèlerinage des Arméniens schismatiques à l'église de Saint-George, à Djulfa. Là se trouvaient des pierres ayant appartenu à un monument antique, que le schah Abbas fit transporter en ce lieu de la ville sainte d'Echmiazin. Les Arméniens attribuent à ces pierres une vertu miraculeuse, et ils en font faire le tour aux malades. Plusieurs infirmes s'y étaient transportés avec leur lit, et ils couchaient dans l'enceinte même du cloître. La vue de ces

pauvres gens implorant avec ferveur leur guérison lui rappelait les paralytiques de l'Evangile portant leur grabat. Des
taches de sang rougissant les pierres révélaient l'égorge-
ment des victimes. Les catholiques vénèrent saint George,
mais ils s'abstiennent de toute pratique qui sente l'idolâtrie.

Le 19 octobre, Mohammed Hassan, dont le père était maire
de Djulfa, amena à l'école son fils âgé de huit ans. C'était le
premier enfant musulman d'Ispahan qui, poussé par l'amour
de l'étude, eût eu le courage de s'asseoir sur les mêmes bancs
que les chrétiens. M. Boré salua dans cette recrue inattendue
l'indice d'un esprit de tolérance dont il espérait beaucoup.

Une autre fois, le père d'un élève l'aborda en lui disant :
« Je vous amène mon fils, parce qu'il est résolu maintenant
à marcher dans la voie de Dieu ». Quel touchant et discret
hommage !

Il vit un jour dans la rue une pauvre vieille femme arménienne ramasser un morceau de pain dans la poussière, le
baiser, le porter à son front, puis le déposer sur une borne
voisine. N'est-ce pas l'Evangile qui nous a appris à estimer
le pain quotidien ?

M. Boré trouva dans la bibliothèque du couvent bénédictin
de Djulfa des livres de théologie dont il fit son profit. Comparant la science sacrée à la science profane, il rougissait
d'avoir passé les premières années de sa jeunesse à acquérir
des connaissances qu'il jugeait maintenant puériles, en tant
qu'elles ne concouraient pas à son grand dessein d'apostolat.
Il se mit donc à étudier sérieusement la science sacrée, qu'il
jugeait très utile même à un laïque. Saint Bonaventure lui
servit de guide au commencement. Au point de vue pratique
la croix résumait tout à ses yeux. *Crux est academia di-
vinæ bonitatis.*

Le jour de la fête de la Présentation de la sainte Vierge, il écrivait ces lignes : « J'ose, Seigneur, me présenter dans votre Eglise unique de Djulfa. J'ose vous offrir ma volonté si chancelante, mon cœur qui a été partagé par un autre amour que le vôtre, mon corps qui a eu tant d'éloignement pour la mortification... Acceptez-moi pour votre disciple ». M. Boré terminait cette belle prière en demandant la grâce de persévérer dans le service de Dieu et il se vouait à la propagation de la vérité catholique dans cette région désolée par le schisme et par l'Islamisme.

L'anniversaire de l'Immaculée Conception lui inspira des réflexions non moins touchantes : « Aujourd'hui sans prêtres ni sacrifice nous avons célébré de notre mieux la fête de l'Immaculée Conception. Cette solennité est une fleur de la piété catholique, et les cultes qui ne rendent pas à la Vierge Marie cet hommage de la croire à jamais conservée dans le double état de grâce et de justice qui fut celui d'Adam avant sa chûte, ne conçoivent ni l'étendue de ses mérites, ni l'excellence de son culte. Cette question se lie aux plus hauts mystères de notre religion, tels que celui de la réparation du genre humain et à l'union des deux natures en Notre Seigneur. » A noter que ces lignes étaient écrites plusieurs années avant la définition dogmatique.

A propos d'un tremblement de terre qui avait produit quelques dégats à Ispahan, M. Boré remarque que l'Orient est beaucoup plus éprouvé par cette sorte de fléau que l'Europe, et il explique ce châtiment céleste par la considération que la corruption y est générale et que des associations de justes n'y expient plus les crimes des violents.

Un jeune Arménien était déjà venu de Constantinople pour l'aider à faire la classe. Le 16 décembre il eut la joie de recevoir la visite d'un de ses anciens camarades du collège de Beaupréau qu'il n'avait pas vu depuis vingt ans. Le jeune Henri de Civrac était porteur de lettres d'Europe, dont plusieurs venaient de ses compatriotes d'Angers qui lui étaient demeurés fort sympathiques. Le français arrivé de si loin passa plusieurs jours sous le toit d'Eugène Boré. Ils se séparèrent les larmes aux yeux, s'encourageant mutuellement à poursuivre le dessein commun qu'ils avaient formé, de travailler à la régénération de l'Orient.

Les fêtes de Noël se passèrent, comme celles de l'Immaculée Conception, sans prêtre et sans sacrifice. Quelle privation pour un chrétien si fervent !

M. Boré qui depuis quelque temps déjà songeait au sacerdoce, faisait un grand cas de la virginité, qui est une de ses conditions. Seuls, disait-il, les catholiques comprennent et pratiquent la sublimité cette de vertu. Dès qu'une communion se détache de l'unité de l'Eglise, elle perd l'esprit religieux ; ses monastères se dépeuplent ou sont abolis. On en vient jusqu'à nier le mérite de la virginité que l'on déclare incompatible avec la nature. Cependant l'auteur de la Sagesse nous apprend que la chasteté nous rapproche de Dieu. Un païen cité par Quintilien tient un langage semblable. Aristote et Cicéron conviennent que la continence conduit à la sagesse.

Dans le mois d'avril M. Boré eut la joie d'être témoin de la conversion de quelques arméniens schismatiques. Les fanatiques de la secte en furent fort irrités ; mais leur colère s'exhala en vaines paroles. Des mollas musulmans se montrèrent, de leur côté, scandalisés de ce que des enfants chrétiens lisaient le Koran dans l'école de M. Boré, évidemment avec des commentaires peu orthodoxes à leur point de vue. Mais la fermeté du Franc eut raison de leur intolérance. M. Boré fût récompensé de ces tracasseries en goûtant le bonheur de célébrer les fêtes de Pâques avec un prêtre chaldéen qu'il avait envoyé chercher au loin. De même, le jour de la Pentecôte, un prêtre arménien officia dans sa pauvre chapelle.

Le 16 janvier de l'année suivante, M. Boré fit un nouveau pas dans la voie de la perfection. Après avoir lu et médité un traité de *l'amour de Jésus*, composé par le P. Neveu, il entra dans la Société de ceux qui vouent au sauveur du monde un culte spécial de tendresse et d'obéissance. Tels sont les termes dont il se sert dans son *Journal intime*, sans marquer précisément de quoi il s'agissait. S'était-il lié par un vœu ? Nous l'ignorons.

III

Le 20 janvier 1840, Eugène Boré, relevant à peine d'une maladie causée par les fatigues, les rigueurs du climat et peut-être aussi les tristesses de l'exil, était dans sa petite chambre et pensait à ses amis absents. Tout-à-coup trois personnes font irruption chez lui. C'étaient deux jeunes gens revêtus d'un élégant costume militaire, MM. le baron Daru et d'Archiac, et un respectable ecclésiastique, l'excellent M. Scafi qui revenait d'Europe où il avait remué ciel et terre pour appeler l'attention du monde politique et religieux sur la courageuse entreprise du jeune Angevin. Ses efforts n'avaient pas été infructueux. Le gouvernement français s'était décidé à faire partir pour la Perse des officiers instructeurs et il envoyait

une ambassade qui fit, en effet, le surlendemain son entrée solennelle à Tauris. Boré ne pouvat manquer d'avoir sa place
dans la cérémonie.

Dans la matinée, Eugène escorté des officiers français et
suivi des seigneurs de la ville ainsi que des marchands arméniens, se portait à la rencontre de ses compatriotes. A son
bonnet persan il avait attaché la cocarde nationale, dont les
trois couleurs tranchaient merveilleusement sur la peau noire
et moirée qui formait le fond de sa coiffure. Bientôt l'ambassadeur parut, accompagné de ses secrétaires et de ses attachés. Le comte de Sarcey accueillit à bras ouverts le français
qui lui ouvrait les portes d'un grand empire, et lui assigna un
rang auprès de lui. Le modeste M. Boré était confus de tant
d'honneur ; son cheval, plus fier, piaffait avec autant d'audace
que de coquetterie. A une heure le cortège entra dans la ville,
au bruit d'une salve de canons, les seuls qui restassent sur
leurs affuts dans le royaume, une foule de spectateurs ébahis
et silencieux faisait une double haie. Pour les musulmans
de vieille roche, cette marche imposante de chrétiens reçus
avec respect offrait déjà un spectacle étrange et presque in-
quiétant. Mais l'étiquette de l'Islam devait faire bientôt une
concession plus humiliante. L'usage défendait aux chrétiens,
même à ceux qui étaient revêtus des plus hautes dignités,
d'entrer chez un musulman sans se déchausser, ou du moins
sans subir quelque changement plus ou moins puéril dans sa
chaussure. Le comte de Sarcey refusa de se soumettre à ces
humiliantes formalités. Il allégua l'exemple du roi des français qui avait souffert en sa présence l'ambassadeur persan
avec un bonnet sur la tête, contrairement aux usages de l'occident. On devait lui permettre, par réciprocité, de conserver
sa chaussure ordinaire. Ce raisonnement parut concluant, et

tous les membres de l'ambassade se présentèrent chez le prince Quarhaman Mirza, propre frère du shah, et gouverneur de la province, bottés et éperonnés. Les bons mahométans ne pouvaient en croire leurs yeux.

Ils ne furent guère moins surpris, lorsque, le dimanche suivant, ils virent l'ambassadeur et toute sa suite, en grand uniforme, assister avec recueillement au saint sacrifice célébré par M. Scafi, aumônier en titre de la mission. Ces français n'étaient donc pas tous des impies, comme la renommée le publiait à tort. Le pieux M. Boré remplit, à cette occasion, l'office d'acolyte. L'assemblée s'était considérablement accrue par la présence des officiers et des autres fidèles, Chaldéens, Arméniens, Arabes et Géorgiens. Il en résulta pour le public persan une impression favorable.

L'ambassadeur se dirigea ensuite vers Téhéran, capitale actuelle de la Perse, où il espérait rencontrer le shah. M. Boré put l'accompagner, parce que la Providence lui envoya sur ces entrefaites deux jeunes français, qui voulurent bien le suppléer dans son école. Quand on arriva à Téhéran, le souverain en était parti pour Ispahan, l'ancienne capitale, dans le voisinage de laquelle s'étaient élevés des troubles qui réclamaient sa présence. Il fit savoir, d'ailleurs, par un courrier, qu'il recevrait avec plaisir l'envoyé du roi des Français. M. de Sarcey se décida alors à faire partir d'avance son premier secrétaire. C'était M. de Lavalette, qui a joué depuis un rôle important dans la diplomatie : M. Boré fut désigné pour l'accompagner. Rien ne pouvait être plus agréable à ce dernier. Le départ eut lieu le 25 mars ; parmi les incidents de ce voyage, il y en eut de fort curieux.

On rencontra d'abord un village, dont toute la population virile sortit en armes et monta sur les toits en forme de ter-

rasse, dans une attitude hostile, comme pour repousser une
agression attendue. On prenait les voyageurs français pour
des émissaires d'un gouverneur voisin qui, par ses exactions,
avait poussé les paysans à la révolte. Charmant pays et administration paternelle ! On s'expliqua et l'on passa outre. Le
soir, les derniers rayons du soleil couchant éclairèrent la coupole dorée qui surmonte, dans la ville de Quoum le monument
de Fatmé. C'est, comme on sait, le nom de la fille favorite de
Mahomet ; les chiites musulmans ont pour elle une singulière
vénération, et lui attribuent le privilège que les chrétiens re-
connaissent à la mère du Sauveur, d'être parvenue au ciel
sans avoir passé par la mort. Preuve remarquable de l'anti-
quité de cette pieuse tradition, car les musulmans l'ont évidemment empruntée aux chrétiens. Un jeune desservant de la
mosquée qui accompagnait les voyageurs, entonna un hymne
en l'honneur de Fatmé, et la conversation s'engagea bientôt
sur des matières théologiques. Le jeune homme disserta savam-
ment et pieusement sur l'amour de Dieu ; il divisait ceux qui
professent ce sentiment en trois classes, les mercenaires qui
attendent une récompense éternelle, les peureux qui redou-
tent les châtiments de l'autre vie, et ceux qui aiment d'un
amour désintéressé, amour parfait dont cet infidèle semblait
avoir un avant goût, tant il s'exprimait avec ardeur et d'un
ton pénétré. M. Boré qui s'étonnait de ce prodige en eut bientôt
la clé. Ce musulman n'était pas marié et, par une exception
peut-être unique dans sa religion, il avait fait vœu de continence. M. Boré se rappela à cette occasion le passage de l'Imitation où nous lisons qu'*un cœur pur pénètre le ciel et
l'enfer*.

La région que traversaient les voyageurs portait des traces
visibles de cette décadence qui caractérise presque tous les

pays où l'Islam a mis son empreinte, partout des villages dévastés et des champs en friche. On arriva enfin à Ispahan, et l'on entra avec une admiration mêlée de tristesse, dans l'intérieur de la ville. De vastes quartiers étaient changés en jardins, de rares minarets surgissaient au milieu des ruines ; les bazars étaient vides ; un désert séparait les premiers faubourgs de l'avenue de platanes qui conduisait au palais du grand Abbas. Dès le lendemain M. Boré et M. de la Valette furent admis en présence du shah, qui leur fit le plus gracieux accueil. Quelques jours plus tard arriva l'ambassadeur : il fut reçu solennellement, au bruit des tambours et des instruments de musique. Les présents envoyés par le roi Louis-Philippe furent très appréciés ; le prince héritier raffolait du brillant uniforme de colonel d'artillerie qui lui était spécialement destiné.

La mission du comte de Sercey ne se borna pas à une vaine cérémonie ; des rapports de bienveillance réciproque furent noués entre la France et la Perse. Mohammed shah était loin de dédaigner les avantages politiques qu'il pourrait retirer d'une alliance qui le défendrait, au besoin, contre certaines puissances européennes dont il redoutait les empiétements. La France recouvrait donc le rang qu'elle avait jadis occupé en Orient. Elle obtint pour premier résultat de son influence, un firman d'émancipation en faveur des chrétiens, firman qui rendait légale et durable la tolérance essentiellement précaire dont ils jouissaient auparavant. Dans cet acte daté du 20 sépher de l'année 1256 de l'hégyre musulmane, le shah déclarait que « par la volonté du Dieu unique qui, dans sa sagesse profonde, a mis l'ordre et l'harmonie entre les nations et les royaumes, et réglé l'économie du globe en unissant ceux qui l'habitent, l'union et l'unité qui existaient anciennement entre les puissants empires de France et de Perse, avait été renouvelées et consolidées. Pour resserrer les liens de cette alliance, Mohammed Shah remettait en vigueur les firmans de ses prédécesseurs en faveur des chrétiens catholiques soumis à sa domination, et leur garantissait la liberté de conscience. Ils auraient, en conséquence, dorénavant la faculté de bâtir des églises, de les réparer, d'enterrer leurs morts, de fonder des collèges scientifiques, de contracter mariage, de faire du commerce, d'acquérir et de posséder. »

Le jour où l'on honore saint Philippe, fête du roi des Français, la messe fut célébrée solennellement par M. Scafi dans le couvent des dominicains, le seul qui restât des anciennes possessions des religieux catholiques. Toute l'ambassade, les officiers instructeurs, la population arménienne y assistaient avec recueillement. Le firman dont nous venons d'indiquer la substance fut lu dans les trois langues française, persane et arménienne.

Cette protection accordée aux catholiques sur les instances de la France était un fait dont la religion et le patriotisme devaient également se féliciter. La justice commande de reconnaître que par ses travaux incessants, son désintéressement absolu et ses habiles démarches, M. Boré avait contribué à le rendre possible et à le préparer.

Désormais au comble de ses vœux, Eugène Boré résolut de se fixer aux portes mêmes d'Ispahan à Djulfa, ancien centre religieux, où résidait une nombreuse colonie d'arméniens schismatiques qu'il espérait ramener à la véritable Eglise. Il attendait paisiblement la décision de la Providence. C'était l'exil, sans doute, et l'isolement, mais, comme il l'écrivait à l'un de ses amis de Paris : « la solitude fortifie l'âme, elle détache de la terre et rapproche de Dieu. »

IV

L'année suivante, les satisfactions surpassèrent les épreuves.
Boré eut la joie de recevoir le 14 avril une lettre de M. Etienne,
alors procureur général de la Congrégation des Lazaristes,
qui lui annonçait l'envoi de deux missionnaires MM. Cluzel et
Darnis, qui devaient avoir pour supérieur M. Fornier parti
précédemment. En même temps le conseil central de la Propagation de la Foi votait une somme de 22,400 francs pour
la nouvelle mission. A la fin de l'année, le jeune savant apprenait par le *Journal des Débats* que le ministre, président du
Conseil, M. Guizot, qui l'appréciait depuis longtemps, venait
de le nommer chevalier de la Légion d'Honneur. M. Boré tout
confus de cette distinction, s'empressa de remercier le ministre. Il l'assurait que cet acte de confiance lui imposait une
nouvelle obligation de rechercher en toutes choses, comme
le but suprême, l'honneur du pays ; mais il avait soin d'ajouter qu'il unissait cet honneur à celui de Dieu et de la religion.
L'un et l'autre lui semblaient étroitement unis, surtout en
Orient, où la France exerçait depuis des siècles un patronage
religieux. L'instruction, disait-il en terminant, fraiera le chemin à la foi sa compagne. Eugène Boré adressa une lettre
analogue au ministre de l'Instruction publique, M. Villemain,
qui n'avait pas été étranger à cette nomination. « Quelle joie,
lui écrivait-il, de savoir la religion et ses propagateurs honorés
en France et hors de France par les personnes placées à la
tête des affaires et des lettres, et dont l'opinion règle celle

du monde ! » Cette louange délicate et, on peut le dire, méritée renfermait en même temps un noble encouragement.

D'autres témoignages encore plus précieux aux yeux du missionnaire laïque vinrent le récompenser de ses efforts. La Propagande de Rome lui envoyait ses remerciements et ses félicitations. M. Boré répondit au secrétaire de cette Congrégation en lui exposant l'état actuel des écoles qu'il avait fondées et ses espérances pour l'avenir. Il ne sollicitait, d'ailleurs, du Saint-Père que des faveurs spirituelles ; il demandait l'indulgence plénière, concédée dans le XIIe siècle aux Croisés partant pour la délivrance de la Palestine, sur la trace desquels il se proposait de marcher tout en portant des armes différentes, ainsi que l'autorisation de pouvoir établir le Chemin de la Croix et d'instituer dans ses écoles la Congrégation de la Sainte-Vierge. Il terminait en faisant part à ce prélat de son intention de se rendre ultérieurement dans la ville éternelle pour y étudier la théologie et se mettre à la disposition du Saint-Père pour étendre dans le monde le règne de Jésus-Christ.

Le ciel n'avait pas toujours été aussi serein. Dans le cours de cette année, les Arméniens schismatiques qui avaient d'abord favorisé son école de Djulfa, s'apercevant que son but principal était la conversion de leurs enfants ainsi que la leur propre, prirent l'alarme et la semèrent autour d'eux. Il s'ensuivit une émotion fort vive, une sorte de révolte qui dura trois jours ; Boré tint tête à l'orage. Il fut puissamment secondé dans ce moment de crise par le général du Hamel ambassadeur de Russie en Perse, lequel usa de son crédit auprès du Shah pour faire imposer silence aux agitateurs. L'évêque nestorien, principal fauteur des troubles, fut arrêté et réduit à l'impuissance.

Eugène Boré oublia bientôt ces ennuis. Un suprême témoignage lui était arrivé de Rome. Par ordre du Saint Père, le cardinal Fransoni, préfet de la Propagande, lui écrivit pour lui annoncer sa nomination de « chevalier de la milice dorée. »

« Il est difficile, écrivait ce prélat, de s'imaginer combien la Sacrée Congrégation admire le zèle avec lequel vous travaillez sans relâche, dans cette mission, à la propagation de la foi catholique, ni quel intérêt elle porte, à cause de cela, à votre personne. Si dans ces dernières années, le nom catholique a pris en Perse quelque extension, elle sait fort bien que c'est en partie à vos soins et à votre sollicitude qu'on en est redevable. En conséquence, pour donner quelque signe de sa gratitude, elle a fait en sorte que notre Très Saint Père vous admette à l'ordre des chevaliers de la Milice dorée, qui, tout récemment a été rétabli avec le plus grand honneur. »

Cette pièce était accompagnée d'un Bref de Sa Sainteté dont nous donnons en partie le texte :

« Le Très Saint Père Grégoire XVI, à notre fils chéri, Eugène Boré,

« Cher fils, salut et bénédiction.

« Comme rien ne peut nous être plus flatteur, plus doux et plus désirable que de voir la religion catholique partout en vigueur et florissante, nous avons coutume de décerner avec empressement des récompenses honorables et des preuves de notre bienveillance, particulièrement à ces hommes qui s'efforcent avant tout de contribuer par leurs œuvres au bien de la religion catholique.

C'est pourquoi, ayant appris par de très graves témoignages que toi que recommandent le talent, les mœurs, la piété, la probité, qui es attaché avec une perfection particulière à cette chaire de Pierre, tu n'as négligé ni soins, ni zèle, ni efforts pour le succès de nos missions sacrées en Perse, nous avons pensé devoir te montrer, d'un cœur joyeux et empressé, quelque signe de notre volonté à ton égard. Donc, voulant te décorer avec un honneur particulier... Nous t'élisons et te nommons, par ces lettres de notre autorité apostolique, Chevalier de notre milice dorée, et t'égrégeons à cet ordre illustre restauré par nous avec un plus grand éclat. En conséquence nous te concédons et permettons de porter les insignes de ce même ordre, à savoir: le collier d'or, l'épée et les éperons dorés, et puis de jouir des privilèges particuliers et généraux dont jouissent les autres chevaliers de notre Milice... Nous voulons que tu portes la croix d'or, représentant au milieu l'image octangulaire du Suprême Pontife saint Sylvestre, sur un champ argenté, et suspendue à la poitrine avec un cordon de soie rouge et noir sur les bords du côté gauche de l'habit... »

Ce bref si élogieux était daté de Rome, à Saint-Pierre sous l'anneau du pêcheur, le 15 avril 1842, et portait la signature du cardinal Lambruschini.

D'autres témoignages vinrent encore stimuler son zèle et récompenser ses efforts. Au commencement de l'année suivante, Boré recevait une lettre des plus flatteuses, par laquelle M. Walckenaer, secrétaire perpétuel de l'Académie des inscriptions, lui apprenait que ce corps savant venait de le nommer membre correspondant en la place de M. de Saulcy.

Enfin M. Guizot lui fit offrir le poste important de consul à Jérusalem. C'eût été le comble de ses vœux, si sa modestie ne se fût effrayée de ce qu'il regardait comme un excès d'honneur. Sur les conseils, et nous allions dire sur les injonctions de plusieurs de ses amis, MM. Scafi, Leleu, Dequevauvilliers et Blanc, il se décida à accepter ; mais ce projet n'eut pas de suite, la Providence avait sur lui d'autres vues.

M. Boré était alors à Mossoul où l'obéissance l'avait conduit. Il en partit presque aussitôt pour retourner en Europe.
Au bout d'un voyage de trois mois qui se passa sans incidents,
mais non sans fatigues, il eut la joie de se retrouver, le 20 août
1842, à Constantinople, au milieu de ses amis de Saint-
Benoît.

Au moment de rentrer dans le monde civilisé et de se trouver de nouveau exposé aux séductions qu'il connaissait bien,
il voulut se lier à Dieu par une nouvelle chaîne que rien ne
pût rompre. Sur les conseils de son directeur et ami, M. Leleu,
il prit l'engagement de vivre dans une perpétuelle continence.
Cette promesse décisive était ainsi conçue. « Moi E. B... votre
indigne serviteur, à qui vous avez inspiré de me consacrer à
la défense de votre Église, prosterné devant votre Trinité
adorable, à la face de la mère immaculée de Notre-Seigneur
et en adjurant comme témoins tous les anges et les saints du
ciel, je jure et promets d'observer à jamais et inviolablement
la vertu de chasteté, et de vivre dans une pureté de cœur toujours croissante, en évitant chaque occasion et tous les usages
du monde, qui lui seraient nuisibles ». Cet engagement était
daté du 2 octobre 1842. — ? Quelques mois plus tard M. Boré
rentrait dans sa patrie qu'il n'avait pas vue depuis près de six
ans.

CHAPITRE VI

Court séjonr de Boré en France. Départ pour Rome. Audience de Grégoire XVI qui lui confie une mission et le nomme chevalier de Saint Grégoire le Grand. Son séjour à la *Villa Taverna* dans la famille du baron de Bussière.

M. Boré arrivait en France, précédé de la double renommée d'un chrétien zélé et d'un savant. Il avait fait preuve, en effet, durant son long voyage, à la fois d'une solide érudition et d'un grand amour de l'Eglise. Si ses amis lui firent fête, le monde officiel l'honora d'un gracieux accueil. Chevalier de Saint Sylvestre et de la Légion d'honneur, décoré de l'ordre du Lion et du Soleil de Perse, il voyait toutes les portes s'ouvrir devant lui. Les divers ministres auxquels il fut présenté parurent apprécier l'exactitude de ses observations et goûter la sagesse de ses jugements. M. Guizot, notamment, bien que protestant, lui rendit pleine justice, et il conçut pour lui, à cause de sa noble franchise, une estime qu'il lui conserva toute sa vie. Malheureusement le cabinet des Tuileries, harcelé, il faut bien le dire, par une opposition sans merci, suivait alors les errements d'une politique méticuleuse, qui l'empêchait de faire aucun acte énergique. La nomination de M. Boré au poste de consul général à Jérusalem eut put être regardée comme une sorte de défi adressé à la Russie, protectrice opiniâtre, du schisme grec dont le jeune et intrépide voyageur s'était montré le constant adversaire. Elle eut, en même temps, déplu singulièrement à la secte rationaliste qui tenait en ce moment le haut du pavé, et dont le Gouvernement redoutait l'hostilité. Mû par ces considérations diverses, le président du conseil retira la proposition qu'il avait faite. Cette attitude effacée ne fut pas pour plaire aux catholiques qui avaient déjà tant de griefs contre le pouvoir, et le cardinal de Bonald s'en montra hautement indigné, tant à cause de la France qui s'humiliait ainsi sans profit, que pour celui qui l'eût si bien représentée dans la Terre Sainte. Cette détermination, regrettable en elle-même, fut peut-être un bien pour M. Boré. Lancé dans la carrière diplomatique où son caractère et ses talents lui garantissaient d'honorables succès, il n'eût peut-être pas trouvé plus tard l'occasion, ni les encouragements nécessaires pour entrer dans les saints ordres où l'appelait, par un dessein encore caché, la Providence qui veillait sur lui. D'un autre côté l'ensemble des circonstances ne lui eût probablement pas permis d'exercer une influence sérieuse sur la marche des évènements, ni d'opérer un très grand bien, mais sa vocation réelle eût été manquée. On peut donc croire que Dieu permit ce léger échec qui ne l'atteignait que faiblement, pour lui ménager une voie nouvelle et plus haute. Tant est vraie et profonde cette parole de saint Paul que tout en ce monde a pour fin la glorification des élus !

M. Boré profita de son séjour en France, qui devait être court, pour visiter sa famille et ses amis d'Anjou. Avec quelle joie fut accueilli cet excellent parent, ce condisciple aimable, ce compatriote qui était une gloire pour la terre natale, nous r'avons pas besoin de le dire. Les différents colléges où il avait été élevé se disputaient l'honneur de sa visite. Son arrivé était saluée par des acclamations et des discours souvent écrits en vers. Lui, toujours modeste, se montrait confus et même quelquefois un peu lassé de ces empressements qui ne lui laissaient pas un moment de repos. « Je suis obsédé de visites de curieux, » écrivait-il à la date du 17 février, et dans ce moment je suis obligé de faire la conversation en traçant ces mots... La gloire est un rude fardeau et on est bien fou de la chercher, car elle est aussi niaise qu'indiscrète. On veut faire de moi un prédicateur ambulant. » Puis il raconte d'un ton badin qu'invité dans une maison, il y rencontre une soixantaine de dames qui s'occupaient d'une œuvre de charité.

Là on lui dit tout simplement : « *Parlez* » et avec la même simplicité, après avoir élevé son âme à Dieu, il raconte ce qu'il a vu en Orient. Le lendemain il prend encore la parole, cette fois dans un pensionnat. Un autre jour, c'est un collége qui lui ouvre ses portes, et où il doit subir deux odes. Une autre fois encore, un déjeuner de propagande, où l'on ne s'entretient que de sujets pieux.

Cependant le cœur de M. Boré volait vers Rome, il était impatient de s'y transporter pour soumettre au chef de l'Eglise ses projets, ses vœux et recevoir une décision suprême qui coupât court à ses hésitations. Il se sentait toujours vivement attiré vers le sacerdoce; mais M. Leleu, préfet apostolique et supérieur des prêtres de la Mission à Constantinople qu'il avait pris pour directeur, le retenait, persuadé qu'il servirait plus utilement dans son état actuel la cause de la religion. Un nouvel ami de M. Boré, M. de Bussière, partageait cet avis... Il lui écrivait de Rome le 22 mars : « Il faut des laïques pour pré-

parer les voies au clergé, pour faire bien des choses nécessaires
à son action, et qu'il ne peut faire lui-même. En tous cas, il
me semble que toute décision prise à cet égard avant un nouveau voyage en Orient serait prématurée. « Et il lui conseillait
de consulter le Pape, » Le saint Père, ajoutait-il m'a recommandé de te mener chez lui dès que tu serais arrivé, et il
m'a parlé de toi avec une tendresse qui trouvait un fameux
écho dans mon cœur. »

Eugène Boré partit de Paris le 4 mai, le cœur brisé à la
pensée de quitter ses amis pour longtemps, peut-être pour
toujours, mais soutenu par la ferme confiance qu'il travaillait
pour la gloire de Dieu, et offrant avec joie ce sacrifice en action de grâces pour tant de bienfaits reçus d'en haut. « Notre
Seigneur sait bien, écrivait-il à un ami, que je vous laisse à
cause de Lui. Il est donc à croire qu'il me communiquera la
force nécessaire, si je m'efforce chaque jour d'en être plus digne » Arrivé à Lyon, il gravit pieusement la colline de Four-
vière. Devant l'autel de Marie il se sentit pénétré d'une indi-
cible ferveur, et il servit la messe d'un jeune prêtre de sa connaissance. De là il se présenta chez les dames du Bon Pasteur, où il fut reçu comme un hôte connu et annoncé.
Après une visite d'un quart d'heure, il courut chez les Filles
de la Charité qui dirigeaient un orphelinat ; elles l'accueillirent
comme un frère. Respirant, comme à l'aise, dans cette atmosphère de charité chrétienne, il plaignait les gens du monde qui
dédaignent, parcequ'ils les ignorent, les merveilles de la grâce
divine. Sa dernière course fut pour les directeurs d'Oullins.

Le 11 mai, notre pélerin était à Marseille, où il assistait à
la messe de l'évêque de cette ville qui lui donna la sainte communion. Sa Grandeur le retint à déjeuner, et lui parla, à
cœur ouvert, des toutes les œuvres qui se multipliaient dans

sa cité épiscopale sous sa vigoureuse impulsion. Il insista sur les vocations religieuses, très nombreuses parmi les femmes, ce qui indiquait un accroissement de foi et de piété. Le soir Boré monta au célèbre sanctuaire de Notre-Dame de la Garde, que ceux qui l'ont visité une fois ne sauraient oublier. Après avoir exprimé devant la madone ses vœux les plus ardents pour le succès de sa mission et pour le bonheur de ceux qu'il laissait derrière lui, il contempla durant quelques instants le magnifique spectacle qui s'offrait à ses yeux, la ville entière à ses pieds et la rade avec ses horizons infinis et cette teinte déjà orientale qui ravivait chez lui tant de souvenirs. En descendant de la colline il se sentait plein de confiance.

M. Boré s'embarqua aussitôt pour Cività-Vecchia. Le gouvernement qui continuait à lui être, au fond, très favorable, lui avait assuré le passage gratuit. Il voyageait en première classe, dans la compagnie de la Mère supérieure des dames du Bon-Pasteur, de deux Pères et de deux Frères Jésuites qui avaient pour destination le Maduré. On ne s'entretint que de pieuses espérances et de saints projets. La traversée fut charmante, favorisée du ciel et des hommes. Le capitaine offrit spontanément sa chambre pour la célébration du saint sacrifice, et il eut soin de faire servir le vendredi et le samedi des repas maigres.

Descendu le 13, un matin, à Livourne, Boré courut chez les Pères des rites arménien et grec catholiques, qui le reçurent comme une vieille connaissance. Il eut la joie de rencontrer dans le port un jeune capitaine breton, M. du Couëdic (nom illustre dans les fastes de la marine) (1), qui commandait une corvette. La foi et la piété de cet officier étaient si communicatives qu'il avait converti une bonne partie de son équipage,

____

(1) On connait les exploits de la *Surveillante*.

et qu'on le vit approcher de la table sainte, accompagné de quarante de ses matelots. Devenu plus tard amiral, du Couëdic n'oublia jamais cette rencontre.

Le 14, à cinq heures du matin, le bateau à vapeur faisait son entrée dans le port de Cività-Vecchia, au bruit d'une salve d'artillerie tirée pour célébrer la fête de sainte Firmina patronne de la ville. Les vaisseaux étaient pavoisés, la milice sous les armes, de joyeuses fanfares retentissaient dans les rues, toute la population avait revêtu ses habits de fête. Ici nous laissons la parole au voyageur. «A peine, écrit-il, étais-je débarqué au bureau de la douane, que je sens quelqu'un me prendre au collet. Je me retourne et je vois Théodore (1). Nous courons à l'église entendre la sainte messe, en compagnie des excellents religieux qui avaient daigné me prendre pour leur guide et leur introducteur à Rome. Théodore était l'autre cavalier que je leur présentai. Nous déjeunons joyeusement, puis nous montons dans une chaise de poste où nous récitâmes en chœur l'office de la sainte Vierge. »

On trouva aux portes de Rome la famille de M. de Bussières, qui offrait l'hospitalité à Eugène Boré. Tous firent ensemble leur entrée dans la ville éternelle d'abord, puis dans l'église de Saint-Pierre dont le dôme magnifique leur apparaissait depuis longtemps.

Le pieux pèlerin va nous raconter lui-même ses premières visites et ses premières impressions. Il écrivait à un ami :

« MM. Gerbet et Cazalès sont arrivés chez Théodore à l'heure du déjeuner, et nous sommes montés en voiture pour

___

(1) Théodore de Bussière dont il avait fait la connaissance peu de temps auparavant et avec lequel il lia une étroite amtié. Nous parlerons bientôt assez longuemeut de ces relations.

visiter quelques unes des innombrables merveilles de la ville reine des villes. Dis à Veuillot que Théodore nous a fait réciter pour lui un *Memorare* dans l'église Sainte Marie Majeure. Nous avons monté à genoux la *scala santa*, ces mêmes degrés qui, suivant la tradition, conduisaient à la salle de Pilate. Ce lieu est appelé *le plus saint du monde* avec le Saint Sépulcre et le Calvaire. Ce matin nous avons été à l'église rendue célèbre par le miracle de Ratisbonne. M. Cazalès célébrait la messe. J'étais agenouillé à la place même où la très-glorieuse Vierge apparut à l'ami de Théodore, et lui, ce cher Théodore, se tenait à la place où il vint le relever, encore prosterné et comme hors de lui-même, à la suite de ce miracle. Nous y avons mangé ensemble le pain des forts. »

Quelques jours plus tard, le principal but de son voyage à Rome était atteint. Il avait été reçu en audience particulière par le Souverain Pontife. Grégoire XVI l'entretint, ainsi que son ami Théodore qui l'accompagnait, pendant une demi-heure dans le secret de son cabinet. La conversation roula principalement sur l'Orient. Le Pape interrogea Boré sur les églises dissidentes : ses observations pleines de sens révélaient l'ancien préfet de la Propagande. Boré expliqua à son auguste interlocuteur les intentions bienveillantes du gouvernement à l'égard des catholiques. Il lui exprima combien il serait fier et heureux de se dévouer plus complètement que jamais à la défense des droits de l'Eglise romaine. Le pape ayant demandé à Boré s'il comptait rester quelques temps à Rome, celui-ci répondit que non, parce que les catholiques d'Orient attendaient son retour. Alors Grégoire XVI élevant la voix : « Vous y retournerez, mon fils, lui dit-il, rappelé par les catholiques et *envoyé par le Souverain Pontife.* »

Il lui recommanda ensuite de ne pas partir avant d'avoir assisté aux cérémonies de la Fête-Dieu et de la Saint-Pierre, et il chargea avec bonté M. de Bussière de veiller à l'accomplissement de cette partie de ses intentions. M. Boré était au comble de ses vœux : il recevait une mission expresse du Saint-Père, qui lui enjoignait en même temps de prolonger son séjour à Rome, de façon à pouvoir jouir des plus belles solennités de l'année liturgique et d'achever la visite des monuments religieux. Tous ses scrupules étaient levés.

Dans la même audience, Grégoire XVI eut l'amabilité de dire au futur missionnaire qu'il ne doutait pas que la décoration qu'il lui avait accordée ne fut bien portée. « Si sa Sainteté entend par ce mot, répondit Boré, *fidèlement* et avec honneur, je serai trop heureux de donner mon sang pour sa cause. » Le Pape daigna ensuite manifester à plusieurs reprises sa satisfaction à propos du mouvement religieux qui se dessinait en France et de la haute mission que notre pays assumait en Orient. Trois fois il se laissa baiser la main, et il attacha la faveur de l'indulgence plénière, à l'article de la mort, à un petit crucifix d'argent, que le vénérable Père abbé de la Trappe d'Anjou avait donné à Boré.

Notre voyageur profita des loisirs qui lui étaient imposés non seulement pour visiter plus à fond la ville éternelle, mais encore pour nouer des relations utiles en vue de ses projets d'avenir. Il vit les directeurs de la Propagande et les jeunes orientaux confiés à leurs soins. Il se ménagea auprès des principales cours qui avaient leurs représentants à Constantinople des amis et des protecteurs. Théodore qui avait les plus belles relations, lui procura ainsi un accès auprès du prince de Mettenich, alors un des arbitres de l'Europe.

Eugène Boré devenu l'hôte de la famille de Bussière, passa

une dizaine de jours dans la délicieuse retraite de la villa Taverna située sous les frais ombrages de Fracasti. « Figure-toi, écrivait-il à un ami, une des plus gracieuses montagnes de la Suisse, du Tyrol, ou de la Bithynie (souvenir de son voyage en Orient) s'élevant au-dessus de la campagne solitaire de Rome, et permettant d'embrasser d'un seul regard les lieux les plus riches en souvenirs. La ville des premiers rois, des consuls, des empereurs, la ville des papes, qui continuent spirituellement l'œuvre de la domination universelle, nous apparaît dans le loitnain surtout sous les feux d'un soleil couchant, aussi beau qu'il l'est à son lever en Perse. Derrière nos têtes, nous avons plusieurs étages de collines couvertes de haut pins, d'oliviers, de chênes verts et de cyprès, avec des villas d'une magnificence et d'une splendeur d'architecture vraiment royale. »

L'excellent abbé Gerbet, qu'Eugène Boré fut très heureux de retrouver aussi aimable qu'il l'avait connu à la Chênaie, résidait dans le voisinage chez le prince Wolkonski ; il venait souvent à la ville Taverna et faisait partie du groupe des intimes. En dehors de ce cercle naturellement restreint, M. de Bussière introduisit son ami dans la société d'élite avec laquelle il était en rapport par visites et par correspondance. Par ses soins M. Boré se lia avec les personnages les plus distingués par leur naissance, leur grande situation ou leur mérite personnel ; les Borghèse, le vicomte de Spaur, ministre de Bavière, la princesse Aldobrandini, la comtesse Esterazy, Marescalchi, Dalberg, Le Révérend Père général de la Compagnie de Jésus, le Père Villefort, du même Institut, depuis cardinal, ne tardèrent pas à apprécier ses rares qualités. Don Guéranger lui écrivait familièrement. Quelles relations charmantes ! La plus haute éducation, la politesse la plus exquise, les sentiments les plus élevés, par dessus tout, la piété

la plus sincère étaient l'apanage de tous les membres de cette
société privilégiée. Boré ne s'y trouvait nullement dépaysé, il
y conquit dès les premiers jours le rang qui lui appartenait et
qu'il conserva toujours depuis.

Citons en passant le nom de Mme de Gontaut, qui résidait
habituellement à Paris, mais était en relation fréquente avec les
Bussière. Après avoir occupé près du trône et des Enfants de
France la place distinguée que l'on sait, cette zélée chrétienne ne
s'occupait plus guère que de bonnes œuvres. Elle ne cessait de
recommander à tous ses correspondants « ses intentions » si bien
qu'elle n'était connue de ce petit cénacle que sous le nom de
« Mes intentions » ! Il lui vint un jour à l'idée de demander
à M. de Bussière toutes ses communions du samedi durant
l'année entière. Théodore s'excusa en disant qu'il les avait
appliquées d'avance à M. Boré.

Théodore disait vrai. Boré avait trouvé chez M. et Mme de
Bussière une seconde famille. En proie à une douce illusion,
ils s'imaginaient voir dans le jeune et déjà célèbre voyageur
le fils qu'ils avaient perdu dès sa plus tendre enfance et qui
aurait eu, s'il eut vécu, à peu près le même âge. Ils se
plaisaient à l'appeler leur « Fernand » et lui donnaient le
doux nom de fils. Les deux petites « demoiselles » Georgina et
Marie, le regardaient naturellement comme leur frère et se
montraient pour lui pleines d'une déférence respectueuse où
se mêlait une sorte d'admiration. Boré se prêtait volontiers à
cette affection qui le consolait de l'absence de parents tendrement chéris. Il n'avait pas tardé, d'ailleurs, des'apercevoir des
vertus éminentes de son nouvel ami, et il s'attachait à le faire
progresser dans la voie du bien.

De son côté Théodore, ayant sous les yeux un modèle qu'i
aimait, faisait tous ses efforts pour s'y conformer. Il parvint

ainsi à triompher de son inégalité d'humeur et il acquit une douceur inaltérable. C'est ainsi qu'une affection purement naturelle d'abord, mais de plus en plus dominée par la grâce, contribua à la sanctification d'une âme déjà si précieuse et si belle.

Il fallut s'arracher pourtant à ces conversations attachantes, à ces vues d'avenir, à ces encouragements réciproques, à ces épanchements de l'amité, quand tous les préparatifs de son voyage furent terminés. Boré que le sentiment du devoir dirigeait avant tout, prit congé, non sans regrets, mais avec fermeté, des hôtes de la villa Taverna. Il avait eu précédemment l'honneur et la joie d'une nouvelle audience du Saint Père, Grégoire XVI, qui le recevant avec sa bonté accoutumée, le salua de ces mots si doux à l'oreille de son visiteur : « *Mio caro Boré* ». Pour comble d'attention, le pape fit remettre au voyageur, par l'intermédiaire de l'ambassade française, un bref qui lui conférait le grade de chevalier de Saint-Grégoire-le-Grand. Cette faveur était d'autant plus inattendue que Boré était déjà, comme on sait, chevalier de Saint-Sylvestre.

Avant de s'exposer aux incertitudes d'une longue pérégrination, Boré écrivit son testament. En voici les débuts :

« Aujourd'hui 24 juin 1843, en présence de Dieu trois fois saint, le Père, le Fils et le Saint-Esprit, sous la protection de Marie, ma céleste mère, et sous le patronnage spécial de Saint Jean-Baptiste, le précurseur, lui dont la vie pénitente et le zèle des âmes me sont proposés en ce jour de sa fête comme le vrai modèle de ma vie de missionnaire, je viens déclarer mes dernières et formelles volontés dans le cas où la volonté divine me retirerait de cette terre.

« Je confesse mourir dans la foi de l'Eglise catholique,

apostolique et romaine dont j'ai eu le bonheur de naître l'enfant et à laquelle mon cœur, à l'âge où d'autres passions le sollicitaient, s'est attaché par l'effet d'une grâce bien peu méritée, d'une manière si vive et si intense que j'ai résolu de consacrer à sa défense et à sa propagation ce que j'avais de force et de vie. »

Ces lignes écrites en vue de l'éternité révèlent d'une manière très claire ses sentiments et ses résolutions. Il voulait être missionnaire. Resterait-il laïque ? recevrait-il les saints ordres ? Il demeurait sur ce point dans l'incertitude ; mais il voulait fermement se vouer au service de la vérité. Il explique, d'ailleurs, cette détermination par le vœu qui termine son testament et qui est ainsi conçu :

« Confiant en la miséricorde de Jésus-Christ, je remets mon âme entre ses mains, croyant à sa divine parole, qu'il ne reniera pas celui qui l'aura confessé à la face des hommes. »

CHAPITRE VII

Second séjour de Boré à Constantinople. Sa correspondance avec M.
de Bussière. Ses œuvros d'enseignement, de controverse et de prosélytisme. Ses vues sur l'extinction du schisme et la régénération de
l'empire ottoman. Ses rapports avec l'*Univers* et avec le *Monde*. Visite de la maison des Lazaristes par le duc de Montpensier. Boré est
invité à la table du prince. Voyage dans le Liban et dans la Palestine ;
retraite dans l'enceinte du Saint-Sépulcre. La question des *Lieux-
Saints*.

I

M. Boré quitta Rome dans le mois de juillet 1843, se diri-
geant vers Constantinople. Il laissait derrière lui d'excellents
amis, désolés de son départ, mais soumis courageusement aux ordres du ciel. Pour adoucir les amertumes de la
séparation, Boré qui n'ignorait pas les devoirs de l'affection,
prit soin de leur écrire dès son arrivée à *Cività Vecchia* ; il leur
adressa encore deux missives, l'une en vue d'Ischia, l'autre
près de Syra, tant il était impatient de se mettre en communication avec eux.

Le premier instant de la séparation avait eu quelque chose

de poignant pour les hôtes de la villa Taverna. Théodore et son excellente femme Octavie, après l'émotion des derniers adieux, rentrèrent dans leur chambre, le cœur gonflé, les yeux rougis de larmes, et se mirent à réciter pieusement le chapelet, en recommandant le voyageur à la clémence de Marie, étoile de la mer. Le cher absent fit tous les frais de leur causerie, son nom se trouva le dernier sur leurs lèvres, lorsqu'ils se livrèrent au sommeil, et le premier à l'heure du réveil.

De retour à la villa Frascati, M. et Mme de Bussière trouvèrent leurs deux enfants et leurs domestiques tout attristés. Personne ne pouvait se consoler du départ de celui qui était la joie de la maison. « Ces bonnes petites créatures » — il s'agit des enfants — interrogeaient le ciel avec inquiétude pour savoir si le cours des vents était favorable ou contraire au voyageur. Le plus léger souffle d'air, la moindre branche qui s'agitait les mettaient dans les transes. « M. Boré peut-il sentir ceci ? Cela peut-il lui faire du mal ? » Telles étaient, à tous les instants, leurs demandes, par où se manifestaient leurs alarmes et leur affection.

L'abbé Gerbet, étant venu faire visite, ne tarit pas durant toute la soirée, sur le compte de l'absent. Ces trois âmes se faisaient naturellement écho, tant l'affabilité de M. Boré, l'élévation de son caractère, sa parfaite abnégation, son aménité sans pareille lui assuraient d'empire sur les cœurs !

Le lendemain, une surprise agréable vint montrer aux hôtes de la villa Taverna qu'ils n'étaient pas les seuls à s'intéresser au sort de leur ami. Laissons M. de Bussière la racconter lui-même dans une lettre à Eugène Boré. « La porte s'ouvre et entre... devine qui ? toi, toi-même, le plus excellent et le plus cher des amis. C'était, au moins, ton portrait, portrait tellement frappant et rendant si parfaitement ta physionomie que j'en ai fait un mouvement pour t'aller sauter au cou, et que mes yeux se sont remplis de larmes... Le cher portrait a fait la joie de toute la maison. Pauvre petite Marie en était hors d'elle-même ; moitié riant, moitié pleurant, elle lui envoyait des milliers de baisers. » Le portrait fut placé de façon que Théodore n'avait qu'à lever les yeux pour lui lancer un regard d'amitié, comme lorsqu'ils travaillaient ensemble. On aurait dit que, de son côté, le portrait lui envoyait un doux sourire : Théodore s'attendait, à chaque instant, à l'entendre lui adresser la parole.

Ce délicieux portrait devint l'occasion d'une bonne œuvre et d'une conversion. Voici comment. Théodore connaissait un grec schismatique avec lequel il avait souvent causé religion, mais sans succès apparent. Il alla le voir, le portrait de M. Boré à la main. L'étranger qui était assez lié avec l'original, s'extasia et sur l'œuvre elle-même et sur celui qu'elle représentait, et dont il faisait grand cas. Théodore profite de cette entrée en matière, et après s'être recommandé mentalement à l'Esprit-Saint, à la Vierge Immaculée et aux Anges Gardiens, il s'élance à l'assaut de cette âme jusque là rebelle, semblable à un corps franc qui renverse tout sur son passage — c'est lui-même qui s'exprime ainsi. — Il avait préalablement demandé à son interlocuteur la permission de lui adresser une question peut-être indiscrète : « Voyons, lui dit-il, vous ne dissimulez pas votre admiration ni pour mon ami, ni pour son œuvre : elle est pourtant essentiellement catholique, et vous demeurez attaché au schisme ! N'est-ce pas une inconséquence ? » Une fois parti, il parla pendant une heure avec une force et une éloquence qui le surprenaient lui-même. « Eh quoi ! disait-il, combien de fois n'avez-vous pas agi sans hésiter, et offensé Dieu gravement ! et aujourd'hui qu'il parle à votre cœur, qu'il vous presse, qu'il vous sollicite, vous demeurez en suspens ! »

Surpris par cette attaque imprévue, et cessant de résister à la grâce, son interlocuteur finit par s'avouer vaincu, et il se jeta en pleurant dans ses bras. « Merci, mille fois merci, mon cher Bussière ! « s'écria-t-il, » oui, vous avez raison, ma prudence n'est que lâcheté. Appelez l'abbé Gerbet. » Théodore ne se le fit pas dire deux fois, il manda en toute hâte cet ecclésiastique. En un quart d'heure tout fut terminé. Théodore baisa avec respect la main qui avait signé l'acte d'abjuration. Quel chrétien plein de foi ! Quel apôtre ! Certainement une partie de cette conversion dut être attribuée à **M.** Boré qui, sans la prévoir peut-être, l'avait préparée, en se montrant aux yeux d'un frère séparé comme un type achevé des vertus évangéliques.

Théodore, quelque affligé qu'il fût de l'éloignement de son ami, se sentait fort et résigné. Il attribuait ce calme qui le surprenait aux prières du cher Eugène. C'était, sans doute, aussi son exemple qui avait dompté les inégalités de son caractère et l'avait rendu si affable vis-à-vis des étrangers et des importuns. Quelle heureuse influence que celle qui s'exerce ainsi pour le bien ! La femme de Théodore se mettait aussi en frais de correspondance avec celui qu'elle appelait son fils, son enfant, qu'elle aimait vraiment avec la tendresse d'une mère, tendresse tempérée et relevée par une vénération profonde: Elle le remerciait de lui avoir appris à faire l'oraison, et elle admirait les changements opérés dans l'humeur de son mari.

Si l'espace ne nous manquait, nous aimerions à tracer ici le tableau de ce ménage si uni, de cette famille sérieusement chrétienne, où toutes les vertus patriarcales s'alliaient aux qualités aimables qui font l'homme et la femme du monde accom-

plis. Après quatorze ans de vie commune ces deux époux se
rappelaient avec bonheur le jour de leur mariage, et ils ne manquaient jamais d'en célébrer l'anniversaire en prenant part, l'un
près de l'autre, au banquet eucharistique. Théodore n'oubliait
pas que c'était au dévouement et aux pieuses industries d'Octavie qu'il devait l'inappréciable bonheur d'être devenu catholique. Il payait au ciel la dette de sa reconnaissance en s'efforçant
de ramener ses coreligionnaires ou des schismatiques grecs à
l'Eglise universelle. C'était pour lui une joie ineffable d'opérer une conversion. Il n'est pas besoin de rappeler ici la part
qu'il prit à celle du juif Ratisbonne. Son zèle fut plus d'une
fois récompensé par de durables succès.

M. Boré dut être profondément touché en recevant ces
confidences et ces nouvelles. Son émotion s'accrut encore lorsque la suite de la correspondance lui apprit que l'éloignement et la durée ne diminuaient pas les sentiments qu'il avait
inspirés et qu'il partageait de son côté, bien qu'il les exprimât
avec moins d'expansion. « Si ma journée, écrivait M. de Bussière
à la date du 1er septembre, n'était absorbée par le travail, la
prière et la lecture, les promenades avec ma femme et mes
enfants, ce mal affreux qu'on nomme le mal du pays me
jouerait quelque vilain tour. C'est absolument comme si
tu étais parti d'hier, le vide est toujours le même ; l'habitude
de te voir et d'être avec toi est demeurée dans toute sa vigueur.
Quelquefois j'ai le cœur bien gros, mais je m'en réjouis; il est
bon d'avoir une offrande à faire au bon Dieu. »

Tout en répondant de son mieux à une amitié qui devenait féconde en bonnes œuvres, M. Boré ne perdait pas de
vue les intérêts de la religion catholique qu'il était allé défendre en Orient. Son ami Théodore, par son séjour à Rome
et par ses hautes relations dans le monde ecclésiastique et

dans celui des ambassades, lui rendait à ce point de vue, de précieux services, soit en faisant l'office d'intermédiaire toujours écouté, soit en le tenant au courant des dispositions des principaux personnages de sa connaissance. Le futur missionnaire usait sans scrupule du crédit de son ami. C'est ainsi que nous le voyons lui signaler deux prêtres syriens qu'il avait rencontrés dans l'Archipel et qu'il recommandait à l'attention bienveillante de la Propagande.

A peine arrivé à Constantinople, M. Boré s'était mis à la disposition des Lazaristes pour lesquels il éprouvait depuis longtemps une vénération profonde et bien justifiée. Ceux-ci qui avaient pu apprécier ses talents hors ligne pour l'éducation, l'installèrent au collège qu'ils possédaient à Bébek, sur le Bosphore. Il y trouva quarante-quatre enfants à la veille de prendre leurs vacances. Le directeur ayant été rappelé à Paris, Boré fut prié de le suppléer. Son nom seul inspirait une entière sécurité aux parents et un attachement respectueux aux élèves. Il accepta avec d'autant plus d'empressement qu'il se trouvait là comme dans son élément naturel. Son zèle, sa science, son assiduité accrurent bientôt la renommée de cet établissement. Il sut intéresser à sa prospérité non seulement la Porte Ottomane, maisencore le gouvernement français. Il obtint de ce dernier les privilèges attachés à ce que l'on appelait alors le plein exercice, c'est-à-dire que les jeunes gens qui avaient fréquentés les classes de ce collège pouvaient, après examen, conquérir les grades universitaires. C'était, à cette époque où la liberté d'enseignement n'existait pas encore, un inappréciable avantage qui permettait d'ailleurs, aux enfants des raïas, de devenir citoyens français.

M. Boré qui ne négligeait aucun moyen de s'instruire, profita des circonstances particulières où il se trouvait, pour se perfectionner dans la connaissance des langues diverses qui se parlent à Constantinople. Il mettait à contribution les professeurs de turc, de grec et d'arménien, qui faisaient des cours au collège ; puis passant de la théorie à la pratique, il contrôlait les notions qu'il avait acquises en conversant dans leur langue avec les parents qui venaient voir leurs enfants. C'est, en partie, grâce à ces exercices répétés qu'il acquit la connaissance raisonnée de plus de vingt idiômes orientaux, dont la plupart lui étaient devenus familiers. Il put même composer plusieurs écrits de controverse qui furent lus avec profit. Ainsi parurent successivement en langue arménienne l'*Arménien de Van* et le *Missionnaire protestant,* puis la traduction d'une relation que M. de Bussière avait publiée en français de la miraculeuse conversion de Ratisbonne. Pour faciliter cette propagande, M. Boré qui ne reculait devant aucune peine, ni devant aucun sacrifice, avait organisé une imprimerie à bon marché. Chaque semaine paraissait un double fascicule en turc et en arménien, où l'auteur s'attachait à exposer quelques points de doctrine, à réfuter les objections vulgaires, à faire justice des préjugés contre les catholiques. Le public s'arrachait ces brochures, mais il oubliait parfois de les payer. On est gâté en Orient par les distributions gratuites de la société biblique.

La principale préoccupation de M. Boré était, comme ses efforts le démontrent, la conversion des schismatiques grecs et arméniens. Il s'était laissé persuader que cette conversion s'opérerait plus aisément, si l'on permettait leur passage au rite latin. Deux personnages engagés dans le schisme lui faisaient espérer leur retour, mais à cette condition expresse. Une pareille exigence aurait dû lui rendre suspecte la sincérité de leur désir, car l'orsque l'on a reconnu et que l'on aime vraiment la vérité, on sait lui faire quelques sacrifices. Il aurait pu penser aussi que la Propagande avait ses raisons pour maintenir la distinction des rites. En général, les orientaux tiennent beaucoup à leurs rites particuliers, ils y tiennent peut-être plus qu'aux nuances dogmatiques que la presque unanimité, surtout parmi les laïques, est absolument incapable de préciser. Une mesure qui, dans des circonstances exceptionnelles, pouvait faciliter à quelques individualités l'entrée dans la véritable église, était de nature à en éloigner, au contraire, un grand nombre. M. Boré insista auprès de son ami pour que l'affaire fût soumise au Pape. Grégoire XVI s'était plusieurs fois prononcé dans un sens opposé, et l'on connaissait sa fermeté à cet égard. Néanmoins quelques prélats de la cour romaine entrèrent dans ces vues nouvelles. Mais sur ces entrefaites M. Leleu vint à Rome où il fut mis par M. de Bussière au courant des négociations. Ce religieux connaissait l'Orient mieux que son jeune ami, aussi fut-il loin de goûter l'innovation proposée. M. Boré qui ne s'opiniâtrait jamais devant l'expérience d'autrui eut la sagesse de céder, et l'affaire en resta là ; du moins, nous n'en apercevons plus de trace dans la correspondance de M. de Bussière.

Celui-ci ressentait toujours aussi vivement les peines de l'absence. Pour tromper son ennui et peut-être pour se faire illusion à lui-même, il aimait à rêver un grand voyage à Constantinople avec sa femme et ses enfants, pour aller retrouver le « cher ami ». L'abbé Gerbet devait être de la partie. On avait déjà arrêté le plan, fixé le jour du départ. On était allé jusqu'à désigner d'avance les livres scolaires que devait emporter la jeunesse pour ne pas interrompre le cours de ses études. Il était même sérieusement question de pousser jusqu'à Jérusalem. Quel bonheur de visiter en compagnie la terre foulée par les pieds du Sauveur ! quelle joie d'échanger ensemble, sur les lieux sanctifiés par la présence du Fils de Dieu, ses impressions et ses sentiments ! Toutefois ces beaux projets étaient subordonnés aux intérêts généraux de la sainte Eglise. S'il valait mieux pour l'œuvre de propagande à laquelle M. Boré se consacrait de plus en plus, qu'il demeurât isolé et sans attache avec des amis si chers, l'hôte de la Villa Taverna était prêt à faire ce sacrifice. M. Boré, de Constantinople, souriait à ce dessein où son cœur eut trouvé une douce satisfaction, mais il se soumettait sans réserve aux décrets de la Providence. Les choses tournèrent autrement qu'on ne l'espérait des deux côtés. Des affaires impérieuses, des intérêts domestiques, des considérations sociales de premier ordre retinrent M. de Bussière en Italie jusqu'au moment où il dut aller en Suisse, et finalement retourner en Alsace, sa terre natale. Nous ne saurions, quant à nous, regretter cet éloignement forcé, car nous lui devons la continuation d'une correspondance pleine de détails aussi touchants qu'édifiants et sur laquelle nous aurons occasion de revenir plus d'une fois.

En attendant, M. Boré, à Constantinople, multipliait ses efforts pour tâcher de pénétrer dans cette société si fermée. Ses moyens d'action se réduisaient à deux principaux, l'enseignement et la charité. On connait l'importance qu'il attribuait au premier. Peut-être avait-il une trop grande confiance dans la force de la vérité simplement connue. Jugeant des autres par lui-même, il était porté à croire qu'il suffisait d'éclairer l'intelligence pour toucher le cœur, et de montrer le chemin à suivre pour que tout le monde y entrât. C'était, du moins, une noble illusion. Sans doute, les préjugés causés par l'erreur et par l'ignorance constituent un obstacle sérieux au

bien. En répandant à flots la lumière, Boré préparait la voie
à la conversion des hommes de bonne volonté. Il comprenait
aussi fort bien jusqu'à quel point peut s'exercer l'action du
Pouvoir dans un sens comme dans un autre. Voilà pourquoi
il s'efforçait avec raison de se rendre la Porte favorable, en
cherchant toutes les occasions de la convaincre que les catholiques ne minaient pas son autorité, qu'au contraire ils étaient
ses plus fidèles sujets, qu'ils ne demandaient que la tolérance et la liberté. N'était-il pas de son intérêt de favoriser ceux
qui acceptaient volontiers son empire ? Ne devait-elle pas, au
contraire, se défier des menées des schismatiques qui aspiraient visiblement à l'indépendance sous le protectorat de la
Russie ?

Après avoir ainsi dissipé les préventions du divan, M. Boré
se tournait du côté du gouvernement français ; il lui montrait
que son honneur et son devoir lui commandaient d'exercer
avec fermeté le patronage des Latins qui lui appartenait
séculairement en Orient, et de ne pas abandonner par incurie
ou par faiblesse cette clientèle catholique dont un libre pen-
seur fameux (1), investi plus tard par la Révolution d'une
grande autorité dans notre pays, devait proclamer publiquement l'importance.

Ces conseils dictés par un patriotisme éclairé non moins
que par le zèle religieux, commençaient à être écoutés. Les
entretiens que M. Boré avait eu, à Paris, avec le ministre
des affaires étrangères, portaient leur fruit. Si M. Guizot, re-
tenu par sa circonspection naturelle et effrayé par les clabau-
deries d'une presse incrédule, n'osait pas protéger trop ouvertement les missions catholiques, il les soutenait en secret.

(1) Gambetta.

Il avait porté de 6000 à 18000 francs le chiffre de la subven-
tion annuelle que son ministère servait à M. Boré. Ces
ressources jointes aux revenus personnels de ce dernier et aux
allocations de la Propagation de la Foi, permirent de soutenir
les anciennes écoles et d'en fonder de nouvelles. En même
temps il entretenait des relations avec celles des personnes
influentes, parmi les schismatiques, qu'il jugeait disposées à
rentrer dans le sein de l'unité. Sans leur offrir un marché
honteux, il mettait à leur disposition des pensions pour subvenir à leurs plus pressants besoins et atténuer le sacrifice
qu'elles seraient obligées de faire en renonçant à des positions
lucratives. Cette politique, à la fois droite et habile, méritait
d'être bénie de Dieu.

Nous avons dit plus haut qu'à côté de l'enseignement,
M. Boré faisait une part notable à la bienfaisance. Il trouvait
chez les Filles de la Charité fixées depuis quelque temps à
Constantinople des auxiliaires utiles de son prosélytisme.
En pénétrant dans les familles schismatiques, ou même
musulmanes, pour soigner les malades et soulager les pauvres, elles faisaient tomber par leur seule présence, non moins
que par les services qu'elles rendaient, les préventions contre
la religion de Jésus-Christ. L'exercice de la charité achemi-
nait ainsi doucement les âmes vers la conversion. Ces dignes
filles de saint Vincent-de-Paul s'édifiaient, de leur côté, des
marques de zèle et des inventions ingénieuses de ce fervent
laïque, elles l'associaient à leurs bonnes œuvres. Elles lui
demandèrent, entre autres services, de leur faire obtenir de
ses amis de Rome, le linge et la charpie qui manquaient dans
les hôpitaux et dans les dispensaires de Constantinople. Boré
s'empressait de transmettre ces humbles requêtes à son principal correspondant. L'excellent baron de Bussière se met-

tait alors en campagne, il frappait à toutes les portes, il s'adressait à ces grandes familles romaines où la bienfaisance et la piété sont héréditaires, aux Borghèse, aux Aldobrandini, à d'autres non moins illustres. Quand la collecte était terminée on en remettait le résultat aux mains d'un commissionnaire fidèle qui faisait la navette entre la capitale du monde chrétien et la ville des sultans. Les nouvelles de ce charitable commerce alimentaient la correspondance des deux amis. « As-tu reçu, bien-aimé Eugène », demandait Théodore, « l'envoi dû à la munificence de nos amis communs? — « Ce que tu m'as expédié », repondait Eugène, « m'est arrivé à point, les sœurs et les pauvres vous en remercient ». Ainsi les apôtres et leurs disciples, aux premiers jours du christianisme, recueillaient des offrandes pour subvenir aux besoins des fidèles nécessiteux dispersés dans toutes les parties du monde romain.

De leur côté, les Sœurs, enchantées de cet aimable et avantageux trafic ne marchandaient pas à M. Boré les témoignages de leur gratitude. Un jour elles lui firent cadeau d'une belle image qu'elles avaient composée avec soin; il ne dédaigna pas d'en envoyer la description à son bon ami Théodore.

Cet apostolat discret fut, plus d'une fois, couronné de succès. Le 15 octobre de l'année 1843, Boré eut la joie de présenter au baptême un jeune juif âgé de dix-sept ans. Ce fut plus tard le tour d'un Turc qui s'était incliné devant la supériorité de la morale de l'Evangile sur les maximes abrutissantes du Koran. La démarche de ce dernier était héroïque, car on sait qu'en pays mulmusan tout sectateur de l'Islam qui abandonne sa religion encourt la peine capitale. Pour le soustraire au danger, M. Boré trouva le moyen de le faire passer en Algérie. Il eut recours au même expédient en faveur de deux coptes nés chrétiens, mais poussés à l'apostasie par les circonstances. Leur religion les dispensait du service militaire ; mais l'arbitraire de quelque scheik ou le caprice d'un agent du gouvernement les avait enrôlés de force. Depuis qu'ils étaient sous les drapeaux, on avait eu recours aux pires traitements pour leur faire embrasser le Mahométisme. Ils avaient courageusement résisté, mais ils étaient tombés dans une profonde ignorance. Ils désertèrent et vinrent demander un asile à M. Boré. Celui-ci se hâta de les instruire et les fit quitter, en secret, l'empire ottoman.

Les conversions se multipliaient : « Ici, écrivait Boré à son vieil ami Taconet, l'action des Frères et des Sœurs combinée avec celle des missionnaires opère toujours des merveilles. Mardi dernier, dans la communauté des sœurs, trois négresses musulmanes, instruites et bien préparées par elles, ont été baptisées. Demain dimanche, sept Arméniens hérétiques entreront dans le sein de la véritable Eglise. Je suis placé au centre de toutes ces bonnes œuvres, et le succès qui les couronne m'encourage. »

II

L'attention de M. Boré ne se portait pas uniquement sur les personnes et les choses qui l'entouraient : il l'étendait encore aux grands courants de l'opinion, et son regard suivait de près les mouvements de décomposition et de recomposition qui agitaient alors les églises orientales. Il fut l'un des premiers à remarquer que le réveil de l'esprit national chez les diverses populations, slaves ou autres, soumises à la domination ottomane amenait le relâchement, en attendant la rupture complète, des liens qui les unissaient dans une même société religieuse, et qu'il se préparait des schismes dans le schisme. A mesure que les Bulgares et les Roumains, par exemple, se sentant soutenus par l'occident chrétien, tendaient à s'émanciper du joug politique du sultan, ils devaient naturellement chercher à échapper à la tutelle ecclésiastique du patriarche grec de Constantinople. M. Boré apercevait avec raison dans ce commencement de dislocation le germe d'un rapprochement avec Rome, et il crut devoir signaler à la Propagande ces symptômes, quelques faibles qu'ils fussent, d'une renaissance encore lointaine. Le préfet de cette congrégation, le cardinal Fransoni, accueillit avec intérêt ces communications, et suivant les indications de M. Boré, il prit à cœur de placer sur les divers point centraux des contrées travaillées par ce mouvement de rénovation, des hommes surs, investis de la mission de le favoriser et de le diriger dans un sens catholique, principalement au moyen de l'instruction. Le cardinal modifia seulement sur une question de détail le plan suggéré par son correspondant. Comme il se défiait, non sans motif, des personnes qui se disaient prêtes à vendre leurs services dans le pays même qu'elles habitaient, et qui n'étaient souvent que des intrigants ou des espions, il préférait choisir des auxiliaires chez les habitants de la Gallicie, terre slave mais où régnait le catholicisme, et qui n'avaient pas, par conséquent, à marchander une conversion.

Le cardinal Fransoni appréciait, du reste, grandement les talents et le dévouement de M. Boré, et il saississait avec joie les occassions de lui être agréable. C'est ainsi qu'il accueillit favorablement la demande d'admettre au collège de la Propagande un jeune homme converti, ce qui était contraire aux usages en vigueur dans cette célèbre institution.

Sa correspondance avec M. de Bussière continuait toujours. Celui-ci lui envoyait de Rome, à la date du 20 janvier, jour anniversaire de la conversion de Ratisbonne, le récit des fêtes religieuses par lesquelles on avait célébré, à l'église Saint Andrea delle fratte le célèbre miracle. « J'ai communié, lui écrivait-il, à ton intention à la place même où le juif obstiné a été terrassé comme saint Paul sur le chemin de Damas... » et il ajoutait ces lignes où perce une tendre et forte amitié : « Tu m'as été si parfaitement présent que, me relevant après la communion, j'étais presque étonné de ne pas te voir à mes côtés; mais, en fait, c'est tout comme quand on s'aime et qu'on se réunit dans les saints cœurs de Jésus et de Marie. »

A mesure que M. Boré se mêlait aux affaires d'Orient, il éprouvait le besoin de les faire connaître à ses amis de France, et de pénétrer, grâce à eux, dans le public catholique, afin d'agir sur l'opinion. Il choisit pour intermédiaire le journal l'*Univers* appartenant à son intime ami Taconet, et dont il admirait le dévouement à l'Eglise (1). Naturellement ses correspondances n'étaient pas signées. Néanmoins la sûreté de ces observations qui dénotaient un témoin placé sur les lieux, en fit soupçonner l'auteur. Au ministère des Affaires étrangères qui le subventionnait, on se montra, d'abord, assez mécontent, car M. Boré ne se gênait pas pour critiquer la politique méticuleuse suivie à Constantinople, et il fut un instant question de supprimer l'allocation dont il jouissait. Mais M. Guizot,

____

(1) Plus tard, quand l'*Univers* eut momentanément disparu, frappé par la police impériale, M. Boré noua les mêmes rapports amicaux avec le *Monde* qui remplaçait l'*Univers*. Ce fut ainsi que l'auteur de ce volume, alors rédacteur du *Monde*, fut amené à entretenir des relations avec son éminent collaborateur.

un instant ébranlé peut-être, finit par envoyer les fonds après quelques retards. M. Boré crut devoir remercier le ministre de sa bienveillance persistante.

L'attitude du gouvernement à l'égard des catholiques de l'intérieur n'était malheureusement pas aussi satisfaisante. Importuné par les remontrances hargneuses de la coterie universitaire, harcelé par l'opposition dite libérale qui ne cessait de déblatérer contre le parti prêtre et de montrer partout la main des Jésuites, il s'obstinait, nous l'avons vu, à refuser la liberté d'enseignement inscrite dans la Charte. Les citoyens vigilants qui dénonçaient cette faiblesse doublée d'une déloyauté, devenaient l'objet des rigueurs du pouvoir. M. Boré apprit avec peine les poursuites intentées de ce chef au journal l'*Univers*, qui avait inséré une énergique protestation de l'abbé Combalot. Louis Veuillot, rédacteur en chef de l'*Univers*, l'abbé lui-même, furent condamnés, chacun à un mois de prison, et la feuille courageuse dut payer une assez forte amende. Boré, quand il fut informé de l'issue du procès, s'empressa d'écrire à son ami Taconet une lettre où il lui exprimait ses doléances et ses sympathies pour lui et pour ses collaborateurs. Il ajoutait des réflexions fort sages à l'adresse du gouvernement et des Chambres, mais dont ni gouvernement, ni Chambre ne surent profiter.

« Le vote, disait-il, qui exclut les congrégations religieuses de l'enseignement, m'a profondément attristé aussi. Néanmoins ne perdons pas l'espoir. Dieu a ses desseins de miséricorde sur la France, et les hommes qui exploitent à leur profit de misérables passions, reste de la fausse philosophie du dernier siècle, seront dépassés par une génération plus généreuse. On comprendra peut-être aussi que nous sommes les vrais amis du pouvoir, en défendant les principes et les hommes qui pourraient doter le pays des bienfaits d'une éducation vraiment religieuse. Comment ne pas comprendre que tout ce qui affaiblit la foi et la morale se tourne en définitive contre la société et ceux qui la régissent ! » Il invoquait ensuite la liberté, mais la vraie liberté des enfants de Dieu affranchis d'abord de la servitude de leurs passions et en affranchissant les autres. » Ce n'est pas ainsi que les ennemis de l'Eglise entendaient la liberté. Boré terminait en louant avec effusion les nobles accents de Montalembert.

A Constantinople le gouvernement turc affichait une tolérance qui contrastait singulièrement avec les tracasseries que le pouvoir suscitait en France aux catholiques. La procession de la Fête-Dieu s'était faite publiquement et avec une grande solennité devant la foule des infidèles, des hérétiques et des schismatiques, ébahis mais respectueux. On y avait vu figurer les enfants des écoles, au nombre de 300 garçons et de 300 filles, tous vêtus en blouses bleues, pantalons blancs ou robes blanches, et qui par leur recueillement édifièrent les musulmans eux-mêmes. Des reposoirs parés avec goût reçurent successivement le Saint-Sacrement. Quatre notables avaient été désignés pour tenir les cordons du dais. Boré, l'un d'entre eux, avait pour la première fois, orné sa boutonnière de toutes ses croix, afin de rendre un plus complet hommage au Dieu qui s'avançait triomphalement dans cette splendide cérémonie.

La liberté ainsi accordée aux manifestations extérieures du culte n'était malheureusement pas accompagnée de la liberté de l'apostolat. Boré fut obligé de s'entourer de mystère pour recevoir l'abjuration d'un jeune Musulman qu'il avait tenu caché durant cinq mois et demi dans la solitude de Saint-Vincent d'Asie. Très versé dans la connaissance de sa religion d'origine, de ses historiens et de ses poètes, il avait fini par en comprendre l'absurdité et par ouvrir les yeux à la vérité du christianisme. Ceux-là seuls qui connaissaient l'Orient et tous les préjugés dont l'Islam aveugle l'intelligence de ses sectateurs pouvaient apprécier les difficultés de cette conversion. Boré fondait de grandes espérances sur la conquête de ce prosélyte destiné, dans l'avenir, à en évangéliser d'autres. Bientôt à ce musulman succéda un juif hongrois qui voulut se faire catholique avec sa femme et ses enfants.

Quelque temps après, en septembre 1845, un fait assez important vint montrer à M. Boré que ses efforts pour faire adopter à Paris la politique qu'il préconisait en Orient, n'avaient pas été infructueux. Le duc de Montpensier, prince de la famille royale de France, de passage à Constantinople, demanda à voir les établissements religieux. Touché de cette démarche, M. Boré voulut, « en qualité d'asiatique », donner au prince un témoignage de sympathie nationale, et il envoya à Madame l'ambassadrice les deux plus beaux agneaux du troupeau de la ferme de Saint-Vincent. Les lazaristes y avaient ajouté, sous sous nom, un veau gras, offrande vraiment biblique et d'autant plus précieuse que dans ce pays on n'y mange jamais ces animaux. Deux petits cochons de lait, chose presque introuvable en terre musulmane, complétaient ce cadeau culinaire qui fut parfaitement accueilli et apprécié.

Quand le prince se présenta à la porte du couvent, ce fut M. Boré qui eut l'honneur de le recevoir. Après l'avoir remercié de ses aimables envois, le duc s'informa avec un intérêt marqué des œuvres qui rehaussaient le nom de la France en Orient. M. Boré lui donna tous les éclaircissements désirés. Par son langage et son attitude le prince paraissait comprendre et approuver la conduite ainsi que les idées de son interlocuteur ; il le traita, d'ailleurs personnellement avec des égards tout particuliers. Invité avec le prince à la table de l'ambassadeur, Boré profita de cette occasion pour « prosélytiser » ces grands personnages, sans avoir l'air d'y prendre garde.

Le doyen du commerce assistait au banquet. M. Boré avait eu l'habileté de lui suggérer les idées principales du discours que cet honorable négociant prononça. Les notables de la *nation* (1), subjugués par son ascendant, partageaient, pour la plupart, ses vues. Grâce à ces précautions, la note catholique fut entendue dans cette cérémonie. M. Boré s'attachait toujours à montrer l'étroite alliance de la foi et du patriotisme.

En racontant cette visite mémorable à l'un de ses amis, M. Boré qui se déridait aisément, n'eut pas de peine à prendre l'accent comique. Il se dépeint revêtu d'un habit et d'un pantalon noirs, vieux de deux ans : « Je les brosse de mon mieux, écrivait-il, et je ne sais comment je parais encore mis à la dernière mode ». Car il lui fallait bien une tenue d'étiquette, lorsque les convenances lui commandaient d'aller présenter ses devoirs à Madame l'ambassadrice, qui l'avait pris pour intermédiaire dans ses œuvres de charité et dont il se constituait le chevalier dans ses visites aux couvents et aux hôpitaux. C'est vers ce temps là qu'il conçut l'idée d'une conférence de Saint Vincent-de-Paul, destinée à rapprocher

(1) On sait qu'on appelle de ce nom l'ensemble des résidents de chaque nationalité dans les villes importantes de l'Orient. Ces résidents font corps, et ils élisent un député qui porte la parole en leur nom dans les cérémonies officielles.

tous ceux qui aimant Dieu et les pauvres, voulaient concerter leurs efforts et faire une œuvre de propagande par les paroles et par l'exemple : il eut le bonheur de la fonder quelque temps plus tard ; sous sa sage impulsion, elle produisit des fruits abondants.

En attendant il pourvoyait aux besoins d'un certain nombre de néophytes qu'il avait recueillis dans sa maison de retraite de Saint Vincent d'Asie. Chef d'une famille de dix huit à vingt personnes, M. Boré suivait et faisait suivre la règle des missionnaires pour le lever, les repas, le travail, les exercices. Ce n'était pas une mince besogne : heureusement qu'il rencontra précisément à cette date, un précieux auxiliaire dans la personne d'un chanoine italien, archidiacre de Rome, docte théologien et bon directeur, que M. de Bussière avait mis en rapport avec lui. Mais l'abbé Leleu était toujours son plus intime conseiller. Ce dernier venait d'installer à Smyrne un nouveau collège et il se disposait à visiter l'Egypte, plein de santé, en apparence du moins, et formant de nouveaux projets d'ayenir. Le maître et le disciple ne prévoyaient pas en ce moment le coup douloureux qui devait les séparer pour toujours.

L'année suivante (1846) fut marquée par un voyage que M. Leleu et son *diacre* ou *coadjuteur*, — comme M. Boré s'appelait lui-même en plaisantant — firent ensemble dans l'Asie mineure. A leur retour, le premier mourut presque subitement, le second pleura sincèrement cet ami dévoué dans lequel il avait vu un modèle, un soutien et un guide. Cet évènement devait pourtant l'affranchir d'une tutelle qui l'empêchait de contracter des liens plus étroits avec la pieuse société des Lazarites. Il s'y sentait depuis longtemps attiré, comme le témoignent les lignes suivantes qu'il écrivait à la fin d'une retraite par laquelle il termina l'année. « Glorieux saint de la Charité, Vincent, père de la maison qui m'a donné asile et sauvé du monde, obtenez-moi les lumières nécessaires pour connaître clairement ce à quoi je suis appelé, et sous quelle direction je dois marcher dans la carrière apostolique où le ciel, par une faveur dont je suis tout à fait indigne, semble m'avoir attiré ».

On aurait dit que la Providence précipitait les évènements pour achever de rompre les liens qui l'attachaient encore au monde. Quelques jours après la mort de M. Leleu, il apprenait que sa sœur bien aimée, qui lui portait en retour une vive tendresse, et avait, dans ses premières années, exercé l'influence la plus heureuse sur sa formation spirituelle, venait de quitter la terre. M. Boré fut profondément attristé, mais il avait appris à se soumettre sans réserve à la volonté divine, et il s'inclina avec amour sous la main qui le frappait.

III

La conduite sage et prudente de M. Boré, sa haute intelligence, sa profonde connaissance des choses de l'Orient, sa parfaite intégrité, son dévouement éprouvé enfin aux vrais intérêts de la France le désignaient de plus en plus à l'attention du gouvernement français. Aussi on fut heureux, au ministère, de l'investir d'une mission qui embrassait l'Asie mineure, toutes les îles de l'Archipel et la Syrie. Les difficultés ni les épreuves ne lui manquèrent dans ce long voyage. L'argent promis n'arrivait pas, des influences hostiles paralysaient son bon vouloir. Au milieu de ces contrariétés qui eussent lassé la patience de bien des hommes, M. Boré conservait une sérénité imperturbable. Il voyait dans tous les évènements le doigt de Dieu.

Après avoir présidé aux examens des écoles qui attiraient toujours son attention, Boré partit le 19 août 1847 pour Smyrne. Il accompagnait dans cette ville M. Doumercq, le nouveau préfet de la Mission. Il visita successivement Santorin, Syra, plusieurs autres îles voisines, s'efforçant partout de relever le courage des catholiques pauvres et humiliés. Le 8 octobre, il était à Athènes, favorisé par ce beau ciel limpide qui jette une lumière si franche sur les objets, laissant errer un regard distrait sur ces monuments qui ont fait l'admiration des siècles, et entreprenant la fondation d'une sorte de pensionnat où les jeunes gens auraient pu recevoir une éducation soignée et apprendre leur vieille langue nationale. Il s'agissait de relever la Grèce moderne au point de vue intellectuel et social, selon la méthode préconisée et mise en pratique par Boré lui-même.

A Beyrouth M. Boré reçut une hospitalité qu'il qualifia de fraternelle, chez le consul de France, M. Bourée, diplomate déjà distingué, connaissant bien l'Orient, et qui devint plus tard ambassadeur à Constantinople. Sa femme, excellente chrétienne, prenait un vif intérêt à l'école naissante des sœurs de la Charité qui était peuplée de l'élite des jeunes filles du pays, maronites, syriennes, grecques et franques. Le 26 octobre, l'infatigable voyageur se mit en route pour le Liban dont on se préoccupait alors beaucoup en Europe. Il visita d'abord les cantons mixtes habités à la fois par les Maronites et par les Druses, puis la région exclusivement chrétienne. Il était accompagné par le supérieur de la mission lazariste en Egypte.

Tout deux se convainquirent que des intérêts peu avouables avaient dénaturé les faits. Grâce à des rapports exagérés, ou même mensongers , on était parvenu à tromper l'Europe et à l'émouvoir au moyen d'une sorte d'émeute de presse qui n'était guère moins criminelle que celle des rues. Après avoirconféré avec le patriarche, M. Boré se crut assez bien renseigné pour adresser au gouvernement français un mémoire où il rectifiait beaucoup d'assertions erronées. Il envoya aussi des correspondances dans ce sens au journal l'*Univers* afin d'agir efficacement sur l'opinion publique.

Un des vœux les plus chers de M. Boré allait enfin être exaucé. il était à la veille d'accomplir le pélérinage de la Palestine après lequel il soupirait depuis tant d'années, et que des circonstances diverses l'avaient forcé d'ajourner. Le 24 décembre au soir il arrivait à Bétlhéem aprés avoir chevauché sans interruption à travers toute la Samarie. Quelle joie de célébrer la fête de Noël à l'endroit même où était né le Sauveur !

Les Pères de Terre Sainte eurent la délicate attention de lui donner une cellule dans l'intérieur du couvent. Il put, de la sorte largement satisfaire sa dévotion, en se prosternant tour à tour aux divers lieux où « le Christ naquit de la Vierge », où retentit la parole des Anges, où l'Enfant-Dieu reçut les adorations des Mages, où les petits Innocents martyrisés pour lui furent inhumés, où enfin il s'arrêta avec sa mère au moment de partir en exil pour la terre d'Egypte.

Arrivé à Jérusalem au commencement du mois de février de l'année suivante, Boré s'enferma pendant huit jours dans le couvent du Saint-Sépulcre, où il put méditer à son aise sur les mystères douloureux qui s'étaient accomplis dans l'enceinte étroite du temple, dix-huit cents ans auparavant. Il recueillit de cette retraite sacrée où tout parlait à ses yeux et à son cœur, un accroissement de ferveur et de zèle.

C'est à Jérusalem, dans le sanctuaire le plus auguste du monde, que vint le surprendre la nouvelle de la Révolution de février.

L'éloignement ne lui permettait pas de juger cet événement dans ses mobiles, ni de prévoir ses résultats. Mais son ferme bon sens lui faisait déplorer l'aveuglement du nouveau pouvoir qui s'attachait à flatter les passions de la multitude, au lieu de la guider dans le chemin de la vraie liberté, et qui ne prenait nul souci de satisfaire les justes revendications des catholiques. Il constatait toutefois avec joie que le peuple, même dans l'enivrement de son triomphe, avait montré du respect pour la religion ainsi que pour ses ministres.

M. Boré, en attendant les événements, sut mettre à profit le temps qu'il passa dans la Palestine pour étudier à fond cette question des lieux saints qui commençait à agiter l'Europe et qui devait amener, au bout de quelques années, la guerre de Crimée. A ce point de vue le mémoire qu'il adressa au gouvernement français et qu'il livra ensuite au public, après l'avoir remanié, est un document historique de la plus haute importance (1). Pour le rédiger son auteur ne s'était pas borné à visiter les lieux et à faire une enquête des plus sérieuses. Sa rare érudition lui avait permis de recueillir tous les faits curieux et de consulter une foule de pièces officielles qui toutes établissaient les droits des Latins sur les sanctuaires contestés.

____

(1) Ce mémoire fit impression sur le ministère ; les conséquences s'en déroulèrent plus tard. Peu de temps après son envoi, M. Boré adressa sur le même sujet une pétition à l'Assemblée nationale ; mais on y fit peu d'attention, bien qu'elle eût été présentée par Montalembert. Voir à l'Appendice une analyse du *Mémoire sur les lieux saints*.

Cette question toujours pendante à cause de la rivalité perpétuelle des Grecs et des Latins, venait d'être ravivée par le vol frauduleux de la fameuse étoile d'argent placée au lieu où la tradition voulait que les mages se fussent arrêtés pour adorer le Fils de Marie. Le pacha, puisqu'on était hélas ! en terre musulmane, devait trancher la question. Toutes les fois que M. Boré se rendait chez lui pour traiter de cette affaire, il descendait la *voie douloureuse*. A chaque pas surgissaient des souvenirs des actes de cette vertu divine qui, par l'excès de la souffrance, avait racheté le monde. Ces pensées réconfortaient le pélerin et le soutenaient dans l'accomplissement de l'ingrate mission qu'il avait assumée. Il eut la consolation de voir par la suite que ses pas, ni ses démarches n'avaient été perdus.

CHAPITRE VIII

Retour à Constantinople. Tentative de Pie IX pour mettre fin au schisme
grec. M. Boré, à la mort de M. Leleu, se décide à entrer dans la congrégation de la Mission. Son élévation aux saints ordres. Retour à
Paris ; séminaire interne. M. Boré prononce ses vœux, retourne à
Constantinople et est nommé visiteur. Son rapport au supérieur général, M. Etienne.

I

Rentré à Constantinople, M. Boré reçut un très gracieux
accueil du nouvel ambassadeur, le général Aupik ; mais ce
diplomate ne pouvait tenter aucune démarche énergique sans
des instructions formelles de Paris. En attendant que la lumière se fît dans les régions du pouvoir, le futur lazariste pu-
blia plusieurs brochures de controverse dans le genre historique. Il donna la dernière main aux biographies de Photius
et de Michel Cérullaire, qu'il avait composées en langue

grecque pour édifier nos frères séparés sur les origines honteuses du schisme : il traduisit aussi dans le même idiome la célèbre lettre de M. de Maistre à une princesse russe.

Vers le même temps Pie IX à qui toutes les pensées généreuses étaient familières, jugea le moment opportun pour tenter de détruire les schismes orientaux en ouvrant toutes grandes à leurs sectateurs abusés les portes de Rome. Non content de leur adresser une encyclique demeurée célèbre, il envoya le cardinal Ferrieri à Constantinople. Le sultan Abdul-Medjid comprenait l'avantage que l'empire retirerait de cette réconciliation de l'Orient et de l'Occident. Rome, en effet, ne lui inspirait aucune appréhension. Il avait, au contraire, de justes motifs de se défier de la Russie. Un avenir prochain devait lui montrer combien ses alarmes étaient fondées. Or, l'extinction du schisme détruisait toute influence moscovite en Orient.

Les Arméniens firent, d'abord, le meilleur accueil à l'Encyclique pontificale : des pourparlers avaient lieu à San Stephano, dans la maison même où devait être signé le 3 mars 1878 le traité de ce nom. M. Boré et son vieil et docte ami Tchamourdjan unirent leurs efforts pour arriver à une conclusion favorable ; mais des intrigues firent tout échouer. Comme il arrive souvent, des considérations personnelles prévalurent sur les intérêts généraux et sur l'amour du bien. C'est à grand peine que le patriarche schismatique circonvenu consentit à rendre par pure courtoisie la visite que le légat lui avait faite ; le cardinal Ferrieri fut réduit à quitter Constantinople sans avoir rien obtenu.

Contraint d'ajourner ses grands desseins, Boré se contenta d'en préparer de loin l'exécution en redoublant de zèle pour combattre l'ignorance. Sur les instances de la colonie européenne de Péra, il fonda dans ce quartier de Constantinople un pensionnat catholique qui, sous sa direction, obtint bientôt les plus brillants succès. Pendant ce temps il se livrait, en son particulier, avec ardeur à l'étude de la théologie, dont la connaissance devait lui devenir prochainement tout à fait nécessaire.

C'est à cette époque, en effet, que M. Boré se décida à faire la démarche qu'il méditait depuis si longtemps, et à entrer dans la compagnie de la Mission. Sa vie si austère et si édifiante le désignait pour la profession religieuse ; mais plusieurs de ses amis avaient pensé qu'il pourrait, en restant dans le monde, rendre à l'Eglise de plus grands services. Telle avait été provisoirement la décision du Souverain pontife Grégoire XVI, qui suivait de Rome avec une bienveillance toute paternelle, les travaux apostoliques de « son *cher* Boré » Tel avait été aussi l'avis du respectable M. Leleu. Cependant d'autres personnes, même parmi les laïques, le jugèrent appelé au ministère sacerdotal. A l'ambassade où l'on appréciait ses talents, en admirant ses vertus, on avait eu l'idée de le proposer pour un siège épiscopal ou un vicariat apostolique. La question fut traitée au ministère des Affaires étrangères et portée jusqu'à Rome. Le digne supérieur général des Lazaristes, M. Etienne, fut tenu au courant des négociations et y donna volontiers la main. Ces projets n'aboutirent pas, la Providence ayant d'autres vues sur cet humble disciple de saint Vincent de Paul, qui ne se douta jamais de ce qui se tramait autour de lui. En attendant, pour se tenir prêt à tout, il avait étudié la théologie pendant dix-huit mois, sous la direction de M. Gamba, son confesseur, qui remplissait les fonctions d'assistant à la maison des Lazaristes de Constantinople.

Un jour vint où M. Boré s'ouvrit de son dessein à un prêtre de la Mission, qui nous a transmis des détails où se révélent d'une façon charmante la candeur et la simplicité du postulant « Savez-vous, monsieur, lui dit-il, que je vous en veux un peu ? »

— « Vous, monsieur Boré, et pourquoi, s'il-vous-plaît. » Parceque depuis si longtemps que je suis avec vous, vous ne m'avez jamais invité à entrer dans votre congrégation. » — Monsieur, que me dites-vous là ? Est-ce que vous n'avez pas lu la vie de saint Vincent ? » — « Oh si ! plusieurs fois. » — « Et vous n'y avez pas remarqué que saint Vincent défend absolument d'attirer à nous les vocations, les fondations ou les œuvres, qu'il nous ordonne d'attendre tout de la divine Providence ? » — « Sans doute, mais je pensais que cela ne s'appliquait pas à moi, parce que je me regardais comme de la maison . » — « Vous y étiez accueilli comme ami ; mais pour être membre de la Congrégation il faut plus que cela. » — « Que dois-je donc faire ? » — « Il faut écrire à monsieur Etienne » — « Et vous croyez qu'il me recevra ? » — « J'en suis sûr. »

M. Boré fit sans délai la démarche indiquée. La réponse ne tarda pas. Elle était naturellement favorable. On n'avait guère besoin d'éprouver un tel candidat. Néanmoins il voulut faire une retraite de huit jours, du 12 au 20 janvier 1849, avant d'entrer dans la Compagnie. Pénétré d'une humilité profonde, se regardant comme, un pauvre séminariste novice, débutant dans une carrière dont il commençait à peine à entrevoir la sublimité, » il s'astreignit à prendre de nouveau part à la retraite annuelle des missionnaires à Bébek du 20 au 28 août. Le 20 février de l'année suivante (1850), il revêtit la soutane et le surplis dans l'Eglise conssacrée au Saint Esprit et il reçut » la tonsure des mains de Mgr. Hillereau.

Le 23 février, samedi des quatre-temps, les quatre ordres mineurs lui furent conférés, le 16 mars il devenait sous-diacre, le 30, samedi saint, il était promu au diaconat. Enfin le dimanche de la Quasimodo, 7 avril, il reçut l'imposition des mains du même prélat et fut élevé à la dignité de prêtre de Jésus-Christ selon l'ordre de Melchisédech.

Le supérieur général, M. Étienne, lui témoigna, du reste la plus grande cordialité, il lui avait écrit dès le 16 mars : J'ai appris avec une grande consolation que vous avez fait le premier pas dans la carrière ecclésiastique. Je désire vivement vous voir dégagé de tout engagement et de toute sollicitude, et uniquement occupé, au milieu de nous, à étudier les desseins de Dieu sur vous... Nous aurons beaucoup à parler ensemble sur l'Orient. L'époque où nous vivons va ouvrir une voie nouvelle et beaucoup plus large à l'action religieuse et catholique au sein des populations orientales. » En écrivant ces lignes M. Étienne semblait avoir l'intuition du beau et noble rôle que la Providence destinait au nouveau prêtre dans un avenir prochain.

Peu après son ordination, Eugène Boré quitta Constantinople et se rendit à Paris, où il commença à suivre dans la maison mère des Lazaristes les exercices de ce que l'on nomme le séminaire interne. Bien que déjà célèbre, il se fit tout petit et tout humble et s'efforça de ressembler au dernier des postulants. Son exactitude à se conformer à la règle dans les plus minces détails était admirable, non moins que sa docilité à l'égard de son directeur. Par déférence pour celui-ci, il écrivit alors un opuscule sur la *Vertu d'espérance et de confiance en Dieu.*

Le 29 janvier 1851, fête de Saint François de Sales, l'ami de Saint Vincent, M. Boré se lia par des vœux solennels à la

« Petite Compagnie », qu'il devait édifier jusqu'à son dernier soupir. Il était enfin arrivé au terme qu'il poursuivait en secret depuis dix années.

Quelques jours après, il accompagnait M. Etienne dans un voyage en Algérie où il existait plusieurs maisons de missionnaires et de filles de la Charité. A peine rentré en France, il fit ses préparatifs de départ pour Constantinople, où il devait occuper le poste de Supérieur du collège de Bébek. Mais avant de s'y rendre, il alla passer quelques jours au château de Reischoffen — nom qui devait acquérir quelques années plus tard une célébrité tragique — chez Théodore de Bussière, où il goûta de nouveau, mais pour la dernière fois, les joies de l'amitié la plus chrétienne qui fut jamais.

Le baron de Bussière, alors dans une grande situation de fortune, se plaisait à donner l'hospitalité la plus large à tous les catholiques de marque de sa connaissance. On avait vu tour à tour chez lui, l'abbé, depuis Monseigneur Dupanloup, Montalembert, les deux frères Veuillot. Du Lac, le bon M. Taconet, tous plus ou moins liés avec Eugène Boré. Leurs noms durent revenir plus d'une fois dans les conversations intimes auxquels se livraient les deux amis. Le prêtre célèbra le saint sacrifice dans la chapelle du château, et il eut la joie de donner, de sa main au laïque « Celui auprès duquel son ami le cherchait et le trouvait tous les jours ». Quels sentiments sublimes ! Quelle chrétienne affection !

De retour à Constantinople le 25 mai, M. Boré s'occupa de nouveau de la plupart des œuvres auquel il s'était précédemment adonné. Chargé, comme nous venons de le dire, de la direction du collège de Bébek, il se réserva les leçons d'instruction religieuse, de philosophie, d'histoire et de géographie comparée. Il composa, à l'usage de ses élèves un petit traité de prononciation française, et il introduisit la pratique de la gymnastique, ainsi que les exercices de l'école de peloton. Ces deux innovations, ainsi que le maniement des pompes à incendie si utile dans ce pays où presque toutes les maisons sont en bois, furent fort goûtées des Levantins. En souvenir de ce qui se faisait en France, M. Boré donna à ses élèves un uniforme composé de la tunique militaire, du ceinturon et du képi. Il se plaisait à voir manœuvrer son petit bataillon de 120 enfants commandés par un ancien officier. On les apercevait souvent faire des promenades au pas gymnastique sur les rives du Bosphore, et les soldats turcs contemplaient avec une sorte d'ébahissement ce spectacle nouveau pour eux. Des séances littéraires où l'on déclamait des morceaux choisis dans toutes les littératures de l'Orient, avec accompagnement d'expériences de physique amusante entretenaient l'émulation parmi les élèves et permettaient aux parents de juger par eux-mêmes des progrès de leurs enfants.

Au bout de quelques mois l'autorité de M. Boré devenait beaucoup plus grande : elle s'étendait avec le titre de « visiteur de la province » que lui conféra le vénérable supérieur général. « Je remplis, lui écrivait le 6 septembre M. Etienne, un vœu que j'avais formé dès l'instant que j'ai appris votre résolution d'entrer dans la Compagnie. » Et il ajoutait avec une tendre effusion : « Vous connaissez mon cœur, mon cher Monsieur Boré, vous savez quelle place vous y occupez. Vous pouvez donc compter sur un entier dévouement de ma part... Un bel avenir vous est réservé. »

M. Boré, par obéissance, dut s'incliner sous le fardeau dont s'effrayait son humilité. Il fut, vers le même temps, investi de la direction des Filles de la Charité de Constantinople,

Pas n'est besoin de dire quel zèle et quelle affection paternelle il déploya dans ces délicates fonctions. Ses obligations
étaient nombreuses, il n'en négligeait aucune. Chaque année il
visitait les maisons des missionnaires de sa province, à Smyrne
à Santorin, à Naxie, à Salonique, à Monastir. Il s'occupait
aussi sérieusement de l'étude de l'Ecriture Sainte et entretenait
une correspondance très-étendue. Il était notamment en relations épistolaires avec Montalembert, il l'informait de ses desseins en Orient, et il réclamait de lui, à l'occasion, un concours
qui ne lui fut jamais refusé.. L'historien des Moines d'Occident regretta beaucoup de ne pas l'avoir vu lors de son passage à Paris ; « mais, lui écrivait-il, le 2 novembre 1851, quand
même l'avenir ne nous rapprocherait jamais ici bas, nous
n'en serions pas moins unis par notre passé et par nos espérances communes. »

« Continuez, ajoutait-il, à m'écrire, à me tenir au courant
de la situation des choses à Constantinople, mais surtout à
prier pour moi. Je vous recommande ma pauvre âme ; vivant
ou mort, j'aurai le plus grand besoin de n'être pas oublié devant Dieu par les amis de ma jeunesse. »

On aime à voir un homme depuis longtemps illustre suivant le monde, parler tout bonnement de son salut et solliciter des prières comme le dernier des fidèles.

M. Boré avait alors le titre et il remplissait les fonctions
de préfet apostolique.

II

A mesure que M. Boré se trouvait porté par la force des circonstances et par la volonté de ses supérieurs dans une sphère plus haute, à mesure qu'il approfondissait davantage ce monde complexe et étrange au milieu duquel il vivait et où il était appelé à excercer une sérieuse influence, ses vues s'affermissaient et se précisaient. Nous les trouvons condensées dans un document important. Il s'agit d'un rapport adressé par lui à M. Etienne et que les Annales de la Congrégation ont enregistré. Nous jugeons à propos d'en soumettre ici à nos lecteurs une analyse assez développée, parcequ'ils y trouveront un intéressant tableau des mœurs orientales et qu'ils pourront se pénétrer de la pensée intime de celui dont nous racontons la vie.

M. Boré commence par rapprocher, en les opposant l'une à l'autre, la vie chrétienne et la vie musulmane.

« Tandis qu'une exubérance de vie, dit-il, circule dans la société chrétienne..... les sociétés orientales, même celles qui cherchent le plus résolument à copier les institutions auxquelles est attribuée la vertu régénératrice, restent frappées de langueur et d'impuissance et tombent de plus en plus dans la dépendance des sociétés occidentales. »

M. Boré explique ce contraste par l'absence, dans les pays musulmans, d'un principe de vie véritable. Il distingue, avec soin les réformes morales que les nations demeurées chrétiennes peuvent adopter et qui les préservent de la décadence, et les réformes purement administratives impuissantes à corriger les abus et les vices, parcequ'elles restent désarmées devant l'erreur. Chez les Musulmans, remarque-t-il, les vertus sont moins publiques que privées. Ainsi la bienfaisance assez commune et fréquemment exercée sous la forme de l'hospitalité, reste toute domestique, sans s'élever même seulement jusqu'à la philanthropie. Quant à la charité, elle leur demeure complétement étrangère. Est-ce que leur modèle, Mahomet, n'a pas toujours sacrifié autrui à son intérêt et à son ambition ?

« Dans l'Orient musulman, continue le missionnaire, l'esprit d'association est nul. On ne voit pas d'œuvre s'organiser pour le bien commun ; l'intérêt privé isole les hommes et encore plus les familles. L'ami même ne pénétre jamais dans cet intérieur que dérobe le voile du mystère. » Les anciennes fondations pour les pauvres et les malades créées avec les biens enlevés aux vaincus tombent en ruines.

M. Boré, dans son impartialité, était heureux de saluer chez l'Ottoman des qualités qui corrigeaient jusqu'à un certain point les vices de sa religion ; il estimait sa droiture et sa loyauté unies à un grand fond de fierté et de courage. Pour en tirér parti, il aurait voulu le soustraire à l'influence désastreuse de ses fausses croyances. Il aspirait à séparer en Turquie la religion de l'Etat. Si cette séparation est un mal en pays chrétien, parcequ'elle prive les institutions de cette sève exquise qui les empêche de se corrompre, elle serait un bienfait pour les peuples soumis au joug de l'Islam, parceque le Koran est aussi funeste et aussi corrupteur que l'Evangile est moralisateur et salutaire. L'auteur du Rapport aurait voulu que l'Etat cessât d'être officiellement musulman et restât simplement Ottoman. Alors se serait formée — du moins, il l'espérait — une patrie réelle et commune pour les trente trois races diverses répandues sur la surface de l'empire. Le Grec, le Bulgare, l'Arménien, l'Albanais, l'Arabe auraient cessé de voir dans le Turc un ennemi ou un maître, mais ils auraient salué en lui, un concitoyen et un égal, dont tous auraient partagé les droits. Cette transformation, pour s'accomplir, demandait deux conditions : il fallait accorder à tous les sujets de l'empire, même aux musulmans qui ne la possèdaient pas, la liberté de conscience, et promologuer un droit civil identique pour toutes les nationalités.

Cette conception, avouons-le, était peut-être un rêve. Jusqu'à présent, du moins, les choses ont pris une tout autre tournure. Au lieu de se fortifier par l'union des races, l'empire Ottoman va se morcelant de plus en plus, et les provinces se détachent, les unes après les autres, de la monarchie. On a vu successivement la Moldo-Valachie d'abord, puis la Serbie s'ériger en royaumes autonomes reconnus par l'Europe, la Bosnie et l'Herzégovine se laisser absorber par l'Autriche, la Thessalie faire retour à la Grèce, la Bulgarie proclamer son indépendance, Chypre subir la domination de l'Angleterre, qui opprime d'autre part, sans vergogne, l'Egypte sous prétexte d'assurer à ce pays un bon gouvernement qu'il attend encore. La Crète, à son tour, menace d'échapper au grand Seigneur. Que reste-t-il à la Porte en Europe ? La Macédoine travaillée par l'Hellénisme et une partie de la Roumélie frémissant sous un joug abhorré. Tout semble marcher à un démembrement complet qui n'attend, pour s'opérer, que la moindre secousse imprimée à l'équilibre instable officiellement respecté.

Les idées d'apaisement et de civilisation que nourrissait le missionnaire catholique n'en font pas moins honneur à l'élévation de son caractère et à la portée de son esprit. Nul ne contestera que le plan qu'il proposait, s'il se fût réalisé, eût amené une meilleure solution que l'état d'incertitude, de malaise, de dissensions intestines dont nous sommes les témoins.

M. Boré expliquait ensuite le rôle que les missionnaires catholiques avaient été amenés à prendre en prévision de cette transformation de l'empire. Ils avaient ouvert des écoles et des hôpitaux. Les R. R. Pères Jésuites que leur institut dispose si bien à l'éducation de la jeunesse, n'avaient pu s'en occuper autrefois dans le Levant, parce qu'à cette époque le gouvernement turc, alors absolument réfractaire aux idées de l'occident, aurait pris ombrage d'un enseignement s'adressant à ses propres sujets. En outre, le clergé arménien gêné dans l'exercice de son ministère par le fanatisme musulman, était souvent obligé de se faire suppléer par les missionnaires francs, surtout par les français qui étaient couverts par les capitulations. Tout changea depuis l'émancipation des arméniens catholiques, due aux sollicitations de la France ; le clergé de cette nation recouvra sa liberté d'action. Le ministère apostolique eut alors le champ libre et put poursuivre d'autres buts. C'est alors que les missionnaires songèrent à s'adjoindre comme auxiliaires, les Sœurs de la Charité et les Frères de la doctrine chrétienne. Les premières opérèrent une sorte de révolution pacifique parmi les personnes de leur sexe. Ecoutons encore M. Boré.

« On sait dans quel abaissement languit généralement la femme dans les pays musulmans. La loi civile ne l'a point encore élevée à l'état de personne ; la polygamie la réduit à une sorte d'ilotisme humiliant et l'entretient dans une ignorance calculée. Il est très peu de femmes musulmanes

sachant lire ; et lorsque, dans leur bas âge, elles ont fré-
quenté quelque temps l'école des jeunes garçons, au milieu
desquels elle restent confondues et dirigées par le même
Kodja ou maître, tout leur savoir se borne à lire la lettre du
Koran qu'elle ne comprennent pas et si, par hasard, elles ac-
quièrent assez d'instruction pour écrire une lettre d'affaires
avec une certaine élégance de style et de caractères, elles
sont alors citées comme des exceptions et des prodiges. Aussi,
chose triste à dire, celles qui sont le plus intéressées à jouir
du bienfait de la civilisation, sinon de la foi chrétienne, se
montrent maladroitement plus hostiles que les hommes à
toute idée de tolérance et de progrès social. Dénuées absolument de ces sentiments d'urbanité et de politesse qui recommandent leur sexe dans les sociétés chrétiennes, on les voit
errer silencieuses et par bandes dans les rues de la capitale,
la tête et les mains cachées sous le voile et le manteau qui
les enveloppent, les pieds à demi posés dans les babouches
on pantoufles jaunes qu'elles traînent avec une nonchalance
disgracieuse. Si quelquefois elles élèvent la voix, c'est pour
gourmander quelqu'une de leurs esclaves, ou pour insulter
l'étranger chrétien qui passse inoffensif près d'elle. Sachant
que les mœurs du pays tolèrent ces procédés hautains et violents, l'homme frappé sans raison n'apporte guère qu'une
résistance passive, comme si la licence impunie de la voie
publique devait être le dédommagement de l'oppression qui
pèse sur elle dans l'intérieur de la maison. »

M. Boré nous montre, en effet, l'*aga*, le maître, régnant
en despote au foyer domestique, où tout tremble à sa voix,
mais négligeant par inconscience ou par orgueil l'éducation
des enfants qui se trouve abandonnée aux femmes. Or,
celles-ci, sous la loi de l'Islam, au lieu d'être les gardiennes de

la morale, en sont plutôt l'écueil et une cause de ruine, à raison de leurs vices, de leur avilissement, de leur superstition et de leur fanatisme. Le portrait n'était pas flaté, mais il était ressemblant.

La présence des Sœurs de la charité avait contribué à purifier ce bourbier, et à substituer à la dureté du cœur et à la haine la bienveillance et la tendresse. Les dispensaires où, sans distinction de race et de culte, les secours étaient distribués servaient à faire tomber peu à peu les préjugés. En effet, sur les cent mille personnes qui, à cette époque, se présentaient annuellement aux deux établissements de Galata et de Péra, la quinzième partie à peine était catholique. Les communautés grecque, arménienne, musulmane et juive prenant la plus grande part à ces largesses, ne pouvaient se dispenser de reconnaître la supériorité de la foi qui inspirait une impartialité si généreuse.

L'éducation secondaire ne fut pas non plus négligée, mais elle avait dû subir des modifications imposées par les circonstances. Le latin qui, en Europe, forme encore la base de l'enseignement classique, ne joue là-bas qu'un rôle secondaire. A peine quelques enfants se destinant aux professions de médecin ou d'avocat, en prennent quelque teinture. Le français occupe sa place ; on consacre à l'étude de notre langue la moitié du temps des exercices. C'est l'idiôme commun qui sert de lien aux races différentes entre lesquelles se partagent les élèves. Le collège transféré de Bébek à Galata, s'élevait gracieusement, à mi-côte, en plein Bosphore, sur la colline qui regarde les blancs châteaux d'Asie, dans ce paysage admirable auquel est attaché le double souvenir historique du passage des armées conquérantes de Darius et de Mahomet II. Les brises périodiques de la mer noire, et l'ombre qui descend de la colline vers le milieu du jour, tempéraient agréablement la chaleur de l'été, et entretenaient une fraîcheur aussi favorable à la santé qu'au travail. La gymnastique et la musique avaient leur place dans cet enseignement. A Noël on eut le plaisir d'entendre dans la chapelle un *Kyrie* de Haydn exécuté par les élèves d'une façon très satisfaisante.

L'auteur du Mémoire mentionnait ensuite un orphelinat confié à la surveillance des Filles de la charité et dirigé par un missionnaire : c'était l'essai d'une colonie agricole. Placé sous le vocable de saint Vincent de Paul, il grandissait paisiblement de l'autre côté du détroit, à trois heures de marche de la côte, dans l'intérieur de l'Asie ; mais il fixait déjà les regards d'un membre très connu du parlement anglais. Sir Dudley Stuart, après l'avoir visité, laissait échapper cet aveu que nous recueillons avec une sorte de fierté patriotique : « Les Français sont nos modèles dans les œuvres de dévouement. »

A Smyrne, dans l'Asie Mineure ; à Salonique, dans le continent européen ; à Naxie et à Santorin dans l'Archipel, M. Boré signalait avec bonheur une sorte de renaissance catholique. Ses investigations s'étendirent encore plus loin, jusqu'en Chaldée et en Perse, où il avait semé jadis une bonne semence qui avait fructifié. Il concluait en donnant comme certain que les puissances musulmanes en Orient se trouvaient à la veille d'une dissolution complète, qu'elles ne pourraient éviter qu'en participant à la vie des sociétés chrétiennes, en adoptant les principes qui en assuraient la prospérité.

M. Boré n'était pas, bien entendu, de ceux qui rêvaient la prochaine régénération de l'empire ottoman en appuyant leurs espérances sur le fait de l'introduction de quelques usages, ou l'adoption de quelques mesures administratives, bon-

nes en soi, mais insuffisantes. Cette illusion provenait, à ses
yeux, d'une vue trop restreinte et trop humaine de ce qui
constitue la vraie civilisation. Il faut, affirmait-il, juger un
peuple des hauteurs du dogme et de la foi, et il concluait sans
hésiter en présentant le chritianisme comme l'unique principe du développement social et du véritable progrés.

CHAPITRE IX

Guerre de Crimée. Le choléra à Varna, M. Boré s'y transporte pour
l'assistance spirituelle des malades. Mort édifiante et obsèques d'une
Sœur de la charité. M. Boré aumônier en chef des hôpitaux établis à
Constantinople et aux environs. Traits édifiants. La fermeté de M.
Boré contribue à la promulgation du firman abolissant la traite des
esclaves dans toute l'étendue de l'empire ottoman. Une révolution
dans l'opinion musulmane. Célébration solennelle de la fête de Noël
dans les hôpitaux. Inspection générale faite par M. Boré de tout le
service de l'aumônerie. Une visite à Sainte Sophie. Mort et obsèques
de M. Bourgeois.

I

La guerre de Crimée allait fournir à M. Boré l'occasion de
manifester avec éclat ses rares qualités de dévouement demeurées jusque là dans l'obscurité. Ses auxiliaires, du reste,
ne se montrèrent pas moins admirables. L'armée entière fit,
elle aussi, preuve d'abnégation et d'héroïsme. Aussi le Révé-

rend père de Damas qui prit part à la campagne, en qualité
d'aumônier, appelait cette guerre « la croisade du bon exemple », parceque, disait-il, les Français montrant par leur
générosité et la noblesse de leur conduite, la supériorité de
la civilisation chrétienne, disposaient les Musulmans à lui rendre hommage et à renoncer à leurs préjugés. Rien de plus
commun, en effet, que de voir à Constantinople turcs et français se croiser dans les rues, en échangeant entre eux des
saluts amicaux : « Bono francese ! turco bono ». On entendait de jeunes enfants musulmans élevés à l'école des Frères
de la doctrine chrétienne, à Péra, dire qu'ils voulaient devenir français. Le Père de Damas, cité plus haut, pronostiquait
que la France implanterait en Turquie la civilisation chrétienne
à force de bienfaits. N'était-ce pas aussi le langage habituel
de M. Boré ? Le digne Jésuite expliquait sa pensée en rappelant que l'humanité de l'administration française en Crimée
avait sauvé la vie d'une multitude de soldats turcs dangereu-
sement blessés. Des services de ce genre ne s'oublient pas,
du moins ne devraient pas s'oublier.

Cette guerre fut très sanglante : les chiffres suivants qui sont
officiels, l'établissent d'une manière irréfragable. D'après le
rapport du docteur Chenu au Conseil de santé des armées, il
serait mort 784.991 hommes ; 600 934 de maladie, 175.057
de blessures, 53 007 sur le coup, 122,050 dans les ambulances ou dans les hôpitaux. Les Russes furent les plus éprouvés ;
ils figurent dans les chiffres que nous venons de donner pour
30.000 tués, et 600.000 morts de blessures ou de maladies ;
les Français pour 10.240 hommes restés sur le champ de bataille, 9925 morts de blessures, 95.548 de maladies. Le nombre des entrées des Français dans les ambulances ou dans les
hôpitaux se serait monté à 436.144.

Cette hécatombe rendait doublement indispensable une bonne organisation du service hospitalier ainsi que de l'aumônerie. Malheureusement dans les commencements on eut à regretter quelques imprévoyances. Mais bientôt le gouvernement mit une diligence des plus louables à s'acquitter convenablement du double devoir qui lui incombait.

L'aumônerie militaire fut ainsi constituée ; un aumônier supérieur attaché à l'état-major général, assisté d'un aumônier adjoint, un aumônier attaché à chaque division militaire, des prêtres préposés au service religieux dans les ambulances et les hôpitaux, ou accompagnant les convois un peu considérables de malades ou de blessés.

Quant au service hospitalier, il fut établi sur un grand pied et principalement concentré à Constantinople et aux environs. L'hôpital militaire de Péra était d'une magnificence remarquable. Placé sur les hauteurs qui donnent le Bosphore, il offrait l'apparence d'un quadrilatère dont la cour intérieure était entourée à chaque étage d'un cloître vitré. Son architecture était noble et imposante. Les salles avaient de 9 à 10 mètres de hauteur, et les fenêtres étaient grandes et multipliées.

Après la bataille de l'Alma qui eut lieu le 20 septembre 1852, les blessés furent évacués sur Constantinople, comme nous l'avons dit, et ils ne purent être pansés que le 24 ; aussi souffrirent-ils horriblement de cette absence de soins et de fatigues de la traversée. Six cents français furent installés dans l'hôpital, une cinquantaine de Russes les suivit. La même sollicitude s'attachait aux vainqueurs et aux vaincus. « Après la bataille, disait un soldat, il n'y a plus d'ennemis, ce sont nos frères, ils doivent être traités comme nous ». A ce langage on reconnaît bien la générosité du caractère français.

Du reste, les deux nations, quoique séparées par la politique, se portaient une mutuelle estime. Ce sentiment s'est depuis, comme nul ne l'ignore, converti en une chaude sympathie qui est sur le point — tout semble l'annoncer — de se convertir en une solide amitié.

On sait qu'aux ravages causés par le feu ennemi il fallait ajouter les pertes causées par le choléra. La mortalité devint bientôt effrayante, elle se chiffra par des milliers de victimes.

Dans cette extrémité le service médical se trouvant débordé chercha partout des auxiliaires. Heureusement qu'en prévision du fléau, les sœurs de la Charité étaient arrivées nombreuses à Constantinople. Mandées en toute hâte, elles se rendirent au camp en deux escouades, comprenant chacune dix religieuses. Elles furent accueillies avec empressement et se mirent aussitôt à l'œuvre avec l'activité et l'oubli de soi qui les caractérisent.

Leur directeur, M. Boré, ne les avait pas vu s'éloigner sans une certaine appréhension mélangée toutefois d'une sorte d'allégresse surnaturelle. Il espérait bien que dans le nombre il se rencontrerait des victimes. Ce serait, écrivait-il, une faveur bien méritée par le courage et la joie qu'elles ont manifestés en partant.

M. Boré voulait veiller sur elles et se mettre en mesure de leur prodiguer les encouragements et les conseils dont elles pourraient avoir besoin au moment décisif. Il se disposait à les aller visiter quand il reçut une lettre du supérieur général, en date du 29 juillet, qui prévenait ses désirs, et vu la gravité des circonstances, lui permettait d'aller partout où on le demanderait et l'autorisait même à suspendre les écoles. Heureusement on se trouvait en vacances, de sorte que tout le personnel religieux était disponible. En ce moment même une missive pressante du Père Parabère, aumônier en chef de l'armée, lui demandait deux prêtres pour assister les malades et les mourants. M. Boré n'hésita pas, il partit lui-même accompagné d'un confrère, M. Régnier. Il trouva partout, du reste, une coopération empressée ; la compagnie des Messageries maritimes le transporta gratuitement au poste de l'honneur et du danger.

Les deux lazaristes débarquèrent un dimanche ; et ils purent dire la messe dans le logement du Rev. Père Parabère qui les reçut à bras ouverts. Ils se mirent immédiatement à l'œuvre. On leur confia naturellement la direction spirituelle de l'hôpital desservi par les Sœurs : ils se trouvaient ainsi en famille. Grand fut le ravissement des Sœurs quand elles se virent en présence de celui qu'elles aimaient et révéraient comme un père. L'une d'elles, bien que souffrante et gardant le lit, demanda à se lever sur le champ pour lui présenter plus vite ses devoirs.

En transmettant ces détails à M. Etienne, à Paris, M. Boré s'exprimait ainsi : « Très cher Père, après avoir tant désiré et appelé cette expédition d'Orient, il est bien juste que je contribue à l'assister un peu par mon ministère. Si par la volonté de Dieu, j'y trouvais la récompense hélas ! trop peu méritée, du martyre de la charité, je suis assuré que j'en serais redevable à l'*obéissance*, et ce ne serait pas la moindre de mes consolations. » Est-il possible d'allier plus de modestie à plus de dévouement ?

Le zèle de M. Boré trouva bien vite matière à s'exercer. Une nuit, la plus jeune des deux sœurs et qui paraissait la plus forte, Marie-Thérèse Savori, fut subitement frappée. Tous les symptômes du choléra se déclarèrent. M. Boré mandé sur le champ trouva la malade parfaitement résignée à son sort, et dans une pleine indifférence. Ses compagnes montraient beaucoup d'énergie et lui prodiguaient leurs soins sans interrompre leur service.

Le sacrifice de la douce victime fut accepté. Deux jours après les premières atteintes, sentant les progrès du mal, elle ne voulut pas attendre le dernier moment, et elle dit en souriant à son directeur : « Donnez-moi mon passeport. C'est, ajoute-t-elle, l'extrême-onction que je vous demande. » Elle conserva jusqu'au lendemain sa présence d'esprit, et elle témoignait sa patience et sa joie en faisant de fréquentes aspirations vers Dieu et vers le ciel. Après s'être associée de la bouche et du cœur à ses compagnes qui, rangées autour de sa couche, récitaient les litanies des saints et les prières des agonisants, elle s'endormit doucement dans le Seigneur. Au spectacle d'une si belle mort l'affliction était tempérée par une joie toute spirituelle.

Les obsèques furent des plus touchantes. M. Boré nous montre la défunte conduite à sa dernière demeure en même temps qu'un chirurgien victime, comme elle, de son dévouement et qu'un petit enfant qui avait conservé son innocence baptismale ; triple proie que s'était réservée la mort. Deux compagnies d'infanterie entouraient les cercueils, que quelques soldats portaient à tour de rôle, pendant que les deux prêtres récitaient lentement l'office funèbre. La couronne blanche déposée sur la croix du drap mortuaire blanc aussi, qui recouvrait les restes de la défunte, attirait l'attention des musulmans et des anglais protestants pour qui ce spectacle était nouveau. La douleur et l'admiration se peignaient sur tous les visages.

« Lorsque, raconte M. Boré, nous fûmes parvenus au second

cimetière (car le premier était déjà rempli), nos Sœurs se
mirent à genoux, et le chef des médecins qui assistaient en
grand nombre à la cérémonie, prononça une sorte d'oraison
funèbre en l'honneur de son confrère. Sa fin avait été chrétienne, et l'ami qui le loua n'eut garde de l'oublier. Quand il
eut fini, au bruit sinistre de la terre que les fossoyeurs rejetaient sur les trois bières, se mêla la voix tonnante du canon
de la triple escadre française, anglaise et turque. » On était à
la chute du jour et les flottes saluaient par cette démonstration
l'anniversaire de la naissance de l'empereur d'Autriche, mais
on pouvait les prendre pour un hommage rendu à ces nobles
victimes du devoir.

Quelque temps après M. Boré revint à Constantinople où
l'on transportait à la hâte malades et blessés, et qui devint
comme le quartier général de tous ceux qui avaient été atteints. Comme le nombre de ces malheureux allait sans cesse
croissant, chacune des quatre divisions de l'armée dut avoir
son hôpital à part. M. Boré qui avait reçu le titre et était investi des fonctions d'aumônier en chef, se réserva spécialement
l'hôpital de la ville dont les malades furent portés en pleine
campagne. La première section consacrée aux cholériques
comprenait cent vingt tentes alignées avec ordre, et dont
chacune renfermait trois lits posés sur des tréteaux, et garnis
chacun d'une paillasse, d'un matelas et de draps très propres.
C'était un vrai confort dont étaient loin de jouir les soldats
anglais. Quatre Sœurs avaient la charge de ce campement :
elles accompagnaient, le matin, les médecins dans leurs visites et tenaient la liste exacte de ceux qui leur étaient confiés.
Le digne missionnaire, avait de son côté, sa propre liste, en
sorte que le rapprochement de ces pièces empêchait toute né-
gligence et tout oubli. Mais ce qu'il y avait de plus admirable,

c'était le respect et, si l'on ose dire, la tendre vénération dont les militaires de toutes armes entouraient leurs infirmières improvisées. Jamais une parole déplacée à leur égard. Tous répétaient à l'envi le doux nom de sœur, et l'on se plaisait à voir ces natures rudes et fières qui résistaient aux ordres des médecins, se soumettre avec une docilité enfantine à la première recommandation de ces saintes filles. « Ah ! s'écriait un malade dans l'expansion naïve de sa confiance, à présent que nous avons les sœurs, nous ne mourrons plus ! » Ainsi se justifiait la conduite de saint Vincent de Paul, qui avait eu la sage audace d'introduire ses filles dans les camps.

« Ce n'étaient pas seulement, observait M. Boré, les corps qui éprouvaient du soulagement, les âmes profitaient de cette organisation à laquelle présidait la charité. Les Sœurs préparaient la voie au prêtre en distribuant des médailles avec de bonnes paroles. Quand l'aumônier se présentait ensuite, l'hésitation ou l'indifférence cédaient promptement ou étaient facilement vaincues par les progrès du mal. Nulle résistance obstinée n'attrista le cœur du missionnaire. Son air doux, modeste, grave, recueilli, joint au charme de toute sa personne, le rendait éminemment persuasif. Plusieurs le prévenaient et réclamaient son assistance avec un empressement qui décelait la vivacité de leur foi.

M. Boré eut souvent l'occasion d'admirer les desseins miséricordieux d'en haut, lorsqu'une méprise providentielle l'amenait dans une tente autre que celle où il avait été mandé, et que là précisément se trouvait un moribond auquel il restait tout juste assez de temps et de connaissance pour se mettre en règle avec l'Éternité. Il arrivait parfois qu'après avoir entendu l'un des trois malades qu'abritait chaque tente, il se voyait sollicité par les autres qu'entraînait le bon

exemple. Un jour, deux moribonds rencontrés ainsi par hasard
se convertirent et firent sur leur lit de douleur leur première
communion.

Et quels exemples de patience donnaient parfois nos héroï-
ques troupiers ! Un soldat couvert d'ulcères attendit de pied
ferme la mort durant quinze jours.

En assistant aux progrès de sa décomposition, il se montrait joyeux et confiant : « Que je suis heureux, s'écriait-il, de
ressembler de la tête aux pieds à Celui que j'aime !

Le récit suivant que M. Boré adressait au supérieur général, mérite d'être recueilli en entier.

« Un vieux dragon, marqué de plusieurs chevrons, l'aborde
un jour à l'improviste. « Monsieur le Curé, lui dit-il, vous
avez rendu les derniers devoirs à ma femme, la cantinière, et
je veux vous en remercier. Elle était bien brave, et pendant
les vingt-six années que nous avons passées ensemble jamais
il n'y a eu entre nous la plus petite querelle. Aussi je vous
prie de dire pour elle une messe ! — Volontiers, mon ami,
mais à une condition — Laquelle ? — C'est que vous soyez
en état vous-même d'être utile à l'âme de votre chère femme,
et pour cela il faut vous confesser ». Le dragon, s'arrête un
instant tout pensif, et il reprend : « Il y a si longtemps que
je n'ai mis ordre à ma conscience ! » Puis obéissant à l'inspiration de la grâce : « Etes-vous prêt à m'entendre ? » — « Oui,
mon ami, passons sous la tente voisine ». Il s'agenouille
au pied du lit et s'exécute de bonne grâce. L'affaire terminée,
il se relève tout joyeux et dit : « Monsieur le Curé, attendez.
J'ai là mon fils, un vrai dragon comme moi, je vais vous l'a-
mener ». Effectivement il revint avec un cavalier à l'allure
martiale, lequel entre dans la tente et accomplit à son tour
son devoir de chrétien. Le lendemain le père et le fils s'age-

nouillaient, l'un à côté de l'autre, à la sainte table et unissaient leurs prières à celles du prêtre pour l'âme aimée qu'ils pleuraient tous les deux.

Les soldats catholiques de l'armée anglaise, n'ayant que deux aumôniers, n'étaient pas suffisamment assistés. Bien que M. Boré crût devoir se réserver pour ses compatriotes, il céda un jour aux instances d'un sergent irlandais et se rendit dans un petit camp où l'on avait installé une ambulance. Quelle différence avec les ambulances françaises ! Que l'on se figure une vaste tente ovale contenant une vingtaine de lits et quels lits ! un peu de paille étendue sur le sol nu, et une simple couverture de laine sans matelas ni draps. Nulle surveillance, les gardiens avaient disparu après s'être bornés à déposer à portée de la main des malades du pain noir et de l'eau. Malgré un tel dénuement les pauvres gens se montraient fort résignés. M. Boré qui parlait leur langue, en confessa trois et leur distribua des médailles miraculeuses qui furent acceptées avec reconnaissance. Un officier anglais catholique, affirma que plusieurs de ses collègues, quoique protestants, en portaient sur eux, et que jusque-là les balles et le choléra les avaient épargnés.

Les protestants n'étaient pas les seuls à témoigner du respect au catholicisme, les musulmans ne se montraient pas moins bien disposés. Peu de temps après son retour à Constantinople, M. Boré fut appelé au bagne où un catholique Maronite de l'île de Chypre, étant tombé malade, désirait se confesser. Un juif, fils du médecin de l'établissement, le présenta à un inspecteur, lui disant qu'il venait pour lire des prières sur la tête d'un malade de la religion française. On le laissa passer, non sans avoir admiré la belle gravure représentant le Sauveur du monde qui se trouvait en tête du bréviaire que le prêtre portait sous le bras. D'autres gardiens s'inclinèrent profondément dès qu'ils surent qu'il s'agissait d'une cérémonie religieuse. On introduisit enfin M. Boré dans une cour remplie de forçats, tous musulmans, qui se disaient les uns aux autres : « Voilà le prêtre franc, il vient voir l'homme de la religion franque. » Pour les orientaux, il n'y a qu'une seule religion en Occident, c'est la religion catholique.

M. Boré pénétra enfin dans le quartier des chrétiens orientaux : c'était là qu'autrefois les francs étaient aussi enfermés : les missionnaires seuls pouvaient en franchir les portes en temps d'épidémie, pour assister les moribonds. Plusieurs Pères Jésuites prédécesseurs des Lazaristes, y contractèrent le germe de la maladie qui leur valut le martyre de la charité. Le maronite en question était le seul de sa religion. Couché dans son cabanon, qui ressemblait à une grande cage, il salua l'envoyé du ciel avec joie et lui témoigna un très vif désir de se confesser. Le gardien turc et le juif comprenant son intention, chassent tout le monde du hangar. « Coquins, criait le musulman, retirez-vous bien vite, que personne n'ose approcher, sinon je l'assomme avec mon bâton », et il met une sentinelle à la porte. Cependant le malade se traîne péniblement à l'entrée du cabanon ; appuyé sur l'épaule du prêtre, il commence ses aveux. Les chaînes pesantes qu'il agitait mêlaient de temps en temps leur son rauque aux soupirs et au gémissements de son cœur repentant. M. Boré se sentait profondément ému ; il fut particulièrement frappé par le respect qu'inspirait aux musulmans l'administration du sacrement de pénitence. Il en conclut, à juste titre, que l'humble aveu des fautes commises répond à un sentiment bien naturel du cœur humain.

Quelle que fût sa douceur habituelle, M. Boré savait, à l'occasion, déployer une grande fermeté ; il le témoigna dans une circonstance très-délicate où il ne craignit pas de braver les lois de l'empire, qui étaient en contradiction avec celles de l'humanité. Quatre jeunes géorgiens avaient été enlevés à leur famille et à leur patrie par des soldats turcs. Conduits au marché de Constantinople, ils furent vendus à un haut fonctionnaire qui prit ses mesures pour leur faire embrasser l'Islalisme. Heureusement ces esclaves parvinrent à s'échapper et ils se refugiérent dans la maison que les missionnaires possédaient à Galata. Grande fureur du maître des esclaves évadés, et de toute la société musulmane à Constantinople. Le chef de la police, informé du fait, réclama les fugitifs aux Lazaristes. Ceux-ci, loin d'obtempérer à cette invitation, répondirent que non seulement ils n'abandonneraient pas ceux qni s'étaient mis sous leur protection, mais que leur maison resterait ouverte à quiconque se trouvant dans le même cas, voudrait y chercher asile. Le fonctionnaire musulman n'osa pas insister, les Ottomans avaient trop besoin, en ce moment, des occidentaux pour les offenser, mais il se vengea de sa déconvenue sur quelques géorgiens catholiques qu'il fit jeter en prison sous le plus futile prétexte.

Cette affaire fit du bruit dans la capitale de l'empire. Elle mettait à nu la plaie de l'esclavage puisque la liberté même de la conscience se trouvait en jeu. De tels excès ne pouvaient être tolérés dans un pays pour lequel deux puissances chrétiennes versaient le plus généreux de leur sang. L'ambassade française reçut les plaintes des Lazaristes. Nous étions alors en situation d'élever la voix et de faire valoir nos services. On représenta sans doute à la sublime Porte combien il était contraire à la civilisation de faire dépendre la vie, l'honneur, la conscience des caprices d'un maître. Si la Turquie, don la décadence était depuis longtemps commencée, aspirait à la régénération, elle devait prendre modèle sur les peuples d'Occident et ne pas se traîner dans les orniéres du passé. Ces représentations furent écoutées. L'institution même qui donnait naissance à de tels abus fut condamnée dans sa source. En novembre 1854 parut un firman qui abolissait la traite des esclaves dans toute l'étendue de la domination ottomane.

« L'homme, ainsi s'exprimait le sultan, est la plus noble des créatures sorties des maius de Dieu, qui lui a donné sa part de bonheur, en lui accordant la .grâce de naître libre. Mais contrairement à sa destination primitive et fortunée, les Circassiens se sont fait une étrange habitude de vendre les enfants et leurs parents en qualité d'esclaves, comme des animaux et d'autres marchandises. »

Le sultan déclarait ensuite cette façon d'agir incompatible avec la dignité humaine et contraire à la volonté du créateur, et il les condamnait absolument.

Dans un autre firman le commerce des esclaves est appelé « une chose contraire à l'honneur et à l'humanité. »

Il est bon de rapprocher de ces déclarations officielles le texte du code civil des Ottomans où nous lisons ce qui suit relativement aux esclaves : « Ils forment une classe privée de toute liberté civile ; ils sont entièrement dépendants de leurs patrons, quels que soient l'état, le service, l'âge et les qualités de ceux-ci, pourvu qu'ils soient de condition libre. »

Les actes qui abolissaient ces dispositions draconiennes étaient un vrai triomphe pour la civilisation chrétienne. C'est un grand honneur pour M. Boré d'avoir attaché son nom à la destruction en principe d'un régime si odieux. Nous disons en principe, car on sait que malheureusement l'esclavage subsiste toujours sous une forme déguisée dans les pays gouvernés par les Musulmans ; mais c'est déjà beaucoup que d'être obligé de dissimuler.

La Providence divine en laquelle M. Boré, fidèle disciple de saint Vincent-de-Paul, mettait toute sa confiance, lui suscitait de temps en temps des auxiliaires inattendus. Sans eux il eût peut-être succombé sous la tâche qui devenait chaque jour plus écrasante.

Vers la fin d'août, M. Boré reçut une lettre d'un de ses confrères, M. Le Pavec, qui se mettait à sa disposition pour administrer les cholériques et les typhiques. Ce zélé missionnaire venait de faire ses preuves au Pirée, au milieu des malades et des mourants. Comme il l'écrivait lui-même, étant en quelque sorte imbibé de ces maladies, il se jugeait moins exposé. D'ailleurs il n'aurait pas regretté de terminer sur ce champ de bataille une vie presque entièrement usée. La Congrégation ne perdrait qu'une carcasse que menaçait la paralysie. M. Le Pavec ajoutait qu'il remerciait Dieu de lui avoir fourni l'occasion de connaître l'armée, il admirait sa foi, son courage et sa résignation. « Après le bon clergé, disait-il, après les bons ordres religieux, je ne connais au monde rien de préférable au soldat français. » C'était, on peut le dire, l'opinion générale de tous ceux qui avaient vu les choses de près. Le Révérend Père de Damas ne tarissait pas sur ce sujet ; il nous plaît de citer son témoignage : « Je n'aurais jamais cru, écrivait-il, qu'il fallût venir en Crimée pour connaître le cœur du soldat français. » Il ajoutait : « J'aimais beaucoup la France, j'aimais aussi beaucoup l'armée, moi français, fils d'un lieutenant-général des armées françaises. Cependant il me semble que j'aime encore davantage et mon pays et son armée, après ce que j'ai vu ici... » On nous pardonnera cette citation que confirment, d'une manière indirecte, les aveux pleins de candeur émanés de nos militaires eux-mêmes.

Les simples soldats exprimaient, en effet, naïvement les sentiments qu'ils nourrissaient au fond de leur cœur. On ne avait entendu s'exprimer ainsi : « Nous autres pauvres gens, qu'est-ce que ça nous fait de mourir aujourd'hui ou dans vingt ans ? Nous ne tenons pas à la vie. Pourvu que nous ayons la conscience tranquille, nous n'avons rien à perdre et tout à gagner. Si les prêtres ne nous manquent pas pour nous absoudre au moment du danger, le gouvernement peut nous ordonner de nous jeter dans la mer. »

Mais aucune parole ne peut rendre les sentiments de confiance absolue et d'un abandon en quelque sorte filial qu'inspirait à nos soldats la seule vue de la cornette légendaire des Filles de la charité.

Ces pauvres malades s'imaginaient voir leurs mères dans ces femmes dévouées qui leur prodiguaient leurs soins, et ils se mettaient à pleurer en les voyant. Parfois ils faisaient des retours sur le passé. « Ah ! si j'avais écouté les avis de ma mère ! » murmurait un moribond auquel on présentait un crucifix. « Le bon Dieu a souffert innocent ; que ne dois-je pas subir, moi coupable ! »

De leur côté les Sœurs ne dissimulaient pas les sentiments d'édification que leur causait la vue de ces martyrs obscurs. « Nous les voyons arriver mutilés, disait l'une d'elles ; pas une plainte, pas un murmure. Ils combattent en héros et meurent en chrétiens ».

Les membres du corps médical montraient, en général, le plus grand respect de la religion ; ils étaient les premiers à prévenir l'aumonier dans les cas graves. Les marins faisaient de même, et quand ils assistaient à l'administration des derniers sacrements, on voyait le recueillement se peindre sur leur visage.

Dans l'armée russe régnaient les mêmes sentiments religieux. Quand le prêtre catholique traversait les rangs des russes faits prisonniers et tombés malades, ceux-ci saisissaient le crucifix d'argent suspendu à sa poitrine et le baisaient avec transport. L'un d'eux lui demanda l'absolution. — « Mais je ne puis pas vous la donner, répliqua l'aumônier, vous êtes schismatique. » — « Moi schismatique ! je n'en sais rien, je ne suis pas instruit de toutes ces choses. Tout ce que je sais, c'est que je veux aller à Dieu. Conduisez-moi à Lui par la route que vous voudrez ; mais que j'aille à Lui ! que j'aille à Lui ! »

Il existait une œuvre des prisonniers et galériens turcs ; elle fut remplacée par celle des prisonniers russes. Les soins prodigués à ces derniers produisirent un excellent effet sur l'opinion publique en Russie et contribuèrent à préparer les esprits à la paix. Le gouvernement du czar fit, à ce propos, adresser des remerciements officiels aux Sœurs françaises. On se réjouissait à Constantinople de cet échange de bons procédés qui pouvaient amener et qui amenèrent, en effet, l'apaisement des esprits, et l'on s'écriait volontiers : « Gloire à Dieu ! honneur à la France ! »

II

Vers la fin de l'année 1855 le cœur paternel de M. Boré fut rudement éprouvé. Dans l'espace de six semaines onze enfants de la crèche tenue par les Sœurs succombèrent aux at-

teintes du choléra ou du typhus. M. Boré raconte qu'il vit
une de ces innocentes victimes, au moment d'exhaler son
dernier souffle, agiter ses petits bras comme les ailes de
l'oiseau qui prend son vol. Deux autres pauvres petits que
les premières joies de l'enfance réunissaient dans les mêmes
jeux, étaient frappés ensemble de la même maladie et emportés dans le même cercueil.

Peu de temps après, par une sorte de compensation providentielle, le sultan envoya une aumône de 80000 piastres
(environ 77000 francs) pour l'achat d'une maison qui permît
d'agrandir l'établissement. Ainsi la bienfaisance musulmane
apportait son concours à la charité catholique.

M. Boré notait avec joie les changements favorables qui
s'opéraient sous ses yeux, non-seulement dans l'attitude des
pouvoirs officiels, mais aussi dans les dispositions de la population. Plusieurs petits faits manifestaient cette heureuse
révolution. Ainsi les dames turques d'un haut rang ne dé-
daignaient pas d'aborder qelquefois les élèves du collége lazariste qu'elles rencontraient dans leurs promenades et de les interroger avec bonté. Naguère elles n'eussent ouvert la bouche
que pour leur adresser de grossières injures. Un jour, un
riche musulman fit plus encore : il sortit de sa villa et offrit
avec politesse au maître qui accompagnait les enfants et aux
enfants eux-mêmes un verre d'eau pure et fraîche. Ne croit-
on pas assister à une scène de l'Evangile ? Interrogé sur le
motif de cette amicale démonstration, l'effendi répondit simplement : « C'est comme bonne œuvre. » Les musulmans
ont bien l'usage de creuser des fontaines pour rafraîchir les
voyageurs ; mais il ne leur arrive jamais d'en recueillir l'eau
eux-mêmes, encore moins de l'offrir à des chrétiens.

On commençait à se rendre compte dans la vieille Stamboul naguère si fanatique, des avantages de l'éducation occidentale. Des adolescents ottomans se mirent à fréquenter le collége français. On remarquait entre autres deux jeunes garçons de 14 à 15 ans, à l'air doux et modeste, qui suivaient les cours et prenaient part aux jeux communs sans se laisser arrêter par la distinction des races et la différence des cultes, couchant dans le même dortoir, mangeant à la même table, assistant même volontiers aux offices solennels du dimanche. Un troisième, fils du premier médecin de sa Hautesse, allait quelquefois jusqu'à faire en classe le signe de la croix. M. Boré, un peu optimiste peut-être, saluait ces manifestations comme les indices d'une tolérance qui ne pouvait que favoriser les conversions individuelles et comme le prélude d'une régénération de la Turquie.

Un fait et un mot caractérisent assez bien cette période de transition.

Une jeune fille grecque avait été, suivant les anciennes pratiques de l'Islamisme, enlevée à sa famille et poussée à l'apostasie. Le consul de France lui ayant fait rendre la liberté, des fanatiques déploraient cette intervention. Un gendarme ottoman n'était pas de cet avis, au contraire. « Imbéciles que vous êtes ! » leur disait-il, « vous voulez forcer des chrétiens à se faire musulmans, et voilà que les musulmans se font partout chrétiens ! » Il entendait exprimer par là le changement des mœurs qui se rapprochaient chaque jour davantage de celles de l'Evangile.

Cette modification des mœurs publiques profitait à la situation de M. Boré et son influence personnelle s'accroissait chaque jour. L'anecdote suivante en est la preuve. Deux jeunes Bulgares appartenant à des familles distinguées avaient été arrêtées sous prétexte d'espionnage. Depuis deux ans ils gémissaient au bagne en compagnie de malfaiteurs. M. Boré, informé de leur innocence, s'adressa à Méhémet Ali qui, en sa qualité de capitan pacha, dirigeait souverainement cet établissement. Ce haut fonctionnaire était le beau-frère du Sultan qui, après l'avoir tenu quelque temps en disgrâce, lui avait depuis rendu sa faveur. Il n'avait rien à refuser au supérieur des Lazaristes qui fut son visiteur assidu pendant que nul n'osait franchir le seuil du palais où il était relégué. Enquête fut faite, à la suite de laquelle les prisonniers rendus à la liberté vinrent, ivres de joie et de reconnaissance, remercier M. Boré. Celui-ci, par modestie et aussi par politique, reporta tout l'honneur de leur délivrance à l'équité du pacha ; mais les jeunes gens savaient bien que, sans l'intervention du prêtre catholique, ils auraient continué à traîner la chaîne. Aussi s'empressèrent-ils de se mettre sous la protection latine, ce qui équivalait à la profession civile du catholicisme. Cette nouvelle propagée en Bulgarie contribua à disposer les esprits en faveur de la communion romaine et à préparer la rupture avec le patriarcat grec, rupture qui s'effectua quelque temps après, sans malheureusement donner alors tous les fruits qu'on était fondé à en espérer.

L'excellent M. Boré eut, dans une autre circonstance, l'occasion de faire preuve encore une fois de cette bienveillance qui lui était naturelle et qu'il étendait volontiers même à ceux qu'il pouvait considérer comme des adversaires. Dans le village de Bébek, un grec, fontionnaire de haut rang, s'était permis au commencement de la guerre, un langage imprudent, et avait affiché de vives sympathies pour la cause russe. Il fut dénoncé, arrêté et exilé. Sa femme vint supplier M. Boré d'intervenir pour obtenir son retour. La chose était délicate et M. Boré hésita longtemps. A l'ambassade on refusait nettement de s'occuper de cette affaire. Le missionnaire résolut enfin de s'adresser à Méhémet-Ali en personne. Il lui représenta qu'après la répression de l'insurrection Thessalienne il n'avait plus rien à craindre des grecs, et qu'une saine politique lui conseillait la clémence. Le pacha écoutait en souriant et il laissait assez voir son désir de se montrer agréable. Quelques jours après, comme le Lazariste lui rendait de nouveau visite, Méhémet-Ali le prévint et lui demanda des nouvelles de son protégé. « Ah! Altesse, répondit le missionnaire, je le vois, vous avez obtenu son rappel de l'exil, et vous voulez nous en laisser tout l'honneur. Hier la femme de cet hellène est venue nous rendre grâces. Vous lui aviez caché discrètement votre main ». Le capitan pacha riait de tout son cœur ; il mit le comble à ses bonnes grâces en annonçant à son visiteur la mise en liberté de deux prisonniers de l'armée russe : ils étaient polonais de naissance et catholiques de religion.

Sur ces entrefaites M. Boré eut la satisfaction de voir célébrer la solennité de Noël, en pleine liberté, dans la capitale du principal empire musulman. Tous les hôpitaux revêtirent pour la circonstance un air de fête. On distingua particulièrement l'ambulance réservée aux officiers dans le palais de l'ambassade russe. La ferveur des convalescents qui purent assister à la messe de minuit était admirable. Tous les infirmiers en uniformes étaient présents. Le chœur improvisé des chanteurs répétait les Noëls gaulois qui, loin de la patrie et dans le boulevard de l'Islamisme, avaient pour les oreilles tant de grâce naïve et tant d'attraits. M. Boré prononça une homélie touchante sur la paix promise aux cœurs de bonne volonté. Son humilité lui faisait trouver une prédication plus éloquente dans la digne attitude des officiers qui se présen-

taient à la table sainte. Comment, disait-il, ne pas voir sans émotion ces fronts guerriers si fiers de s'incliner modestement à
côté des Sœurs qui venaient de leur prodiguer les soins de la
charité, et rivaliser, pour ainsi dire, avec elles de simplicité et
de receuillement ! Les officiers polonais faits prisonniers, qui
communièrent étaient aussi nombreux que les officiers français.

Ces belles cérémonies terminées, M. Boré se déchargea des
soins de l'ambulance des officiers sur un de ses confrères,
M. Caron. Libre de toute préoccupation de ce côté, il put visiter
les autres aumôniers répartis entre les divers établissements
formant, comme il le disait, une ceinture de fortifications de
la charité chrétienne autour de la musulmane Stamboul. Sa
première course fut dirigée vers Gulhané, la *maison des roses*,
située dans l'enceinte de l'antique sérail. Laissons ici encore
la parole à M. Boré.

« Quelle impression pour un cœur catholique et français
de voir ces retraites mystérieuses et jusqu'à présent si redou-
tées de la puissance ombrageuse des sultans, occupées par
nos soldats dont l'allure vive, le babil et les chants joyeux
contrastent singulièrement avec le repos silencieux et mono-
tone de leurs propriétaires ! L'intelligence et l'ordre de l'administration qui représentent ici le génie chrétien, ont élevé
comme par enchantement une petite ville régulière où la
charité catholique peut briller de tout son éclat. La cornette
et le tablier blanc de nos sœurs qu'on voit de temps en temps
traverser en diligence les cours et les préaux et se multiplier
pour les soins de leurs offices, n'y relèvent-ils pas mille fois
mieux la condition de la femme que les magnifiques parures
de ces mille esclaves détenues là naguère par la jalousie et
les autres passions ? »

Dans le péristyle du kiosque où le sultan Abd-ul-Medjid

avait promulgué, au commencement de son règne, la charte célèbre saluée alors avec tant de confiance, le génie militaire venait d'élever une élégante chapelle dans la construction de laquelle entraient les colonnes de marbre précieux qui soutenaient le pavillon impérial. L'autel avait été dressé dans le voisinage et dans la direction de l'ancienne basilique byzantine, maintenant mosquée, qu'on appelle Sainte-Sophie. M. Boré se plaisait à voir dans ce rapprochement matériel l'indice et, comme le présage, d'une future union spirituelle.

Peu de temps après le supérieur des Lazaristes à Constantinople rendait compte dans une lettre adressée à Monsieur Étienne d'une visite qu'il fit, en compagnie d'un capitaine breton, à cette même mosquée Sainte-Sophie qui exerçait sur lui une invincible attraction. C'était, raconte-t-il, un jeudi, à l'heure où les muderris ou professeurs les plus renommés de la capitale donnaient leurs leçons théologiques. Il distingua en entrant un groupe d'hommes d'une trentaine d'années au moins, coiffés de turbans verts ou blancs, et rangés en cercle autour de leur maître qu'ils écoutaient attentivement. Celui-ci commentait un texte de la théologie dogmatique. Assis sur un énorme coussin de soie rouge, appuyé sur une petite table ornée d'incrustations de nacre, il parlait de la résurrection des corps et expliquait ce qu'il fallait entendre par le *tanamukh*, ou état du corps après la mort. Il enseignait que le corps, en cet état, devait conserver les éléments primitifs de sa formation par Dieu, mais glorifiés chez les bons, enlaidis chez les méchants. M. Boré s'était approché, il s'accroupit tout bonnement à la turque, auprès d'un des auditeurs qui le laissa suivre le texte dans le livre qu'il tenait à la main.

Lorsque le docteur se leva, ses disciples entourèrent M. Boré

et purent s'entretenir aisément avec lui, grâce à sa parfaite
connaissance des idiômes turc, arabe et persan. Ils le félicitèrent vivement du goût qu'il témoignait pour leur science.
Le missionnaire catholique leur répondit avec politesse qu'il
aurait bien voulu avoir plus de loisir pour suivre leurs cours
et pour leur apprendre en échange sa théologie. Mais, ajoutait-il, puisque nous nous trouvons tous réunis aujourd'hui,
faites-moi le plaisir de m'aider à lire ces belles inscriptions
arabes tracées en lettres d'or sur la coupole et sur les murs
de la mosquée. Ils s'empressèrent de le satisfaire, et M. Boré
ne se gêna pas pour commenter à sa manière en les réfutant ces
textes empruntés au Koran, ainsi que les sentences attribuées
à Mahomet, sans, du reste, que ses compagnons improvisés
s'en formalisassent aucunement.

M. Boré admirait en lui-même cette tolérance nouvelle
qui avait succédé à l'ancien fanatisme. Naguère nul chrétien
n'eut osé seulement lever les yeux sur ces objets sacrés pour
tout musulman.

Aux grands disciples, déjà imans ou mollahs s'étaient
joints de petits softas ou étudiants âgés de quatorze à seize
ans. Chez ces derniers même cordialité et même bienveillance.
L'un d'eux saisit le bréviaire de M. Boré et jeta les yeux avec
étonnement sur une image représentant Marie ornée de la couronne et du sceptre, avec l'Enfant Jésus dans ses bras. Il ne
se montrait nullement scandalisé, bien que la religion musulmane proscrive sévèrement toute représentation humaine.

Tout-à-coup quelqu'un s'écria : « Mais nous l'avons, nous
aussi, dans ce lieu la Vierge Marie ; venez, que je vous la
montre. » Et ils entraînèrent effectivement le missionnaire
jusqu'à l'endroit où se trouve, à moitié dissimulée sous un
affreux badigeon, une mosaïque représentant la *Sophia* ou

Sagesse, image de celle à qui l'Eglise applique, dans son office, ces mots : *Ego Sapientia habito in consilio.* Cette mosaïque se trouve du côté du *Mihrab,* espèce de niche sacrée regardant la Mecque, et indiquant, en conséquence, la direction que le Musulman doit prendre quand il se met en prière. Au dessus était gravé le passage du Koran ainsi conçu : « Lorsque l'ange apparut, Zacharie faisait sa prière. »

« En ce moment, poursuit M. Boré, les rayons d'un soleil resplendissant, bien qu'on ne fût qu'au mois de janvier, entraient à flot par les trois fenêtres ménagées habilement pour éclairer le *Saint* des *Saints*; ils allèrent illuminer là figure vénérée que nous cherchions, en sorte que tous les doigts des musulmans s'élevèrent comme de concert pour me la montrer... Je ne l'avais jamais si bien distinguée : ses yeux, sa bouche, le nimbe glorieux de la tête, et les plis même de sa robe majestueuse se détachaient devant nous, comme si, sous la couche dorée du plâtre qui la recouvre, elle avait voulu nous dire qu'elle n'était voilée que temporairement, et qu'elle doit bientôt reprendre possession, non seulement de ce temple, mais de tout l'empire. »

Dans le mois d'avril de la même année M. Boré eut la douleur de voir mourir entre ses bras l'un de ses plus zélés auxiliaires, M. Bourgeois. La maladie l'enleva en six jours. Entré seulement vers l'âge de quarante ans dans la famille de saint Vincent, M. Bourgeois s'était fait distinguer par son humilité et sa simplicité. Timide comme un enfant, il savait pourtant par l'obéissance, sur l'ordre du supérieur, se porter au danger. Il s'était multiplié dans les ambulances, notamment, au grand hopital militaire dé Péra qu'une construction vicieuse rendait malsain. Aussi, au commencement de l'hiver le typhus encombra les salles et jusqu'aux corridors, de malades. Les sœurs, les médecins, les infirmiers furent décimés en même temps. M. Bourgeois devait suffire seul à tout : la besogne devint littéralement écrasante, si bien qu'un soir, à huit heures et demie, au moment où il aurait dû prendre son repos, il lui restait encore plus de vingt moribonds à confesser ou à administrer. M. Bourgeois ne se plaignait jamais ; il prévint seulement deux fois son supérieur que le manque d'auxiliaires pourrait nuire au service. Malheureusement ceux qui étaient demeurés debout se trouvaient trop peu nombreux pour lui venir efficacement en aide. Réduit à faire presque seul face à l'ennemi, il mourut sur la brèche, véritable martyr de la charité.

Les obsèques de M. Bourgeois furent célébrées avec une certaine solennité. Tous ceux des soldats de son hôpital qui purent se traîner à la chapelle assistèrent au sacrifice offert pour le repos de son âme. Le soir il fut porté aux caveaux de l'église des missionnaires à Galata avec tous les honneurs militaires. On peut dire que ce convoi résumait symboliquement la guerre d'Orient par le mélange du clergé et de l'armée qui en faisaient partie. Le tambour précédait la croix ; quatre missionnaires tenaient les coins du poêle recouvrant la bière, qui était portée par quatre infirmiers militaires. Une compagnie de grenadiers faisait escorte en formant une double haie. Plus loin on apercevait les cornettes blanches des Sœurs confondues avec les schakos, les képis et les épaulettes étincelantes des officiers de toutes armes. Le capitaine de la compagnie sollicita de M. Boré la permission de faire un feu de salve au dernier moment ; mais l'humilité du missionnaire refusa ce surcroît d'honneur. On déposa simplement avec les prières liturgiques le cercueil du défunt parmi ceux de ses confrères et des Sœurs, dont les rangs pressés et étagés commençaient à garnir le caveau.

Cette cérémonie funèbre précéda de peu la fermeture de

l'ambulance des officiers. La signature de la paix avait, en effet, amené l'évacuation du palais de l'ambassade russe. En quittant ces lieux qui avaient été le témoin de tant de souffrances héroïquement supportées, M. Boré put rendre hommage à l'esprit foncièrement religieux de la plupart des chefs de l'armée. La bienveillance et le respect que tous lui avaient manifestés en étaient une preuve vivante. De son côté, le corps médical si cruellement éprouvé avait montré que les traditions d'un enseignement trop souvent matérialiste avaient laissé subsister chez eux un fond sérieux de croyances chrétiennes. Aucun d'eux, au lit de la mort, ne refusa l'assistance du prêtre ; plusieurs acceptèrent la suprême expiation avec les sentiments d'une résignation et d'une piété profondément touchantes. Autant de souvenirs précieux pour le cœur du missionnaire.

CHAPITRE X

La Fête-Dieu à Bébek. Rapports de M. Boré avec l'œuvre des Ecoles d'Orient et *la Propagation de la foi*.Tentatives pour la conversion des Bulgares : échec partiel, M. Boré, rappelé à Paris, est investi par M. Etienne des fonctions de secrétaire général. Ses travaux, sa correspondance.M.Boré, aumônier à Arcueil-Cachan. Ses épreuves, dangers qu'il court pendant la guerre de 1870 et pendant la Commune. Grave maladie. M. Boré recouvre la santé à la suite d'une neuvaine.

I

Depuis la prise de Sébastopol qui assurait la prépondérance de l'Occident, le nombre des élèves ottomans du collège de Bébek ne cessait de s'accroître. Les musulmans éclairés semblaient comprendre que, sauvés par la civilisation chrétienne, ils devaient la favoriser et s'attacher à profiter des avantages sociaux qui y sont inhérents. Le fait suivant en est la preuve. Un jour, un personnage important, qui avait nom Ali Bey, le fils du fameux Hussein Pacha, l'exécuteur de la sentence d'extermination prononcée contre les Janisssaires par le sultan Mahmoud, se présenta au collège, avec ses

deux enfants, Asaf et Osman Beys, âgés le premier de 11
ans, le second de 9. Ils étaient accompagnés de leurs gouverneurs ou *lalas*, qui paraissaient les aimer tendrement. En
les confiant à M. Boré, leur père leur tint ce langage qui
aurait pu faire honneur à un chrétien : « Tout en restant
votre père suivant la nature, je transmets pourtant mes
droits sur vous à ce second père. Obéissez-lui comme à moi
et sachez apprécier votre bonheur. » Il ajouta : « Plût à Dieu
que j'eusse pu recevoir l'éducation qui va vous être donnée
ici ! »

A ces mots, les deux charmants bambins, à l'œil intelligent, s'approchent du missionnaire et lui baisent respectueusement la main. Ainsi le voulaient l'étiquette et la politesse Orientales. Les deux lalas avaient les larmes aux yeux.
Ils inclinèrent leur haute taille et leur barbe vénérable devant ces deux enfants, et leur baisèrent, à leur tour, la
main en signe d'adieu, témoignage d'affection et de respect
que les nouveaux écoliers reçurent dans un silence et avec
une gravité imperturbable comme un hommage qui leur
était dû.

La situation se dessinait toujours très favorable aux catholiques, les cérémonies religieuses s'y accomplissaient en
pleine liberté.

En 1856 la procession de la Fête-Dieu fut célébrée à Bébek avec plus de solennité que les années précédentes.
L'autel fut magnifiquement décoré. Une croix formée avec
des canons et des pistolets et surmontée d'une gloire dont
des bayonnettes étincelantes figuraient les rayons, apparaissait comme si elle était suspendue dans les airs. Au
dessus on pouvait lire la devise inscrite sur une banderolle
flottante : « Gloire à Jésus prince de la paix ! » Le même

mot de paix traduit en quatre langues différentes se lisait dans des écussons reposant sur des colonnes où le laurier s'entrelaçait avec l'olivier.

Une foule considérable où toutes les nations et tous les cultes se trouvaient confondus se porta de bonne heure sur le parcours de la procession pour assister à la *fête des roses* : ainsi la nommaient les Ottomans. Elle méritait d'autant plus ce nom que plusieurs musulmans de distinction, le premier médecin du sultan entre autres, ainsi qu'Ali Bey, ce fils du destructeur des Jannissaires, que nous voyions tout-à-l'heure amener ses enfants au collège de Bébek, avaient envoyé leurs plus belles fleurs cueillies par eux-mêmes dans leurs jardins.

Le grand-maître de l'artillerie de l'Empire, ayant appris qu'un détachement d'artilleurs français devait escorter la procession, envoya spontanément des canonniers turcs qui se joignirent au cortège. L'attitude de ces musulmans ne laissait rien à désirer. Quand, au moment de la bénédiction, ils présentèrent les armes au *Dieu inconnu* qui venait les visiter, l'assistance fut vivement remuée et reçut une commotion électrique. Le vice-amiral Pellion qui était présent avec tout son état-major, ne put dissimuler son émotion Et comme un de ses sous-officiers s'étonnait de le voir verser des larmes : « Comment, répondit le vieux marin, refouler son attendrissement, quand on a sous les yeux des Turcs unis aux fidèles de l'Evangile pour rendre gloire au Dieu des chrétiens ! »

La procession se déroula majestueusement dans les rues de la capitale. On remarquait les brillants uniformes des officiers supérieurs, dont la poitrine était constellée de décorations, contrastant avec la tenue sévère des marins et des artilleurs. A l'élément martial s'unissaient l'innocence et la candeur. Les petites filles des écoles, les jeunes garçons du collège portaient bannières et étendarts. Les Sœurs avaient aussi une place dans le cortège, elles représentaient une arme spéciale, celle de la charité. On avait choisi avec soin les inscriptions gravées sur les banderolles flottant au vent; on y lisait le nom du Sauveur, celui de sa sainte mère que les musulmans eux aussi appellent l'*Immaculée*. On y voyait figurer les symboles de l'ancienne loi à côté des réalités de la nouvelle, des versets des deux Testaments, l'oraison dominicale traduite en arabe, quelques sentences de nos livres saints que le Koran a reproduites. Ainsi que le disait justement M. Boré, l'infidélité, le schisme et l'hérésie recevaient en même temps une leçon indirecte qui tournait à l'honneur de la foi catholique.

M. Boré ne se laissait pas éblouir par ces pompes extérieures ; sa sollicitude s'étendait à toutes les œuvres de solide piété. Rien de plus important en ce genre que l'édification d'une église, centre et siège du culte des populations croyantes. Depuis seize ans les Arméniens-unis sollicitaient en vain la permission d'en bâtir une à Constantinople. Le zélé missionnaire usa de son crédit auprès des premiers personnages du divan pour obtenir l'autorisation nécessaire, mais il rencontra sur sa route le fanatisme de la populace. Bien que le Sheik-ul-Islam eût donné un avis favorable, les ouvriers requis et payés pour ce travail étaient accueillis à coup de pierres. M. Boré dut se montrer une fois sur les lieux, ostensiblement accompagné du secrétaire de Méhémet Ali et toute opposition cessa comme par enchantement. L'érection de cette Eglise était un événement important qui ouvrait, pour ainsi dire, une ère nouvelle. Depuis les empereurs latins il n'y avait pas eu d'église catholique digne de ce nom à Constantinople.

La réputation de M. Boré s'étendait au loin : dans les province Danubiennes on comptait sur son zèle et sa protection. Un jour il reçut la visite de deux boyards qui le pressaient de travailler à la régénération de leurs pays. Fidèle à l'esprit de désintéressement absolu qui caractérise la Congrégation dont il faisait partie, M. Boré répondit que la Moldo-Volachie ayant d'autres missionnaires, il ne mettrait pas sa faucille dans la moison d'autrui, qu'en tout cas il fallait s'adresser à Rome d'où partiraient, s'il y avait lieu, des instructions pour le supérieur général.

Un prince du même pays, appartenant au schisme, se montrait néanmoins bien disposé pour la minorité catholique qui forme à peu près un tiers de la population. L'évêque catholique de Jassy consulté par lui aurait vivement souhaité l'établissement d'un collège semblable à celui de Bébek. C'est également au Vatican que fut adressé cet intelligent Roumain.

M. Boré cherchait à s'assurer le concours de l'*Œuvre des Ecoles d'Orient,* qui n'en était guère alors qu'à son début. Vers l'époque où nous sommes arrivés, il adressa au conseil de l'œuvre un rapport où il énumérait tous les établissements fondés, tant dans la Turquie d'Europe que dans la Turquie d'Asie par la double famille de saint Vincent de Paul. Il indiquait en même temps les lieux où il aurait été à propos d'en créer d'autres. Le visiteur de la province de Constantinople avait trop de bon sens pour ne pas sentir le prix de cette coopération, et il avait l'âme trop élevée pour se laisser dominer par un esprit de mesquine jalousie.

M. Boré entretenait en même temps des relations fréquentes avec les conseils centraux de l'œuvre de la *Propagation de foi* ; il leur faisait part des espérances qu'il avait conçues pour la conversion des Bulgares. Un mouvement très accentué de retour vers Rome s'était manifesté dans ce pays à la suite des événements de la guerre de Crimée. M. Boré y prit une très grande part. On peut lire dans un rapport adressé par lui à M. Etienne ainsi qu'aux conseils de la Propagation de la Foi la suite des démarches qu'il entreprit.

Nous nous contenterons de rapporter ici un épisode qui trompa momentanément les espérances des catholiques, mais où M. Boré, instruit par l'expérience à se méfier des intrigues orientales, ne fit guère que suivre l'impulsion des circonstances.

Le 28 décembre 1860, un groupe de Bulgares se présenta à la demeure de Mgr. Brunoni, délégué apostolique. à Constantinople, qui reçut leur déclaration formelle d'abjurer le schisme et de professer désormais la foi de l'Eglise romaine, avec une pleine soumission à son chef suprême. Mgr. Hassou, archevêque primat des Arméniens-unis les supérieurs de différentes maisons religieuses assistaient à cette touchante cérémonie. Cette démarche subite parut d'abord suspecte à M. Boré qui crut y voir plutôt l'effet d'un entraînement naturel que la manifestation d'une volonté mûrie par la réflexion. Néanmoins il s'en réjouit et se tint prêt à seconder, au besoin, l'œuvre de la grâce. En dépit des intrigues des schismatiques et des protestants, les *Uniates* — ainsi s'appelèrent les nouveaux convertis — obtinrent une église qui fut établie à la hâte dans l'ancienne résidence du chef civil des Arméniens catholiques. Ils reçurent bientôt des secours matériels du Saint-Père et des con-

seils de la Propagation de la Foi. Bientôt après, sur la recommandation de l'ambassadeur français, la Porte reconnut
les droits civils de la nouvelle communauté.

Il fallait à l'église des Uniates un chef spirituel. Les quatre évêques de la nation bulgare s'obstinant à demeurer dans
le schisme, on fut réduit à choisir un des prêtres qui avaient
souscrit l'acte d'union. Les suffrages tombèrent sur l'archi-
mardrite Jocif ou Joseph Sokolski, vieillard de 72 ans, dont
le caractère se dévoila plus tard. M. Boré ne fut pour rien
dans cette désignation ; mais, en considération de sa connaissance parfaite de la langue bulgare, on le chargea de la
mission d'accompagner l'élu à Rome où le Pape Pie IX l'appelait pour le sacrer de ses propres mains. M. Boré obéit à
contre cœur.

Arrivé à Rome, l'archimandrite fut accueilli par le Pape
avec la bonté la plus touchante, et il protesta en retour de la
sincérité de ses sentiments. M. Boré était présent et il traduisit immédiatement en français cette allocution prononcée en langue bulgare. Pie IX répondit en exprimant sa
joie d'un si heureux retour.

Les jours suivants furent consacrés aux dispositions à
prendre pour la consécration du futur évêque. Il ne s'agissait de rien moins que de traduire en bulgare la messe pontificale que Pie IX devait dire en même temps que l'archimandrite. L'érudition de M. Boré pouvait seule venir à bout
de ces difficultés ; malheureusement la profonde ignorance
de Sokolski et son peu de mémoire aggravaient encore la
tâche. Son entêtement dans ses préjugés orientaux faillit
tout compromettre. Il refusait obstinément, alléguant les
usages contraires de sa nation, de se laisser enlever des
cheveux sur le sommet de la tête où devait être déposé le

saint chrême. M. Boré dut le menacer d'une rupture complète, s'il persistait dans sa désobéissance. Le bulgare finit par céder, mais on sentait un grand fond d'orgueil sous ses protestations affectées.

Enfin le grand jour arriva. La cérémonie auguste s'accomplit avec un grand éclat, dans la chapelle Sixtine du Vatican, en face de cette immortelle représentation du Jugement dernier, où le génie de Michel Ange s'est épuisé, image semblable à celle qui avait, plusieurs siècles auparavant, contribué à la conversion du roi bulgare, Bogoris. Tout l'orient catholique était présent par ses délégués ; la congrégation de la Propagande était au complet. L'affluence des étrangers de distinction était extraordinaire, on avait dressé une riche tribune pour le roi et la reine de Naples. Après avoir lu, prosterné devant le Saint-Père, la profession de foi d'Urbain VIII, l'archimandrite répondit aux interrogations de Pie IX sur sa doctrine (c'est ce que l'on appelle l'Examen), et s'engagea par les serments les plus redoutables à demeurer filialement soumis au Saint-Siège. M. Boré se tenait à ses côtés, chargé de l'assister et de vérifier toutes ses réponses.

Aussitôt après commença la Messe, célébrée en latin par le Saint-Père, et conjointement par l'élu dans la langue slave liturgique. Les deux prélats assistants étaient Mgr. Etienne Missir, archevêque d'Irenopolis, du rite grec, et Mgr. Regnault, évêque de Chartres, prélat latin... Puis l'archevêque consacré fut promené processionnellement, au chant du *Te Deum* ; revenu à l'autel il fut embrassé par Pie IX qui le retint à déjeuner. Une place à la même table fut réservée à M. Boré, confus de tant d'honneur. Il faut noter que le roi de Naples se tenait avec toute sa famille à deux pas de distance, et que les douze cardinaux assistants étaient rangés en cercle un peu plus loin.

Pendant les huit jours qui suivirent, le nouvel archevêque visita Rome, sous la conduite de M. Boré, et parut vivement impressionné par les souvenirs sacrés qui y abondent; mais cet enthousiasme dura peu. De retour à Constantinople, Mgr. Sokolski congédia poliment M. Boré et se livra à des influences funestes. Que se passa-t-il dans cette cervelle étroite et vide? On l'ignore. Peut-être se persuada-t-il que son diplôme d'investiture, comme chef civil des Bulgares-Unis, conféré récemment par la Porte, le constituaient de plein droit patriarche d'une Eglise nationale et indépendante. Quoiqu'il en soit, le 18 juin, il disparut. Un vapeur russe le conduisit en secret à Odessa. Peu de temps après on apprit qu'il avait été transporté à Kiew. Il s'était laissé volontairement enlever. On n'a pas eu depuis de ses nouvelles.

Cette apostasie qui eut un grand retentissement n'arrêta pas heureusement le mouvement de conversion de la nation bulgare. Ce retour s'effectua peu à peu, dans des conditions qui permettent d'augurer, dans un avenir que Dieu connaît, des résultats durables. A l'heure où nous écrivons ces lignes, c'est un prélat de nationalité bulgare, Monseigneur Mladenof, qui, de sa résidence de Salonique, dirige son vaste diocèse s'étendant de l'archipel jusqu'à l'Albanie. Les progrès sont lents, mais sûrs. Il ne faut pas oublier que M. Boré fut un des premiers à donner l'impulsion.

En 1865, au mois de juillet, le choléra fit invasion à Constantinople. M. Boré se hâta de former un comité qui vint au secours d'une vingtaine de pauvres familles fixées dans le voisinage de Bébek, la plupart schismatiques, et il leur procura les moyens de quitter leurs demeures infectées par le fléau et de camper en plein air. Bientôt la terrible maladie s'attaqua au collège qu'il dirigeait ; quatre des enfants furent gravement atteints. M. Boré, quoiqu'affaibli par une attaque récente, ne voulut pas quitter ses chers malades. Il resta seul avec l'infirmier pendant cette nuit terrible et reçut le dernier soupir de deux de ces innocentes victimes. Sa tendresse pour ceux qui lui étaient confiés ne connaissait pas de bornes. Comme un de ses confrères lui offrait de le remplacer, ou au moins de l'assister dans ces soins aussi pénibles que dangereux : « Non ! non ! lui dit-il, je vous ordonne de vous retirer. Vous êtes le père de ces enfants mais la mère, c'est moi ! »

II

Le 27 septembre de cette année 1865, au jour où l'on célébrait la fête de Notre Dame des Sept-Douleurs, M. Boré faisant sa retraite mensuelle méditait sur les souffrances. Le soir il reçut une lettre de Paris ; un secret pressentiment l'assurait qu'il y trouverait une nouvelle importante. Après avoir récité son bréviaire devant le tabernacle, il se décida enfin à rompre le cachet, et il lut l'ordre de partir sur le champ pour Paris. C'était un grand sacrifice que d'abandonner ce pays devenu pour lui comme une seconde patrie, et où il avait passé une grande partie de son existence. Mais il se soumit humblement et sans murmurer à la volonté divine manifestée par l'ordre de son supérieur. Deux jours après il était en route.

La traversée fut heureuse. Après avoir visité à Marseille les établissements des missionnaires et des Sœurs, il se dirigea vers la Salette pour honorer sa céleste protectrice dans ce célèbre pèlerinage, et il y séjourna durant la fête du Rosaire. La vue des lieux où Marie avait apparu, l'affluence des pélerins, la beauté de la nouvelle église, les chants religieux, l'aspect des trois statues en bronze représentant les principales circonstances de l'Apparition, produisirent sur lui une impression qu'il se plaisait plus tard à rappeler.

Arrivé à la maison mère, il y vécut pendant neuf ans dans une obscurité qui contrastait avec la célébrité qui l'avait entouré en Orient. Son abnégation et sa simplicité le portaient à se réjouir de se retrouver dégagé de la responsabilité qui pesait sur ses épaules lorsqu'il était à la tête de l'importante province de Constantinople. Chargé de la direction spirituelle de quelques maisons de Filles de la Charité, il s'acquitta de cette délicate fonction avec sa bonté habituelle. Les pensionnaires laïques de ces établissements furent également l'objet de sa sollicitude. A Cachan il ramena à la piété par son extrême douceur de pauvres vieilles infirmes qui y avaient trouvé un asile et qui, pour la plupart, ignoraient toute pratique religieuse. « Chaque semaine, raconte une Sœur témoin de sa conduite, il faisait sa visite aux malades, il entrait dans tous les dortoirs, dans toutes les chambres. Sa vue seule réconfortait; un simple mot de sa part valait un sermon, il était toujours si bien choisi, si approprié! c'était comme un baume consolateur et fortifiant. Chacun s'écriait : « Qu'il est bon ! Qu'il est saint ! »

Le trait suivant nous a paru digne d'être noté.

Parmi les pensionnaires de la maison de Cachan il y en avait une qui se signalait par son impiété. Après une vie de désordres elle s'était trouvée atteinte d'une maladie noire qui la rendait silencieuse. Les saints noms de Dieu, de Marie prononcés devant elle lui causaient des convulsions. La seule proposition de pénétrer dans la chapelle lui faisait pousser des hurlements, et quatre personnes avaient peine à la tenir.

La sœur chargée du soin de cette infortunée dit un jour à l'une de ses compagnes : « Je la crois possédée du démon. Si je veux lui faire faire le signe de la croix, son bras est comme du fer, si je lui passe au cou une médaille de la sainte Vierge, elle pousse des cris perçants et l'arrache brutalement. » Prévenu de cet état extraordinaire, M. Boré ne se laissa pas décourager. Il se présenta dans la chambre de la patiente, se mit à genoux et pria longtemps. Il fit aussi sur elle plusieurs aspersions d'eau bénite. La pauvre créature se roulait par terre en poussant des cris épouvantables. Tout-à-coup elle devient calme, demande qu'on la conduise à la chapelle, y prie, y pleure et supplie qu'on veuille bien la confesser. La conversion était parfaite.

On raconte encore dans cette même communauté l'histoire d'une vieille fille qui vivait seule dans un village voisin, en proie à toutes sortes de souffrances d'esprit et de corps. M. Boré vint la voir et causa longtemps avec elle. Quand il la quitta, quelle ne fut pas la stupéfaction de ceux qui l'approchèrent, de le voir couvert de crachats ! Cette malheureuse femme, qui était aveugle, avait cru cracher par terre ! Peu importait au charitable missionnaire qui était arrivé à ses fins. La pauvre créature merveilleusement consolée par ce doux apôtre, mourut en paix peu de temps après.

Depuis le mois d'octobre 1866 la confiance du vénéré supérieur général avait appelé M. Boré au poste de secrétaire général de la Congrégation. En cette qualité M. Boré communiquait directement avec plusieurs supérieurs, notamment dans les derniers temps de la vie de M. Etienne. Les Annales de la Congrégation renferment, à ce sujet, des documents variés; mais comme l'action personnelle de M. Boré y paraît peu nous jugeons inutile d'en donner l'analyse. Le lecteur nous permettra d'indiquer seulement en quelques mots une mission prêchée dans un faubourg de Cracovie et qui dura un mois. Elle attira une foule énorme surtout parmi les pauvres et les paysans. On y venait de vingt et trente lieues à la ronde, jusque de la Silésie prussienne où la domination protestante n'aurait pas permis une semblable manifestation. Les retraitants passaient toute la journée à l'église ou aux environs. Après l'instruction ils se retiraient à l'écart, et se séparant par bandes, ils écoutaient les explications du plus habile d'entre eux. Une seule église vit approcher de la sainte table 8,000 communiants. Sans la pénurie et la fatigue extrême des prédicateurs on eut pu recommencer une nouvelle mission d'une égale durée : les auditeurs n'eussent pas manqué.

Pendant que le peuple polonais donnait un si beau témoignage de sa foi, le gouvernement prussien entrait dans la voie funeste du Kulturkampf. Tous les missionnaires lazaristes appartenant à la province de Prusse reçurent leur ordre d'expulsion. Ils ne quittèrent le pays qu'au milieu des sanglots et des gémissements du clergé et du peuple, dont ils possédaient toutes les sympathies. Les exilés, au nombre de 35 prêtres et de 47 frères coadjuteurs, donnèrent un admirable exemple de fidélité à leur règle en se rendant tous, sans exception, à la maison mère à Paris, pour se mettre à la disposition du supérieur général, au lieu de rester dans le pays où on leur offrait des situations honorables. Le très honoré Père Etienne les dispersa dans diverses maisons de l'Europe et de l'étranger, où ils accomplirent dignements les œuvres de leur vocation.

La guerre de 1870 vint surprendre M. Boré dans ses occupations quotidiennes. Quelle épreuve pour un patriote et un chrétien ! Retiré dans la maison de Cachan (près Arcueil), à quelques centaines de mètres des grand'gardes prussiennes, assourdi, jour et nuit, par le bruit du canon et de la fusillade, il sentait, pour ainsi dire la mort planer sur sa tête. Une ambulance avait été installée par les Sœurs. M. Boré, reprit naturellement ses fonctions d'aumônier, telle qu'il les avait exercées à Constantinople. Mais que les temps étaient changés ! Au surplus, le voisinage de l'ennemi engagea bientôt l'autorité militaire à rappeler les malades et les blessés. Au milieu de ces angoisses, fidèle aux règles de la Congrégation, M. Boré fit paisiblement, comme à l'ordinaire, les exercices de sa retraite annuelle, en n'y apportant que les tempéraments exigés par les circonstances. Il était quelquefois troublé dans ses méditations pieuses par le bruit effrayant d'une bombe qui, passant par dessus sa demeure, allait éclater dans un village voisin. Cette menace perpétuelle lui faisait mieux envisager et comprendre le néant de cette vie terrestre qui est à la merci du moindre accident.

Il écrivait le 13 octobre sur son cahier de réflexions intimes : « Au moment où je commence ma lecture spirituelle du matin, une affreuse canonnade s'engage à deux kilomètres d'ici, à Bagneux : bientôt elle enveloppe Châtillon.

Pendant deux heures la terre tremble autour de nous.
Comme mon cœur se serre en songeant à toutes ces vies
sacrifiées ! Comme la méditation de l'Evangile démontre la
folie des hommes se livrant à toutes les passions opposées à
la charité !... Seigneur ! veuillez abréger pour vos élus ces
jours d'angoisse et d'amertume ! »

Bientôt vinrent les horreurs de la Commune et ces jours
de la guerre civile cent fois plus affreux que ceux de la
guerre étrangère. Les religieux de la maison mère avaient
dû se disperser. M. Boré n'en continua pas moins de venir
visiter à Paris ceux de ses confrères qui y étaient demeurés.
Savie courut de sérieux dangers : il se vit deux fois arrêté par des
gardes nationaux fédérés qui trouvaient suspectes ces allées et
venues. Pour couper court à une situation intenable, M. Wi-
cart qui avait alors les pouvoirs de supérieur général lui
enjoignit de venir le rejoindre à Versailles. M. Boré obéit sur
le champ. Bien lui en prit, car il était à peine parti qu'on
se présenta à Cachan pour l'arrêter. S'il eût été rencontré,
peut-être eût-il subi le sort de ses voisins les dominicains
d'Arcueil ; mais Dieu le préservait pour de nouveaux travaux.

Il n'était pas toutefois à l'abri de tout danger. Comme il
cheminait dans la campagne aux environs de la capitale, pour
se rendre à sa destination, il fut surpris par une bande et
conduit à un colonel de fédérés. Celui-ci, connaissant ou
soupçonnant sa qualité, vomit contre lui mille injures accompagnées d'épouvantables blasphèmes et l'arrêta en le
menaçant de le faire exécuter. M. Boré, qui ne gardait jamais mieux son sang-froid qu'en face du péril, lui répondit
sans élever la voix. « Il me paraît, Monsieur, lui dit-il, que
vous parlez de choses qui vous sont peu familières. Je suis

prêt à vous renseigner, si vous voulez bien m'accorder quelques instants d'entretien, et à vous rendre compte des motifs de ma foi. Vous pourrez vous-même en faire votre profit. » L'étrangeté de cette proposition, le calme avec lequel elle était formulée frappèrent d'étonnement l'énergumène peu disposé, d'ailleurs, à faire de la controverse. Emu et comme subjugué par une nature supérieure à la sienne, il rendit la liberté à son prisonnier, qui put continuer sa route sans être désormais inquiété.

Quand la tempête politique fut passée, M. Boré retourna à Cachan où il reprit avec simplicité ses occupations accoutumées. Aucun évènement de quelque importance ne marque les années qui suivirent. Dans le mois de janvier 1874 une grave et douloureuse maladie lui fournit l'occasion de montrer toute sa patience. Couvert de boutons qui faisaient sur son corps exténué l'effet d'un cruel cilice, il ne proférait aucune plainte : son oraison était continuelle. Empêché de lire son bréviaire par une privation momentanée de la vue, il s'en faisait réciter des passages par le frère qui le servait. Il buvait et mangeait tout ce qu'on lui présentait sans témoigner désir, ni répugnance. Chaque jour il recevait avec des marques de piété la sainte communion. Résigné à la mort qui lui semblait inévitable, il fit cependant, sans doute par esprit d'obéissance, une neuvaine au Sacré Cœur dans le but d'obtenir sa guérison. Le jour où cette neuvaine se terminait, dans les commencements du mois de février, la fièvre le quitta et sa convalescence se dessina nettement.

A peine en état de sortir, dès le 9 mai, M. Boré s'empressa de se rendre à Saint-Lazare, bien désireux de revoir le supérieur général gravement atteint lui-même depuis plusieurs mois, et qui ne devait pas recouvrer la santé.

M. Boré arriva au moment même où la communauté venait de s'assembler pour la cérémonie de l'Extrême-Onction. Il y assista agenouillé et tout en larmes, à quelques pas du Très honoré Père réduit à un état de prostration trop grand pour le reconnaître. M. Etienne mourut trois jours après. Cet évènement allait couronner la carrière déjà longue de M. Boré par le plus honorable et le plus imprévu pour lui des suffrages de ses confrères.

CHAPITRE XI

Mort de M. Etienne. L'assemblée générale lui choisit pour successeur
M. Boré. Notification de l'élection au souverain pontife : réponse de
Pie IX. Voyage du nouveau supérieur général à Rome et dans toute
l'Italie. Audience et accueil paternel du Pape. M. Boré à Lourdes et
au Berceau de Saint-Vincent-de-Paul. M. Boré accueille à la maison-
mère les sœurs expulsées du Mexique. Réception en audience solennelle par Pie IX de Son Excellence Nazare-Aga, ambassadeur du shah
de Perse à Paris, ancien élève de M. Boré.

I

La mort de M. Etienne, supérieur général des deux congrégations, qui survint le 12 mars 1874, produisait un grand
vide, car cet excellent religieux qui avait eu la gloire de
ressusciter, en quelque sorte, la compagnie des missionnaires demeurée languissante depuis la Révolution, l'avait gou-
vernée avec une fermeté et une sagesse auxquelles tout le
monde rendait un hommage mérité. Le choix de son successeur était donc une affaire de la plus haute importance.

Pour y procéder avec maturité et régler quelques affaires dont l'historien de M. Boré n'a pas à se préoccuper, toutes les provinces nommèrent des délégués qui se trouvèrent réunis, à la maison mère, à Paris, six mois après la convocation.

Cette assemblée générale fut très imposante. Pour la première fois toutes les missions y étaient représentées, entre autres celle de Chine par MM. Guierry et Bray, celle d'Abyssinie par Mgr Touvier, et celle de Perse par Mgr. Cluzel. Commencée le 8 septembre, elle tint treize sessions et se termina le 22 du même mois.

Dans la quatrième session on dut procéder à la nomination du supérieur général. Le nom qui sortit de l'urne fut celui de M. Boré. On peut dire que son zèle, sa science, son expérience, ses travaux, ainsi que la réputation qu'il s'était depuis longtemps acquise, le désignaient d'avance au choix de ses confrères.

C'est M. Boré lui-même qui remplissait les fonctions de secrétaire et, par conséquent était chargé de dépouiller les votes. Il a raconté lui-même dans son *Journal intime* sa surprise et son émotion. Au premier scrutin, il fut porté à une majorité qui toutefois n'excédait pas la moitié des suffrages exprimés, comme les constitutions le prescrivent. Tout bouleversé il se croyait le jouet d'une hallucination. Au second scrutin il obtint le chiffre décisif et fut, à l'instant proclamé par le vicaire général. Ce fut un moment d'angoisse inexprimable ; il sentait toute son existence changée, enchaînée et comme accablée par les obligations d'une charge sous laquelle il aurait craint de succomber sans son absolue confiance en Dieu. L'élu voyait uniquement dans ce choix complétement inattendu la volonté de Dieu. Il se soumettait aveuglément.

Tous les missionnaires présents vinrent, suivant l'usage, lui baiser la main en signe d'hommage filial et de soumission. On était alors au 11 septembre, jour anniversaire du glorieux martyre du vénérable Perboyre, membre de la Compagnie, déclaré depuis bienheureux.

Immédiatement le télégraphe transmit cette heureuse nomination au Saint Père qui s'empressa de répondre en envoyant sa bénédiction au nouvel élu ainsi qu'à l'assemblée générale.

Cette assemblée ne se sépara qu'après avoir réglé, de concert avec son chef, plusieurs points importants concernant la Compagnie. Dans son discours d'adieu, le nouveau supérieur général exprima, en employant l'idiôme latin qui lui était familier, sa reconnaissance et sa résolution d'observer fidèlement les règles de la Congrégation.

Voici la traduction partielle de son allocution :

« Accablé sous le poids des immenses sollicitudes et des préoccupations non moins graves attachées à sa charge, dit M. Boré, votre nouvel élu et votre serviteur peut à peine, en ce moment, vous exprimer ici quelques uns des sentiments qui remplissent son âme...

« En vérité, *tout ceci est l'œuvre de Dieu* : c'est lui qui m'a comme élevé de l'infime bassesse de mon insuffisance et de ma misère, ne dédaignant pas de prendre la plus humble et la plus pauvre des brebis de son troupeau pour la mettre à sa tête... Aidé du secours d'en haut, je suis résolu à me montrer toujours le fidèle observateur de ses saintes règles et de ses prescriptions... »

M. Boré terminait en demandant au Seigneur de lui faire la grâce de marcher sur les traces du tant regretté Père,

M. Etienne, sans oublier les exemples de son très digne prédécesseur M. Mellier.

Le jour même, l'Assemblée notifiait officiellement au Saint Père l'élection qui avait eu lieu et protestait de sa soumission sans bornes à l'autorité du siège apostolique.

« Avant de nous disperser de nouveau parmi les diverses nations de la terre, afin de prêcher l'Evangile de Jésus-Christ, disaient les missionnaires, nous éprouvons le besoin de nous prosterner d'esprit et de cœur aux pieds de Votre Sainteté, pour lui protester de notre foi, de notre vénération, de notre obéissance absolue ainsi que de notre gratitude sans bornes. Nous croyons, en effet, que vous êtes le docteur infaillible de la vérité, le Pasteur suprême de l'Eglise de Jésus-Christ... Nous n'espérons recueillir des fruits de nos travaux, qu'autant que nous serons dans la plus étroite union avec Votre Sainteté et avec le Saint-Siège apostolique par la foi, la charité et la soumission la plus filiale. »

Cette adresse était envoyée au nom et avec le mandat des enfants de saint Vincent de Paul par » leur élu quoique très indigne E. Boré. »

Un mois plus tard, le Souverain Pontife daignait répondre par une lettre adressée à son « cher fils, zélé pour la religion »

« Rien ne pouvait nous être plus agréable, écrivait Pie IX, que la lettre par laquelle vous vous êtes fait un devoir de nous faire part de votre élection au gouvernement de votre Compagnie ; mais bien plus agréable encore nous ont été les sentiments que vous nous avez manifestés, au nom de votre pieux institut, sentiments qui témoignaient de votre respectueuse soumission envers cette infaillible chaire de vérité, et qui démontraient que vous n'avez rien plus à cœur.

que de rester toujours, avec Nous et ce Siège apostolique
dans la plus parfaite soumission de la foi, de la charité et
de l'obéissance... »

Il nous sera permis de dire que le Pape, l'Assemblée et
le Supérieur général avaient raison d'insister sur le devoir
de la soumission sans réserve au chef de l'Eglise. Cette obligation se fait de plus en plus sentir dans nos temps de bou-
leversements sociaux et religieux.

Le nouveau supérieur général avait hâte de déposer ses
hommages aux pieds de la personne auguste du Saint Père ;
mais les occupations écrasantes dont il fut assailli au moment de son entrée en charge et qui se succédèrent pendant
quelque temps le contraignirent d'ajourner son départ pour
Rome. Il ne put se mettre en route que dans les premiers
jours du mois de février 1875. Son but était de profiter de
son séjour en Italie pour visiter les maisons des Missionnaires et celles des Sœurs, qui avaient nécessairement beaucoup
souffert de la Révolution dont la péninsule venait d'être le
théâtre.

Le lecteur ne lira pas sans intérêt les détails de la situation au delà des Alpes.

Le 12 février M. Boré était à Turin où il fut reçu par le
vénérable M. Durando. La plupart des maisons de la province subsistaient encore : elles avaient, il est vrai, perdu
leurs biens et se trouvaient, par conséquent, plus ou moins
gênées ou amoindries ; elles n'en continuaient pas moins
leurs œuvres ; l'usage de leurs chapelles leur avait été main-
tenu. Les missionnaires et les Sœurs se logeaient dans quelques chambres que la timide tolérance du gouvernement
leur avait laissées. Malheureusement le nombre des étudiants
en théologie diminuait de jour en jour, depuis l'application

rigoureuse de la dernière loi militaire. Le très honoré Père visita en détail le séminaire des Sœurs placé sous la direction d'une française qui parlait très bien la langue italienne. L'infirmerie retint longtemps M. Boré, il voulut voir les malades les uns après les autres, et à chacun il adressa des paroles d'encouragement.

Bien que l'installation des Filles de la Charité dans le nord de l'Italie ne remontât pas au delà de quarante ans, elles y étaient aussi solidement établies et aussi aimées que dans notre patrie.

A Gênes les missionnaires occupaient une belle maison située sur le penchant d'une de ces collines qui descendent jusqu'à la mer. C'est là que le cardinal Durazzo, ami de saint Vincent, avait installé leurs prédécesseurs. Les Sœurs y avaient de leur côté, cinq établissements.

A Florence, M. Boré assista à l'entrée solennelle du nouvel archevêque, Mgr. Cecconi, prélat et écrivain très-distingué, dans sa magnifique métropole de *Santa Maria del Fiore*. C'est la troisième église du monde pour la grandeur de ses dimensions.

Rome n'était plus la Rome d'autrefois. Le successeur de Pierre se voyait confiné dans l'enceinte du Vatican, laissant *sa ville* au pouvoir de l'usurpateur. Chose triste à dire ! Les cérémonies extérieure du culte catholique n'y étaient plus tolérées. Au milieu de ces tristesses, M. Boré eut la consolation de retrouver intacte la mission de Monte Citorio, cette antique et pieuse maison, qui remonte à saint Vincent et où Pie IX se souvenait d'avoir été préparé aux saints ordres. C'est grâce à la munificence de la duchesse d'Aiguillon que cette maison avait été acquise au XVIe siècle. M. Basili supérieur et M. Borgogno, procureur général près le Saint-Siège, étaient allés attendre à la gare, M. Boré. Sa première visite fut pour le tombeau de saint Pierre, il pria assez longtemps devant la confession. L'audience du Pape fut fixée au 24 février.

En voyant entrer le supérieur général, Pie IX qui était assis devant une table assez simple, fit une exclamation et ouvrit les bras comme pour le serrer sur son cœur. M. Boré déposa sur la table une somme qu'il offrait au Saint Père au nom des deux Compagnies, et la conversation s'engagea.

« Vous avez été à Constantinople, dit le Saint-Père en s'adressant au supérieur général, mais vous n'êtes pas le même que M. Bourée qui nous a causé tant d'embarras. Il voulait fonder un collége au centre duquel il y aurait eu une mosquée. Nous ne pouvions souffrir cela. »

Pie IX poursuivit : « Vous avez été élu, il y a peu de temps ? — Au mois de septembre, très Saint Père — On dit que l'Assemblée était nombreuse. — Oui, très Saint Père, la plus nombreuse que la Compagnie ait vue depuis saint Vincent ; il y avait quatre-vingt-cinq membres venus de toutes les parties du monde. — Et on était bien d'accord ? — Oui, très Saint Père, il y a eu parfaite harmonie d'idées et de sentiments. — Oh ! bien ! bien ! cela prouve le bon esprit qui animait cette assemblée. »

Pie IX demanda ensuite des nouvelles de la situation en France. M. Boré répondit que s'il y avait du mal, il y avait aussi beaucoup de bien. « Il se fait un grand nombre de bonnes œuvres, les pélérinages sont très fréquentés : la France est bien dévouée à Votre Sainteté — » — « Oh oui, je le crois : autrefois elle défendait le Saint Siège ; mais Napoléon était de la franc-maçonnerie, il a dû suivre les impulsions de la secte. Il avait bien commencé ; ses premières années donnaient de belles espérances ; mais depuis l'attentat de ce malheureux Orsini... Cet Orsini, je l'ai connu tout jeune, il était de mon diocèse d'Imola ; à cet âge c'était déjà un mauvais sujet, il était pourtant d'une bonne famille. »

M. Boré entretint ensuite le Pape de l'expulsion des sœurs de la Charité du Mexique qui venaient d'arriver à Paris, renouvelant ainsi l'exemple donné récemment par les Missionnaires qui avaient quitté la Prusse pour demeurer fidèles à leur vœux. Pie IX loua hautement cette générosité en déplorant la persécution qui sévissait de toutes parts. Il exprima la confiance que les filles de la Charité, fondées par un saint, persévéreraient toujours dans leur vocation.

En terminant l'audience, le Pape présenta sa main à baiser à M. Boré et lui donna sa bénédiction.

M. Boré consacra une partie de son séjour à Rome, à visiter des prélats, des cardinaux et autres personnages éminents. Il était connu de beaucoup de monde, au moins de réputation. Partout où il se présentait, il était reçu avec des témoignages non équivoques d'estime et de sympathie. Sa modestie, jointe à sa taille avantageuse et à sa tenue si digne produisaient dès le premier abord une heureuse impression. Il vit, entre autre, le cardinal Chigi, ancien nonce à Paris, dont la nièce, la princesse Campagnano, avait fondé sur ses terres à l'Ariccia, près d'Albano, une maison de Sœurs ; le cardinal Pitra dont la sœur était supérieure à Nîmes ; Mgr. Hassoun, patriarche des Arméniens, injustement exilé de Constantinople, qui embrassa M. Boré comme un vieil ami ; le prince Torlonia auquel on avait dû, vingt-cinq ans auparavant, l'introduction des sœurs à Rome, où l'on comptait maintenant sept établissements fondés par la noblesse. A Rome, comme dans presque toute l'Italie, ces maisons étaient demeurées dans la main des fondateurs ; on avait ainsi évité la confiscation et l'impopularité qui s'attache souvent malheureusement aux congrégations riches ou paraissant l'être.

Le très honoré Père dit la messe dans presque toutes les maisons des Sœurs : il se réjouit de les voir toutes animées d'un grand esprit de cordialité. Sa haute piété, sa mortification les édifièrent grandement. On était même enclin, si l'on en croit une relation, à l'accuser d'exagération, à le trouver *trop saint*. Sa frugalité extrême dans les repas qu'on lui offrait contrariait les Sœurs : elles auraient voulu qu'il y fît plus d'honneur. Néanmoins, tout bien considéré, elles ne laissaient pas de remercier Dieu de leur avoir donné un si digne successeur de saint Vincent.

De toutes les maisons de missionnaires situées dans la province de Rome, trois seulement avaient échappé à la suppression. Cependant presque tous les Lazaristes demeuraient dans la ville qu'ils habitaient, ils continuaient à vivre en commun et ils s'adonnaient, autant que possible, à leurs œuvres habituelles.

M. Boré trouva toutes les maisons de la province de N: p e supprimées, leurs propriétés confisquées ; le noviciat interrompu n'avait pu être encore rétabli. Mais la Révolution si hostile aux missionnaires, avait respecté les quatre-vingts établissements de Filles de la Charité. Le cardinal-archevêque de Naples, Mgr Riario Sforza, se montrait fort dévoué aux deux congrégations. Il avait réussi à maintenir, par exception, la mission des Lazaristes de la rue de de Vergini, parce qu'après la confiscation, le local avait fait retour à l'archevêché qui l'avait autrefois donné sous condition. Saint Liguori y avait suivi des retraites, et on lisait encore son nom inscrit de sa main sur le mur d'une des chambres. L'archevêque vivait, d'ailleurs, comme un saint, très-aimé de son peuple et estimé de tous les partis. Il avait donné tout son bien aux pauvres.

Le supérieur général passa ensuite en Sicile, où la situation était à peu près la même. Il y reçut le meilleur accueil de tout l'épiscopat. De retour sur le continent, il visita successivement Bitonto, Bari, Tarente, Oria où il vit la fameuse stigmatisée, et enfin Lorette où il eut le bonheur de célébrer le saint sacrifice dans la *Santa Casa*, le jour même de l'Annonciation, à peu près au moment où les sœurs de Paris renouvélaient leurs engagements devant l'autel. Jadis en Palestine, M. Boré avait visité l'emplacement et vu les fondations de la maison où s'accomplit le mystère de l'Incarnation. Aujourd'hui il pénétrait dans la maison même. Il chanta la grand'messe dans l'église de la Mission, à Florence, et y célébra avec toute la pompe possible la cérémonie de la translation des reliques de Saint-Vincent. A Plaisance, il passa une journée au collège, ou plutôt au séminaire Alberoni, fondé par le cardinal de ce nom, qui en avait confié la direction aux prêtres de la Mission. Le retour en France s'effectua ensuite.

Pendant les deux mois et demi qu'avait duré le voyage d'Italie, le supérieur général avait eu soin de ne loger que dans les maisons occupées par sa congrégation ; partout il avait été reçu avec une cordiale simplicité.

M. Boré regagna Paris par Lourdes et par le Berceau de saint Vincent. A Toulouse il rencontra le nouveau nonce d'Espagne, Mgr Siméoni, qui se rendait à son poste. Ils

firent route ensemble, partageant en chemin de fer le
même compartiment, y menant la vie de communauté, récitant à deux le chapelet et le bréviaire. Arrivé à Lourdes,
M. Boré célébra la messe dans la basilique, donna la sainte
communion à la très-honorée mère Lequette, supérieure générale des Filles de la Charité, qui l'avait rejointe en ce lieu,
et pria avec ferveur dans la grotte consacrée par l'apparition de Marie. Il dîna chez les missionnaires diocésains avec
le nonce d'Espagne et Mgr Peyramale, curé de la paroisse.

M. Boré arrivait au Berceau de saint Vincent, le 24 avril
dans la soirée. Toutes les œuvres sont concentrées dans
ce lieu privilégié ; on y voit des asiles pour les pauvres, des
hôpitaux et des hospices pour les malades et les orphelins,
des écoles, le tout sous la direction des missionnaires et
des Sœurs. Deux fois, depuis onze ans, la solennité habituelle n'avait pu avoir lieu ; en 1871, au lendemain de nos
désastres ; en 1874, à la mort du si regretté M. Etienne.
Cette fois la joie remplaçait le deuil. Toute la communauté
accueillit le nouveau supérieur général avec enthousiasme.
M. Boré, après quelques paroles émues, donna à l'assistance
la bénédiction apostolique, suivant la permission qu'il avait
obtenue de Pie IX. Le lendemain, après la messe de communion générale fut célébrée la grand'messe solennelle en
présence du préfet du département, du président du tribunal
et de toutes les autorités. La tenue édifiante de l'assistance
était à elle seule une touchante prière. Le déjeuner fut suivi
de l'exécution de deux cantates fort applaudies et de l'office
de l'après-midi. Les vêpres commencées dans la chapelle
furent continuées en procession au dehors. Quel spectacle
émouvant offraient ces prêtres, ces Sœurs, ces orphelins,
ces députations des Conférences, le successeur de saint Vin-

cent conduisant autour du champ de Ranquines les reliques du père de ces deux grandes familles religieuses ! Après que les différents groupes eurent occupé les places qui leur avaient été désignées, autour du chêne de saint Vincent, les autorités et le clergé montèrent sur l'estrade élevée à l'intérieur de la grille qui environne le viel arbre, les reliques furent déposées sous son ombrage. M. l'abbé Laparade, archiprêtre de la cathédrale de Bayonne, prononça un éloquent discours, à la suite duquel la bénédiction du Très-Saint-Sacrement fut donnée à la foule agenouillée et pieusement recueillie.

Les reliques du saint ayant été reportées dans la chapelle, M. Chevalier les donna à vénérer aux fidèles. L'empressement des visiteurs ne peut se décrire.

A huit heures du soir, la nuit étant venue, les habitants du village se réunirent auprès du chêne vénéré, et firent entendre de pieux cantiques : parmi eux se trouvaient quelques parents du saint. Une douce clarté illuminait l'arbre au pied duquel avait prié le petit berger devant une statue de la Vierge remplacée depuis par une image semblable. Le spectacle était de ceux qui laissent dans l'âme une impression profonde et que l'on n'oublie jamais.

La bien honorée Mère Lequette assistait à cette fête.

Le 29 avril, M. Boré arrivait à la maison mère. M. Delteil premier assistant et M. Pémartin, secrétaire général, étaient allés le recevoir à la gare. A son entrée toute la communauté se trouvait réunie dans la cour, les cloches sonnaient à toutes volées. M. Fiat, assistant de la maison (1), ex-

____

(1) Le même qui est aujourd'hui le Très Honoré supérieur général des deux congrégations.

prima à M. le Supérieur général la joie de le revoir après une si longue absence. Celui-ci répondit avec son affabilité habituelle et annonça que la bénédiction qu'il allait donner était celle de Notre Saint-Père le Pape. Tout le monde se mit à genoux pour la recevoir, puis on se rendit à la Chapelle afin de remercier Dieu.

Semblable réunion eut lieu le soir à la communauté des Sœurs.

II

Rentré dans la maison mère, M. Boré put recevoir les Sœurs chassées du Mexique par la Franc-Maçonnerie et recueillir de leur bouche le récit de leur longues traverses. Ce douloureux évènement fait trop d'honneur à la Congrégation des filles de la Charité, pour que nous nous jugions dispensé de l'obligation d'en faire un récit un peu détaillé. Nous sommes obligé de remonter à quelques années en arrière. C'est le 15 novembre 1844, que le premier essaim des Filles de la Charité vint se fixer à Mexico. Appelées par les vœux de la population, elles furent reçues avec des transports d'allégresse. Les onze Sœurs venues d'Espagne, et qui formaient le noyau primitif, se multiplièrent rapidement, au point qu'au jour de l'expulsion elles atteignirent le chiffre de quatre cent dix. Favorisées par les autorités de la capitale et par les personnes les plus riches et les plus influentes du pays, elle entreprirent une foule d'œuvres qui prirent un magnifique essor. Dans les derniers temps, on comptait plus de seize cents infortunés, indigents, malades, lépreux, aliénés, enfants des deux sexes, auxquelles elles prodiguaient les soins les plus dévoués.

Malheureusement leur influence morale et religieuse ne tarda pas à porter ombrage aux francs-maçons qui jurèrent leur perte. Toutefois, quand ceux-ci arrivèrent au pouvoir, ils hésitèrent dans la crainte de s'aliéner le peuple. Même, lorsqu'en 1861, les couvents furent supprimés, une circulaire ministérielle préserva formellement les Sœurs de la proscription. Mais en 1874 cette circulaire fut rapportée et un acte du Congrès prononça de nouveau l'abolition de toutes les communautés religieuses sans exception. Cette décision n'avait pas été prise sans une lutte des plus vives au sein de l'assemblée. Le 8 décembre, les législateurs redoutant le ressentiment populaire, placèrent des gardes à l'intérieur de la salle des délibérations ; au dehors ils se firent protéger par la force armée contre la foule qui remplissait les rues adjacentes. Ils ne se hasardèrent à sortir qu'à dix heures du soir, silencieux et presque tremblants. Le coup funeste avait été porté.

Il est d'usage, au Mexique, de promulguer les lois avec un grand appareil, même au bruit du canon. Mais celle-ci était tellement odieuse que la promulgation n'eut lieu que fort tardivement et par de simples affiches. L'émotion publique n'en fut pas moins vive, et elle se traduisit dans la capitale ainsi que dans la province par les démonstrations les plus touchantes. Le gouvernement, alarmé, défendit aux Sœurs de se montrer dans les rues. Celles-ci dirent plus d'une fois en plaisantant : « Nos pauvres religieuses (1) voudraient rester enfermées, on les met dehors ; nous voudrions sortir, on nous enferme : voilà la liberté de notre siècle ».

La sœur Ville, française d'origine, visitatrice de toute la province du Mexique, montra dans cette douloureuse conjoncture, une rare fermeté. Elle avait, dès l'abord, conformément à l'esprit de la Congrégation, résolu de ne tenter aucune résistance, et même d'éviter toute difficulté au gouvernement. Par ses ordres, les Sœurs de toutes les maisons répandues au Mexique sur un espace considérable, durent se préparer sans bruit au départ. Ce n'était pas chose aisée, car il fallait se défaire d'un mobilier assez considérable, dont plusieurs pièces, telles que les lits étaient d'un usage indispensable jusqu'au dernier moment. Elles eurent, d'ailleurs, à subir bien des vexations et furent victimes de véritables vols. Dans plusieurs lieux elle durent enlever en cachette les objets qui leur appartenaient. Durant les derniers jours, à Mexico, où elle s'étaient presque toutes réunies, elles couchaient sur des paillasses (et encore toutes n'en avaient pas), sans draps, sans oreillers, quelques-unes sans couvertures. Il n'y avait plus dans la maison ni chaises, ni armoires. Comme pour se dédommager de ce dénuement elles firent d'abondantes aumônes, les dernières hélas ! Les pauvres leur baisaient les mains en pleurant, et plus d'une fois les larmes des Sœurs, se mêlèrent aux leurs. Comme elles redoutaient une profanation, elles avaient eu soin de faire exhumer les cadavres des sœurs mortes précédemment. La société de bienfaisance française, suisse et belge

---

(1) Il s'agit des religieuses cloîtrées, chassées précédemment de leurs couvents, et que les Sœurs avaient recueillies chez elles.

donna un asile à ces dépouilles dans son propre cimetière.

Cependant les protestations se multipliaient : les pétitions pleuvaient au Congrés. On lisait dans celle des dames de Guanajato ces énergiques paroles : « Nous ne voulons pas que l'univers indigné attribue à notre nation, sage et persécutée, les infamies de ses mandataires qui l'ont trahie ». Cette pétition reçut d'innombrables adhésions. A Puebla, ville de fabriques, l'adresse des artisans n'était pas moins ferme ; elle fut couverte de mille signatures. Leurs adieux aux Sœurs furent déchirants. « L'iniquité vous bannit de la plage mexicaine, disait l'orateur délégué par ses camarades, nos humbles demeures restent tristes et froides, comme le toit que n'abrite plus l'amour d'une mère. Nos hôpitaux et nos asiles sont abandonnés et déserts, semblables aux temples où ne résonnent plus les hymmes sacrés, et où les lampes sont éteintes ». Le lendemain ils revinrent encore : « Ceux qui vous parlent ne sont pas les riches du monde, ni les savants, ni les puissants... Nos vêtements vous disent notre humble position, et nos mains calleuses attestent notre application au travail... Le jour arrivera où nous serons libres, et alors nous espérons vous revoir... Nous vous aimons, nos Sœurs ; tous les jours de la vie nous bénirons votre mémoire, et maudirons vos lâches persécuteurs »...

Ici la Sœur servante arrêta l'orateur et lui représenta que les chrétiens doivent pardonner. Par un effort héroïque elle engagea les assistants à offrir à Dieu l'amertume de leur sacrifice pour obtenir le salut de ceux qui leur causaient tant de douleurs. Elle fut obéie ; mais si ces braves gens n'avaient suivi que leur impulsion personnelle, ils se seraient opposés par la force au départ de leurs bienfaitrices.

A Matamoros l'animation fut encore plus vive. Mille hommes

se présentèrent pour faire aux Sœurs un rempart de leur corps. Un vieillard âgé de 80 ans parlait de dérouiller son fusil. Les Sœurs, pour éviter une émeute, durent s'évader furtivement.

L'expulsion des Sœurs devenait un malheur public, qui atteignait toutes les classes de la société. Les ecclésiastiques, entre autres, étaient consternés. Un prélat prescrivait un mois de pénitence générale. Un autre préparait un mandement énergique, qu'il était prêt, disait-il, à payer de l'exil : il voulut recevoir les Sœurs à sa table, pour leur témoigner publiquement toute sa considération. Le commandant de la garnison de Saint Louis de Potosi, qui avait le grade de général, montra son indignation en refusant la musique militaire qu'on lui demandait pour une fête ; il ne permit pas non plus qu'on célébrât sa propre fête. Le gouverneur de cette même ville écrivit au Président de la République pour le supplier de ne pas sanctionner le décret de proscription ; il engagea les gouverneurs de plusieurs Etats à s'unir à lui. Toutes ces démarches furent inutiles : la secte demeura inflexible.

De nombreuses sociétés de bienfaisance exprimèrent leur sympathie et leur profonde douleur. On s'arrachait, à titre de souvenir, les médailles, les chapelets, tous les objets ayant appartenu aux Sœurs. Les petites filles qu'elles élevaient manifestaient leurs regrets d'une si cruelle séparation de la façon la plus touchante ; elles s'imposaient des pénitences, se privaient de dessert, faisaient nu pieds le pélerinage de Notre Dame de la Guadeloupe située à une lieue de Mexico. On remarqua surtout l'attitude des Enfants de Marie, au nombre de plus de trois mille, qui étaient l'espoir de la régénération du Mexique. Elles avaient, disait-on, par leur esprit profondément chrétien suscité l'animadversion particulière des francs-maçons qui redoutaient leur influence future et leur zèle. Interdiction leur fut faite de porter ostensiblement les signes de leur affiliation.

Pendant les prières publiques qui eurent lieu dans plusieurs villes on vit des gens se traîner à genoux d'une église à l'autre. L'émotion produisit plusieurs accidents particuliers.

Diverses personnes furent affectées au point d'en tomber malades et même d'en mourir, soit par apoplexie, soit autrement. On en cite qui devinrent folles de chagrin.

Chose incroyable ! Il se rencontra, dit-on, une mère qui alla jusqu'à offrir la vie de sa fille pour obtenir du ciel que pareille calamité fût épargnée à sa patrie.

Avant d'emmener avec elles ses Sœurs en Europe, la visitatrice, se conformant en cela à des instructions antérieures, eut soin de leur déclarer à toutes que, vu la gravité des circonstances, elles recouvraient la plénitude de leur liberté, elles insista sur les inconvénients de l'exil. Néanmoins, sur 350 sœurs mexicaines, à peine, en compte-t-on 5 qui usèrent de cette permission. Celles qui furent laissées dans leur pays pour cause de maladie, de légèreté de caractère ou pour d'autres motifs, en témoignérent un véritable déséspoir. Quelques unes de ces dernières se chargèrent des œuvres abandonnées de la Congrégation. Quant aux orphelines, des mesures avaient été prises pour leur assurer des asiles et des protecteurs.

La veille du jour fixé pour le départ, il se passa une scène vraiment grande dans sa simplicité et qui fit beaucoup d'honneur à l'institut même que l'on voulait couvrir de confusion. On avait perfidement répandu le bruit qu'un grand nombre de Sœurs cédaient à une contrainte morale en demeurant fidèles à leur vocation, et que, livrées à elles mêmés, elles n'auraient pas demandé mieux que de rester dans leur patrie et de rentrer dans leurs familles. Le préfet de Mexico, délégué par le *Suprême Gouvernement* avec quelques assesseurs, annonça en conséquence son intention d'interroger lui-même chaque Sœur en particulier. Toutes les filles de la Charité défilèrent donc devant le magistrat : à toutes il posa cette question : « Partez-vous de votre plein gré ? » Tout le monde répondit affirmativement. Le préfet ne ménagea pourtant pas les offres de protection, ni de bons offices. On ne renvoyait personne, affirmait-il ; seulement la loi ne leur permettait plus ni de vivre réunies, ni de porter un costume. Mais à part cette double interdiction, les sœurs pourraient continuer individuellement leurs œuvres de charité dans les hôpitaux et dans les écoles. Personne ne se laissa prendre à ses assurances hypocrites. La réponse unanime fut celle-ci : « Nous partons pour suivre notre vocation. » Les obsessions se renouvelèrent, elles prenaient mille formes diverses. A l'une on disait : « Pourquoi cette vilaine coiffure qui sied si mal à votre gracieux visage ? Débarrassez-vous en donc ! » — « Monsieur, fut-il répliqué, j'espère que ma cornette ne tombera de ma tête que quand celle-ci tombera avec elle. »

Une autre fort jeune, à qui l'on faisait des offres d'assistance, de crainte qu'elle ne vînt à manquer un jour du nécessaire, répondit ainsi : « Merci, monsieur, je n'ai besoin de rien, mais si je me trouvais dans quelque nécessité, je préférerais demander l'aumône, plutôt que de rien accepter de votre part. »

Le zèle paternel du magistrat, après tant de défaites, crut un moment à un triomphe : « Partez vous de votre propre vouloir ? » — « Non monsieur. » — « Ah ! en voilà une enfin !

Eh bien ? » — « Non, je ne pars pas par ma volonté, mais par la vôtre. C'est votre Président et vous autres Messieurs qui m'obligez à m'expatrier ! »

Le coup était rude et bien mérité.

On a prétendu que les examinateurs, résumant leurs impressions après ce long interrogatoire, auraient dit que leurs compatriotes s'étaient montrées grossières — ou plutôt un peu vives dans leurs répliques — les Espagnoles fières, les Françaises polies. Une parole plus authentique est celle du préfet au sortir du prétoire ? « Quelle énergie ! quelles femmes fortes ! pas une n'a failli ! »

De son côté la Sœur visitatrice ne se génait pas pour dire : « La communauté sort bien grande du Mexique, et ses oppresseurs restent bien avilis. »

Elle disait vrai, et l'exode qui s'apprêtait allait lui donner encore une fois de plus raison.

Un premier départ devait avoir lieu de la Vera Cruz le 18 janvier. Au jour indiqué l'embarquement s'opéra par détachements de soixante Sœurs, formant un total de cent soixante-huit. Elles se rendirent à la jetée, marchant en ordre, le pas ferme, le cœur serein, chacune chargée de son petit paquet. Dans le trajet de pauvres femmes eurent la délicatesse de leur offrir des fruits. Elles reçurent, d'ailleurs, des personnes aisées des dons et des secours de toutes sortes. A deux heures de l'après-midi, la *Louisiane* s'ébranla. Les Sœurs agenouillées sur la dunette entonnèrent l'*Ave Maris stella*, et bientôt on les perdit de vue.

Un second et dernier convoi, composé de cent douze sœurs et de deux postulantes, fut formé à Mexico le 14 février : la sœur Ville en avait pris la direction. Comme un

capitaine de vaisseau, elle était la dernière à s'éloigner. A
la gare eut lieu une scène déchirante. En descendant de
voitures, les Sœurs furent saisies et comme entraînées dans
les bras des jeunes filles en larmes. On n'entendait que
des cris et des sanglots. Plusieurs pénétrèrent dans les wa-
gons pour comtempler les exilées plus longtemps ; des pauvres y montèrent aussi. Un coup de sifflet donna le signal
du départ. Des exclamations bruyantes s'élevèrent : « Adieu
mères bien aimées !... qu'allons-nous devenir ? Nous n'avons
plus de mères.., Non ce n'est pas la nation mexicaine qui
vous renvoie. »

Telles furent les derniers mots qui retentirent aux oreilles des expulsées.

Les deux traversées s'affectuèrent, du reste, heureusement, sauf les petits accidents, tels que le mal de mer, inséparables des voyages nautiques. Les commandants, les officiers les simples matelots rivalisaient d'égards et de respects.
Il se trouva pourtant quelques libres-penseurs, pour toiser
les Sœurs avec mépris et les injurier par derrière. On ne
répondit à leur grossièreté que par le dédain.

Le premier convoi, en débarquant à Saint-Nazaire, eut la
joie de voir accourir la très honorée Mère supérieure générale, qui n'avait pas reculé devant un long et fatigant
voyage pour recevoir la première ses filles si éprouvées.
A la maison mère l'accueil fut également plein de cordialité.
Ces sœurs étrangères reconnurent bien vite que toutes les
Filles de la Charité, à quelque nation qu'elles appartiennent, ne forment qu'une seule famille. A ce point de vue
leur expatriation leur fut douce et salutaire. Elles purent en
outre, se retremper au centre et, si nous osons le dire,
au foyer principal de la Congrégation ; elles eurent la

joie de prier devant les reliques de leur saint fondateur.

Le très honoré Père Boré était alors à Rome. A son retour il s'empressa de recevoir les chères expulsées, et le 2 juin veille de leur départ de Paris, il leur donna sa bénédiction. Elles avaient passé trois mois soit à la maison-mère, soit au dehors. Le lendemain et les jours suivants, elles quittaient Paris, au nombre de deux cents trois, pour diverses destinations, l'Algérie, l'Orient, la Chine, l'Italie, l'Espagne et différents États de l'Amérique du sud, où la communauté de langue leur permettait de rendre plus de services. Plusieurs de leurs compagnes du Mexique s'étaient déjà fixées, soit à Panama, soit à Saint-Salvador, soit aux Etats-Unis, notamment à San-Francisco, où la population leur avait fait un accueil enthousiaste. Les dignes filles de Saint-Vincent de Paul continuaient dans tous les lieux, l'apostolat de la charité.

La sœur Ville, exvisitatrice du Mexique, restait à Paris où elle avait été nommée Assistante.

En octobre 1874 la maison des Sœurs à Constantinople fut détruite toute entière par un incendie, dont on ignora la cause. Tout fut perdu : on ne réussit à sauver, comme par miracle, que le Très Saint-Sacrement. Le dénouement des Sœurs était extrême. La charité du supérieur général dut leur venir en aide.

A la fin du mois de juin 1875 M. Boré reçut aussi de tristes nouvelles de Toulouse. Une inondation avait détruit tout un quartier et fait des centaines de victimes. Ce fut une cruelle épreuve pour les Filles de la Charité qui voyaient, de l'hôpital militaire placé sous leur direction, des familles entières emportées par les eaux, sans qu'elles pussent leur venir en aide. Il s'accomplit des prodiges de dévouement. Un infirmier et un convalescent, se hasardant sur une frêle barque, étaient parvenus à sauver huit personnes. A leur dernier voyage les rames cassèrent, le bateau chavira et les sauveteurs improvisés, menacés à leur tour, eurent à peine le temps de s'accrocher à un petit peuplier penché sur l'abîme et qui craquait sous leur poids. Ils restèrent dans cette affreuse position pendant vingt heures. Les Sœurs témoins de cette lutte presque sans espoir, firent un vœu et reçurent la sainte communion. Toute la nuit, à tour de rôle, elles se tenaient une lanterne à la main pour avertir les naufragés qu'on veillait sur eux et leur inspirer du courage. A la fin les eaux baissèrent et l'on put venir à leur secours. L'archevêque arriva, il pleurait en bénissant ceux qui avaient échappé au fléau. Le cœur si tendre de M. Boré dut être bien affecté de ce terrible évènement ; mais heureusement que des compensations lui étaient réservées.

Une des nouvelles qui durent lui faire le plus de plaisir fut sans doute la réception, en audience solennelle, par Pie IX, d'un de ses anciens élèves du collège de Bébek, devenu le général Nazare-Aga, ambassadeur du shah de Perse à Paris. Ce diplomate distingué, qui vit encore, appartient à une ancienne famille persane demeurée catholique à travers toutes les vicissitudes par où a passé ce pays. Le pape ayant chargé Mgr. Cluzel, Lazariste, archevêque de Césarée, vicaire apostolique en Perse, d'une lettre autographe et de présents pour le shah, ce prince touché de cette attention, y répondit par une missive qu'il chargea le général Nazare-Aga de remettre en personne au Souverain-Pontife. Nazare-Aga fit donc exprès le voyage de Rome et il fut reçu au Vatican avec tout le cérémonial usité dans les circonstances analogues. Il était accompagné du premier secrétaire de l'ambassade et du consul général de Perse au Havre. L'envoyé impérial, assisté de deux agents, portait le costume officiel, avec le bonnet d'astracan noir, qu'il conserva sur la tête, suivant l'usage du pays, durant toute l'audience. Sa Sainteté était en habit privé de laine blanche, habit qu'elle n'avait plus quitté depuis le jour fatal du 20 septembre 1870 ; une cour nombreuse l'entourait. Le saint Père accueillit les envoyés avec bonté. Ils s'inclinèrent devant lui, et lui baisèrent la main.

Son Excellence le général Nazare-Aga prit ensuite la parole et exprima la joie qu'il éprouvait d'avoir été choisi pour une mission si chère à son cœur. Il termina en disant qu'il retournerait heureux à son poste en emportant l'agréable souvenir d'avoir eu le bonheur de voir le saint Père avant sa mort, et en lui demandant, en sa qualité d'enfant de la sainte Église catholique, apostolique et romaine, sa bénédiction pour lui et pour toute sa famille.

L'envoyé de sa Majesté Impériale était profondément ému en prononçant ces paroles. Pie IX et tous les assistants laissèrent également paraître leur émotion.

Nazare-Aga lut ensuite la traduction de la lettre de son auguste maître. Le shah y saluait dans Pie IX le très-illustre Pape « empreint (*sic*) d'un caractère de Messie », l'assurait de sa bienveillance absolue pour les catholiques de son empire, qu'il considérait comme un dépôt confié par le saint Père à sa garde, et finissait par se recommander aux prières du souverain Pontife.

On trouverait actuellement en Europe peu de souverains pour tenir un pareil langage.

Le Saint Père, apprenant que le général serait heureux

de recevoir de sa main un souvenir pour sa famille, prit un écrin contenant une croix et une montre, et il le lui offrit. « La croix, dit sa Sainteté, représente celle que je porte, et que tous nous devons porter pour arriver au ciel ; la montre indique les heures qui passent, et qui nous rapprochent du jour où nous serons délivrés des misères humaines. »

La cérémonie se termina par la bénédiction apostolique.

CHAPITRE XII

Voyage de M. Boré en Angleterre et en Irlande. Un bref de Pie IX. M.
Boré préside, au Berceau de Saint-Vincent, la solennité du trois centième anniversaire de la naissance de ce fondateur. Développement
des deux congrégations sous le généralat de M. Boré. Guérison miraculeuse de la sœur Rose au Brésil. Une circulaire de M. Boré. Voyages
en Algérie, en Allemagne et en Pologne.

M. Boré, désireux d'exercer dans toute son étendue la
mission de haute surveillance qui lui incombait en sa qualité de supérieur général, avait résolu de visiter en personne les nombreuses provinces de ses deux instituts. Il
avait déjà parcouru l'Italie. Son attention se tourna ensuite
vers un pays récemment acquis, la Grande Bretagne où le
zèle catholique avait à lutter contre l'hérésie. Les Sœurs de
la charité n'y étaient installées que depuis 1859.

Le 5 août 1875, M. Boré, accompagné de la sœur Lequette supérieure générale des Filles de la Charité, et de
M. Mac-Namara, dont le titre de supérieur du collège des

Irlandais, à Paris, rendait le concours infiniment précieux, prenait le train express qui le conduisait à Calais où les voyageurs s'embarquaient incontinent pour l'Angleterre. Ils étaient à Londres, le lendemain matin, à six heures, et ils descendirent à la principale maison des Sœurs où M. Boré dit la messe immédiatement. Les deux représentants de la double famille de Saint-Vincent de Paul crurent ensuite devoir rendre visite au cardinal Manning. Son Eminence les reçut avec une grande politesse et les assura de toute la bienveillance qu'il portait aux Sœurs et aux missionnaires.

Après s'être montré dans les deux autres maisons que possédaient les Sœurs, M. Boré se rendit à l'hôpital français. Les malades furent aussi heureux qu'émus d'entendre de sa bouche les paroles de consolation qui lui étaient familières. En visitant la vieille et imposante basilique de Wesminster, il fit la rencontre du doyen protestant, M. Stanley, qui s'empressa de lui donner les explications nécessaires et de lui faire admirer les beautés de l'édifice. M. Boré fut surtout impressionné par la vue de la chapelle d'Edouard le Confesseur, dont la tombe a échappé presque miraculeusement aux profanations de l'hérésie. Le lendemain il se rendit dans le voisinage de Londres, à l'orphelinat de Leyton que le gouvernement anglais, dans sa tolérance éclairée, n'avait pas craint de confier aux Sœurs. Les enfants étaient en convalescence d'une épidémie ophthalmique qu'ils avaient apportée du workhouse ; ils se montraient touchés des soins affectueux qui leur étaient prodigués dans leur nouvelle résidence, et auxquels la philanthropie officielle ne les avaient pas habitués.

Le lendemain eut lieu le départ pour Sheffield. A la gare de départ les employés reconnurent bien vite dans les

voyageurs des clergymen catholiques, et ils eurent l'attention de leur désigner un compartiment séparé. La ville ma-
nufacturière, où ils arrivèrent bientôt, était pleine de mouvement et d'activité. M. Boré eut la joie de constater les énormes progrès réalisés par le catholicisme. Là où il ne se trouvait naguère ni chapelle, ni prêtre, le culte était maintenant
organisé et s'exerçait dans une vaste église ornée d'une
tour qui servait de clocher. C'est à Sheffield qu'avait été fondée la première maison de Sœurs en Angleterre. Un ecclésiastique anglais, M. Burke, profita pour les établir de la po-
pularité que leur avait valu leur dévouement dans cette
guerre de Crimée où nous les avons vues précédemment à
l'œuvre. Une conférence de saint Vincent, composée surtout
d'ouvriers, diverses associations, des secours religieux aux
soldats catholiques, un cimetière particulier, un orphelinat témoignaient du zèle de ce pieux lazariste et de son successeur,
ainsi que de l'inépuisable munificence du duc de Norfolk,
le bienfaiteur attitré de ses coréligionnaires. Mais l'œuvre
capitale était la maison de refuge, appelée *Reformatory*, si
utile pour la moralité publique. Le Père général s'y rendit
de grand matin pour y rejoindre la Mère générale et y dire
la sainte messe dans une chapelle gothique qui était un
vrai bijou. Plusieurs des jeunes pénitentes y communièrent de sa main. On les revit plus tard dans une réunion
particulière. Leur tenue modeste, joyeuse même, charma
M. Boré ainsi que la sœur Lequette, qui reçurent d'un air
affable les compliments débités par deux d'entre elles. Le
Très Honoré Père leur adressa ensuite la parole en anglais
et les exhorta vivement à persévérer dans leur vie de
pénitence et d'honnêteté. Le meilleur témoignage qu'on pût
apporter en leur faveur et à l'avantage de l'établissement,

était le rapport élogieux de l'inspecteur, ministre protestant. En sortant de la maison les jeunes filles trouvaient aisément à se placer, tant leur conversion semblait solide.

Les deux supérieurs se rendirent ensuite à l'église Saint Vincent où ils assistèrent à une grand'messe solennelle accompagnée de chants. M. Boré avait pris place dans le chœur et un prie Dieu près de la balustrade fut réservé à la Mère Lequette. Après avoir conversé avec les membres de la *Confrérie de la doctrine chrétienne* qui avaient pour mission d'apprendre le catéchisme aux enfants, le Père général visita la *Société des jeunes gens* qui le reçurent avec un véritable enthousiasme. Quant à lui son émotion fut telle qu'elle l'empêcha de prendre la parole : il ne put que murmurer quelques phrases à son confrère qui les traduisit en anglais à l'auditoire.

Nous passons rapidement sur quelques instants de séjour à Leeds, où l'évêque donna sa bénédiction aux voyageurs, à Boston-Spa, où les sœurs de la Charité tenaient pour les sourds-muets une école qui avait pris la place d'un collège protestant, précieuse conquête sur l'hérésie, à Liverpool qui offrit aux regards des deux supérieurs un orphelinat de garçons et une école industrielle, soutenus par le gouvernement, l'un et l'autre sous la direction aussi ferme qu'intelligente des Sœurs. Ces dernières étaient, en outre, à la tête d'une institution d'aveugles des deux sexes qu'elles savaient merveilleusement occuper à des travaux divers. Vint ensuite le tour du *Petit Crosby*, fondation du seigneur du lieu, M. Blundell. Les enfants poussèrent des cris de joie à la vue de ce prêtre et de ces religieuses venus de si loin. Il est bon de noter que la population a traversé mille épreuves depuis la Réforme, sans perdre la foi, grâce à la protection vigilante de cette famille distinguée.

En Ecosse, M. Boré et la Mère Lequette visitèrent successivement les Sœurs de Lanark, leur généreux bienfaiteur, M. Monteith récemment converti, et les Sœurs de Susyllum. Un bateau à vapeur les conduisit de Greenock à Belfast, où ils prirent pied sur la vieille terre catholique d'Irlande.

Dans cette île *Emeraude*, ou plutôt dans cette *île des Saints*, M. Boré semblait respirer une autre atmosphère. La Grande Bretagne presque tout entière livrée à l'hérésie, ne faisait que tolérer les fleurs de la piété catholique ; on se cachait, pour ainsi dire, pour les cultiver, on ne les regardait, en quelque sorte, qu'à la dérobée. L'Irlande, au contraire, se-personnifie par sa foi, et sa foi se manifeste partout. La robe du prêtre y est profondément vénérée, sa parole écoutée, ses conseils sont suivis : il est vraiment le roi des cœurs et le maître des âmes. Cette soumission, cet abandon sont si touchants au sein de la pauvreté de ce bon peuple, pauvreté qui va souvent jusqu'à la détresse ! M. Mac-Namara, qui guidait les pas du Supérieur général, pouvait lui raconter toutes les phases de cette longue *agitation* ingénieusement créée et habilement entretenue par O'Connell, dont il avait connu les dernières années. C'est grâce aux efforts persévérants de celui que les Irlandais nommaient leur « roi sans couronne », que la nation avait fini par reconquérir une partie de ses droits. Le supérieur du collège des Irlandais à Paris fut, sans doute, heureux d'apprendre à M. Boré qu'O'Connell était un fervent admirateur des Missionnaires et qu'il les avait favorisés de tout son pouvoir. Ce fut par ses soins qu'une mission fut donnée dans une paroisse du diocèse dont il était natif, laquelle, domptée par la famine, avait passé au protestantisme et qui revint à résipiscence.

M. Mac-Namara avait eu la joie d'offrir le saint sacrifice dans la chapelle de la maison de campagne d'O'Connell alors absent. Quand le *libérateur* sut qu'un prêtre catholique avait prié pour lui : « Que vous me faites plaisir, s'écria-t-il, de m'assurer que je viens d'avoir votre *memento* pour mes besoins spirituels ! Quant au temporel, il importe peu ». O'Connell était vraiment un homme de foi.

Il présidait un jour une réunion convoquée par les missionnaires dans une église qui avait été bâtie aux frais des populations pourtant déjà si éprouvées. Lui-même venait d'être élu lord maire de Dublin, lors de la réforme qui admettait dorénavant des membres catholiques dans les municipalités. Il prit la parole avec son *humour* ordinaire, mais bientôt son attitude devint grave et solennelle. « Comment, dit-il, ne serais-je pas impressionné lorsque je viens à penser que c'est la première fois depuis deux cents ans qu'un lord maire catholique de Dublin catholique s'adresse à une assemblée toute catholique dans un édifice tout catholique ! » A ces fiers accents il y eut comme une explosion d'enthousiasme.

O'Connell était un des grands admirateurs des sociétés de tempérance qui ont tant contribué à régénérer l'Irlande. On sait que c'est un capucin, le R. P. Mathews, qui a été l'initiateur de ce mouvement : les missionnaires l'avaient favorisé de tout leur pouvoir.

M. Mac-Namara, tout plein des souvenirs de sa jeunesse, avait à peine le temps d'en faire part à ses compagnons, tant leur voyage s'effectuait rapidement. A Drogheda M. Boré fut heureux de rencontrer dans la sœur servante qui l'attendait à la station, une congréganiste qu'il avait connue à Smyrne, et que l'obéissance avait transférée à mille lieues de son ancien poste.

Drogheda est la première ville du Royaume-Uni, où les Sœurs se soient établies à poste fixe : on y compte aujourd'hui 22 maisons et 170 sœurs. Aux environs de Dublin se trouve le séminaire interne de la province. Le Père général et la Mère générale visitèrent ensemble l'orphelinat de Saint-Vincent, situé dans un milieu uniquement peuplé de pauvres, (aussi les Sœurs s'y trouvent-elles en famille), puis l'asile des aliénées, qui sont toutes l'objet des soins les plus tendres et les plus délicats.

Le lendemain, fête de l'Assomption, le Père général eut la joie de recevoir les premiers vœux de deux jeunes Sœurs de Drogheda. De là on arriva au collège de Castle Knock, berceau de la Congrégation des missionnaires en Irlande. Le drapeau flottant sur la plus haute tour et le son joyeux de la cloche du collège souhaitèrent la bienvenue aux visiteurs. On était en vacances : le Très Honoré Père ne rencontra donc que des confrères, il parcourut l'établissement et le cimetière, remarquant la fin prématurée de la plupart de ceux qui y dormaient leur dernier sommeil après avoir été usés par les travaux.

Les deux supérieurs visitèrent ensuite le couvent des dominicaines de Sainte Marie de Cabra, où résidaient les missionnaires. Une bonne sœur avait été placée à la tourelle de la cloche, avec instruction de sonner à grande volée, dès que les voyageurs seraient en vue. Celle-ci sonna, en effet, et de si bon cœur qu'après trois ou quatre coups la corde se rompit. Le silence qui se produisit alors fit que la communauté qui s'était ébranlée, rebroussa chemin, si bien que l'entrée se fit sans apparat et sans autre guide que la bonne sœur qui se confondait en excuses. Et tout le monde de rire.

Le voyage en Irlande se termina par de courtes apparitions

à Phibsborough, faubourg pauvre de Dublin, à Cork, dont le
supérieur, M. O'Sullivan, était frère d'une fille de la Charité
martyrisée à Tientsin. Il s'y trouve un hôpital desservi
par les Sœurs, mais placé sous la surveillance d'une administration en partie protestante qui ne leur marchande pas les
éloges.

Le retour à travers l'Angleterre n'offrit rien de bien
remarquable, sinon un fragment de conversation entre deux
protestants, qu'on nous permettra de reproduire pour introduire la note gaie dans ce récit. Ces deux messieurs
étaient fort intrigués par la vue des cornettes des Sœurs, et
cherchaient à deviner ce qu'elles *pouvaient bien être*. « Je me
demande, disait l'un d'eux, si ces dames entendent les con-
fessions. Qu'en pensez-vous ? » — « En vérité je n'en
sais rien, répondit l'autre ; mais cela ne m'étonnerait pas »,
Quelle étrange ignorance du dogme et de la dicipline catholiques !

A Londres, le Très Honoré Père général reçut la visite
du R. P. Galway, provincial des Jésuites en Angleterre ; Ce
digne religieux avait beaucoup contribué à l'établissement
des Sœurs dans la capitale de la Grande-Bretagne. Il venait demander à M. Boré une colonie de Sœurs pour une
mission des Pères de la Compagnie en Amérique.

Une des grandes satisfactions de M. Boré dans ce voyage
fut de pouvoir s'exprimer avec facilité dans la langue nationale. Ses auditeurs en étaient également charmés.

M. Boré, quelle que fut sa prédilection pour les deux Compagnies confiées à ses soins, ne négligeait pas les intérêts
généraux de l'Eglise. Dans le courant du mois de mai 1876,
il envoyait au Saint Père une abondante aumône, en l'assu-
rant de sa filiale soumission. Non content de lui faire trans-

mettre ses remerciements par le procureur général de la
Congrégation, M. Borgogno, Pie IX daigna lui adresser un
bref de félicitation et d'encouragement. Dans ce document
officiel le Pape louait les œuvres d'apostolat des Lazaristes
et les œuvres de charité qui ont valu aux filles de saint
Vincent le nom sous lequel elles sont universellement con-
nues. Par là, comme le disait le Saint Père, l'une et l'autre
communautés s'efforcent de préparer les voies du Seigneur
et de hâter sur la terre le règne de Jésus-Christ.

La tendre piété du supérieur général lui fit tourner ses
regards vers la colline de Montmartre, où l'on construisait
alors lentement la fière basilique que nous sommes heureux
de voir aujourd'hui achevée. Ce lieu n'était pas, d'ailleurs,
terra incognita pour la société des missionnaires. Saint Vincent nous apprend dans une de ses conférences que « la
Compagnie encore dans son enfance, n'était composée que
de trois ou de quatre, qui allèrent à Montmartre, se recommander à Dieu par l'intercession des saints martyrs. » Vincent lui-même y avait fait une mission et instruit les ouvriers
qui y travaillaient, des mystères du salut. Le 21 juin, fête
de saint Louis de Gonzague, le noviciat et le scholasticat de
la maison mère se rendirent en pélerinage à la chapelle
provisoire, et s'agenouillèrent aux pieds de la statue du
Sacré Cœur. Ils étaient là, cent cinquante lévites, sous la
direction du maître des novices. Ce fut ce dernier qui prit
la parole, le supérieur général s'étant trouvé dans l'impos-
sibilité de prendre part personnellement à cette pieuse manifestation qu'il avait lui-même prescrite.

M. Boré eut, en revanche, la joie d'assister à la fête du
trois centième anniversaire de la naissance de saint Vincent
de Paul qui fut célébrée au Berceau le 24 avril 1876. Il y

eut une énorme affluence de pélerins. Les sommités du clergé
avaient donné le signal. Son Eminence le cardinal Donnet
s'était rendu à Dax dès la veille du jour fixé pour la solennité.
Les premières vêpres furent présidées par le supérieur général assisté des visiteurs des provinces d'Espagne et d'Autriche. Le lendemain les prêtres se succédaient sans interruption pour célébrer le saint sacrifice sur dix autels élevés
dans la petite maison de Ranquines où les reliques du saint
avaient été transférées. La messe de communion générale
fut dite par le Très honoré Père. Mgr. de la Bouillerie
y prononça un éloquent discours. Les autorités ne crai-
gnaient pas, à cette époque, de prendre part à des cérémonies religieuses. Aussi le sous-préfet et le maire de Dax,
le commandant d'un bataillon de chasseurs, le procureur général près la cour de Pau, le maire de Saint-Vincent-de-Paul,
se firent un devoir d'assister aux offices, et ils s'assirent
aussi au modeste banquet qui leur fut offert et où assistèrent
le comte de Melun, M. de Ravignan, M. Chesnelong et d'autres notabilités catholiques. Mgr. de Langallerie et M. Boré
prirent successivement la parole. Ce dernier s'étendit
surtout sur la puissance moralisatrice de la charité ; il
produisit sur l'auditoire une profonde impression. Un témoin
remarqua que rien ne rappelait plus et mieux saint Vincent
de Paul que ce vieillard à la physionomie douce, expressive
et austère. La bénédiction simultanée des prélats termina
dignement cette inoubliable fête.

Les témoins de cette belle solennité ne se doutaient pas
du sort fatal qui attendait le chêne majestueux si étroitement
lié au souvenir de saint Vincent, et dont le feuillage abon-
dant semblait symboliser la multitude des œuvres écloses
sous l'inspiration de celui qui avait tant de fois prié à son

ombre. Deux des plus grosses branches de cet arbre magnifique tombèrent durant le mois de juillet suivant, en laissant sur le tronc dénudé des brèches qui permirent de constater la profondeur du mal. Atteint par ce qu'on appelle un cancer, le chêne parait condamné à une fin prochaine. On ne peut, en attendant la catastrophe, s'en approcher qu'avec précaution, et les belles processions qui se déroulaient tout autour sont obligées de modifier leur itinéraire.

M. Boré ne voulut pas quitter cette région sans visiter Château-l'Evêque, dans le voisinage de Périgueux, où saint Vincent de Paul fut ordonné prêtre le 23 septembre 1600 par Mgr. de Bourdeilles. Déjà son prédécesseur, M. Etienne, avait voulu sauver ce lieu de l'oubli, en y élevant une maison destinée aux retraites annuelles des Filles de la Charité, ainsi qu'une église monumentale qui devait renfermer dans ses murs l'humble sanctuaire où saint Vincent avait reçu l'onction sainte. Cet édifice aujourd'hui terminé est devenu un lieu de pélcrinage, depuis la fête qu'y célébra l'évêque de Périgueux en l'honneur du centenaire.

Le supérieur général avait donné des instructions pour que ce glorieux anniversaire fût partout célébré avec la plus grande solennité. A Paris la chapelle de la Mission vit dans son enceinte les robes de tous les ordres, comme pour attester une religieuse confraternité. Le nonce apostolique, le vénérable supérieur général de la Congrégation de Saint Sulpice, M. Icard, le Père abbé de Notre-Dame du Salut étaient présents. Mgr. Dupanloup y fit entendre les éclats de son éloquence.

A Rome, une série d'épigraphes rappelant les principaux traits de la vie de saint Vincent, décoraient les murs de l'église des Missionnaires à Monte Citorio.

A cette occasion le Pape daigna admettre dans sa chapelle privée où il dit la messe, un grand nombre de membres des conférences, et Sa Sainteté donna la communion au chevalier Rocca-Bianchi, président des provinces de Ligurie et de Piémont.

Un mois après, M. Boré recevait de Pologne et d'Irlande des lettres qui lui annonçaient la solennisation du troisième centenaire. Ces deux pays si éprouvés à cause de leur foi n'oubliaient pas le patron par excellence de toutes les œuvres charitables dont ils avaient bénéficié.

II

Les deux congrégations, en dépit de l'opposition des ennemis du catholicisme, continuaient, sous la ferme et intelligente direction de leur chef suprême à se développer. Là où la persécution sévissait, elles luttaient avec courage. Nous allons présenter, en raccourci un tableau de leur situation dans ces deux mondes.

En Bulgarie le mouvement de retour vers Rome s'accentuait de plus en plus. M. Boré, lorsqu'il s'était trouvé à la tête de la province de Constantinople, avait, on s'en souvient, assisté à ses débuts et indiqué la marche à suivre. Seize ans plus tard, M. Bocquetti, écrivant à M. Pémartin, alors secrétaire-général, rappelait ces premiers efforts et signalait les progrès accomplis. Le village de Kelkech, qu'avait jadis visité M. Boré, et qui fut le premier à secouer le joug du patriarche grec, maintenait son indépendance. Plus de 1500 familles célébrèrent avec joie l'arrivée parmi elles de Mgr. Popoff, prélat catholique, et se déclarèrent pour l'union. Mais les intrigues russes et la mauvaise volonté des autorités turques empêchèrent alors ces bonnes dispositions d'aboutir.

Dans l'Asie mineure le gouvernement ottoman se montrait mieux inspiré. Il tolérait l'établissement à Brousse des Sœurs qui venaient y fonder une école. Le consul de France leur fit le meilleur accueil.

En Perse et en Arménie, les menées des missionnaires protestants venus d'Amérique entravaient l'œuvre des Lazaristes ; cependant ils commençaient à perdre dans l'opinion, à cause de leur trafic éhonté des âmes. La conversion de l'archevêque nestorien Mar Guariel avait produit beaucoup d'effet sur ses coréligionnaires.

On retrouvait en Syrie les prédicants américains, toujours la bourse à la main. Mais dans cette région les prêtres Maronites servaient volontiers d'auxiliaires aux Lazaristes. Le choléra ayant brusquement éclaté, la population affolée se dispersa. On eut à regretter la mort d'un missionnaire et celle d'une Sœur ; mais ces sacrifices n'étaient pas perdus pour la mission. Les visites aux malades, au plus fort de l'épidémie, firent une vive impression sur les habitants et leur donnèrent une haute idée d'une religion qui inspirait de tels dévouements.

De l'Abyssinie Mgr Touvier envoyait à M. Boré les nouvelles les plus consolantes. Après trente ans de persécution la Mission venait de s'installer dans la capitale. On trouvait sur les hauts plateaux les traditions encore vivantes du christianisme. Les chefs demandaient des prêtres, le schisme et l'hérésie étaient en décroissance. Voici ce qu'écrivait Ras Berout, ambassadeur du roi de Choa, au supérieur général : « Autrefois, ne connaissant par les missions, je les ai fait chasser; maintenant que tout ce qui les concerne m'est connu, je les reçois volontiers. Je demande instamment que tout le peuple soit instruit par elles. Sachez que, désormais, je suis séparé des Coptes. C'est vous qui êtes mon père. »

Les députés de la province de Koabatta protestaient de leur soumission à l'évêque catholique. Ils adressaient à Mgr. Touvier l'appel suivant : « Pendant plus de deux cents ans, nos Pères ont attendu le retour des missionnaires catholiques et sont morts sans les revoir. Venez, Père, reprendre possession de votre héritage, vous le retrouverez intact. Jamais nous n'avons reconnu la juridiction de l'évêque Copte... Venez, nos âmes sont à vous. Vous êtes notre véritable père et notre maître. Ayez pitié de vos enfants. »

Aux Etats-Unis les missions étaient aussi nombreuses que respectées.

L'Equateur, alors gouverné par l'illustre chrétien qui avait nom Garcia Moreno, offrait l'idéal de l'état chrétien. On y faisait le meilleur accueil aux Missionnaires. Le Président de la République, le Nonce apostolique, plusieurs évêques présents à Quito, assistaient ensemble à la bénédiction de la première pierre d'un édifice destiné à abriter les deux séminaires.

Un état voisin, la Colombie, appelait à grands cris les prêtres de Saint Lazare. Pour répondre à ces demandes, M. Boré envoya à Pasto trois missionnaires qui furent reçus avec la plus vive sympathie. L'évêque du lieu s'empressa d'écrire au supérieur général une lettre où il promettait d'être pour les directeurs du collége-séminaire qu'il s'agissait de fonder « un père et un ami ». De leur côté, les habitants félicitèrent leur pasteur de coopérer à une fondation qui complèterait heureusement les leçons déjà données par les frères des écoles chrétiennes. Les élèves se présentèrent en nombre suffisant : leurs dispositions étaient excellentes. Leur installation donna lieu à une fête vraiment populaire, dont les journaux américains publièrent des relations enthousiastes. Le son des cloches lancées à toutes volées, l'illumination des édifices et des maisons particulières, les accords de deux orphéons, les cris d'allégresse de la foule : « Vive l'Eglise catholique ! Vive Pie IX ! Vivent les prêtres de Saint-Vincent-de-Paul ! », le chant du *Te Deum* manifestaient la satisfaction et la joie générales.

La République Argentine ne donnait guère moins d'espérances. Bien que la Mission fût de fondation toute récente, ses œuvres étaient fort appréciées. La conversion des Indiens se poursuivait avec succès. Ces natures primitives s'ouvraient facilement à la grâce. « Demain, écrivait à l'archevêque de Buenos-Ayres le cacique José Maria Railef, ma femme et moi aurons le bonheur de recevoir le baptême et le sacrement de mariage. Je fais tous mes efforts pour que les personnes qui sont sous mon autorité suivent l'exemple que je leur donne. » La cérémonie eut lieu, en effet, en public, au milieu des marques de la sympathie générale. Indiens et chrétiens manifestèrent leur joie par un feu d'artifice et des tirs au fusil et au pistolet. Le nouveau baptisé, dans l'ardeur de son zèle, partit aussitôt pour Buenos-Ayres, afin de recevoir la confirmation des mains de l'archevêque ; mais la maladie l'arrêta au sanctuaire de Lujan, où la sainte

Vierge était particulièrement honorée. Il y rendit le dernier soupir. Ses dernières paroles furent celles-ci : « Ils me disent qu'une grande dame vient me chercher. »

Les prêtres de la Mission étaient si aimés dans cette région, qu'une émeute fomentée par les Francs Maçons ayant éclaté à Buenos-Ayres, l'archevêché et le collège des Jésuites furent pillés et incendiés ; mais les séditieux respectèrent l'établissement des Lazaristes. « Les Pères français nous marient pour rien, disait-on dans la foule, ils reçoivent gratuitement nos enfants dans leurs collèges, sans compter qu'ils donnent beaucoup d'argent aux pauvres de notre quartier, qu'ils vont voir les malades etc... »

Au Brésil, les nombreuses maisons des missionnaires et des sœurs luttaient énergiquement contre les Loges toutes puissantes dans ce pays — elles venaient de faire condamner à la prison deux évêques — et aussi pour réveiller de sa torpeur une partie du clergé indigène. L'évangélisation des nègres réduits en esclavage — la servitude subsistait encore — produisait d'admirables résultats.

Enfin Dieu récompensait la foi et la piété de ce peuple sincérement attaché à la religion catholique par des faveurs particulières. Nous trouvons dans le recueil des *Annales* le récit touchant d'une guérison miraculeuse survenue dans le collège de l'immaculée Conception à Rio Janeiro. Le lecteur ne verra pas sans plaisir l'analyse de cette relation qui fut envoyée à M. Boré.

La sœur Rose, née au Brésil et âgée de vingt-sept ans, appartenait depuis six années à la congrégation des Filles de la Charité. D'une santé naturellement délicate, elle fut atteinte d'une maladie de la moelle épinière qui, au bout de deux ans, la réduisit à un état pitoyable. Sa tête était comme comprimée dans un étau de fer, et elle lui semblait d'un poids insupportable. Au commencement de janvier 1875 elle perdit complètement l'usage de ses jambes, si bien que deux de ses compagnes choisies parmi les plus robustes devaient la porter à la chapelle. Elle passait ses journées à l'infirmerie, clouée sur son fauteuil, ayant devant elle un petit banc et des coussins pour points d'appui, le mal empêchant toute autre position.

Les médecins ne dissimulaient plus leurs inquiétudes ; ils paraissaient redouter une paralysie complète, suivie peut-être de l'aliénation mentale.

La malade avait une sœur fort pieuse, demeurée dans le monde où elle vivait avec sa mère. L'idée leur vint de demander une guérison presque inespérée, au moyen d'une neuvaine à Notre Dame du Sacré-Cœur, qui avait un oratoire dans la maison de ces dames. Cette neuvaine commencée le 24 janvier devait se terminer le premier février. On pense bien que les prières furent ferventes dans la communauté et au dehors. La malade qui s'y associait, sur l'ordre de sa supérieure, avait témoigné d'abord d'une grande confiance ; mais comme ses souffrances, au lieu de diminuer, allaient en augmentant, elle finit par se persuader que Dieu la voulait sur la croix, et elle s'y résigna de bon cœur. Après avoir communié le 2 février, sans éprouver aucune amélioration, elle disait en souriant à la supérieure : « Vous le voyez, ma sœur, Notre Seigneur ne veut pas me guérir. Eh bien ! de nouveau je viens de me donner toute à Lui par les mains de Marie, suppliant cette bonne mère de m'obtenir de son divin Fils la grâce de bien faire sa sainte volonté à la vie et à la mort. »

La journée fut très douloureuse ; un froid intense lui

montait des pieds jusqu'à la ceinture malgré la sueur abondante qui lui baignait le corps. On la coucha de bonne heure. Généralement elle s'endormait tard et son sommeil était fort court. Cette nuit-là elle s'endormit vers neuf heures, pour ne se réveiller que le lendemain, au son de la cloche de la communauté, à quatre heures. Accablée de lassitude, elle se retourna sur son lit pour goûter encore quelques instants de repos. Surprise de la facilité avec laquelle elle se meut, elle interroge chacune des parties malades et elle ne ressent qu'un bien-être général. « Mon Dieu ! s'écrie-t-elle, serais-je guérie ? » Elle s'assied sur son lit avec une parfaite aisance, se laisse glisser à terre sans douleurs, fait deux ou trois pas sans difficulté. Transportée de joie, elle se met à genoux, se prosterne, se relève et se remet dans son lit. Nul doute n'est possible : le miracle s'est accompli.

Cependant la communauté assistait à la messe. La miraculée profite de cette circonstance, s'habille à la hâte et court se cacher dans le cabinet de la supérieure où elle est sûre de ne rencontrer personne. Elle avait promis de le faire en cas de guérison. Sur ces entrefaites, la Sœur chargée de lui donner des soins, la cherche vainement à l'infirmerie. Enfin la supérieure prévenue de sa disparition la trouve dans son cabinet et demeure stupéfaite. La communauté qui ne sait rien encore, convoquée subitement, arrive à son tour. Alors se passe une scène indescriptible. On rit, on pleure, on s'embrasse, on court à la chapelle remercier Dieu. Bientôt les élèves, au nombre de deux cents, sont réunies. A la vue de la malade fraîche et bien portante, ce n'est qu'un cri d'allégresse. On entonne le Magnificat : la joie, la reconnaissance, l'enthousiasme débordent de toutes parts.

La mère ignorait encore la guérison de sa fille. Elle avait

passé la nuit dans les angoises et dans la prière. Le moment où l'on attendait le miracle, si la miséricorde divine daignait l'opérer, était déjà passé. Mme Hayden — c'était son nom — en femme forte s'était préparée à tous les sacrices. Elle avait dit d'abord : « Mon Dieu, prenez-moi et guérissez ma fille ». Elle répéta plus tard, pendant la veille qu'elle fit jusqu'à une heure du matin, comme si elle eût été animée d'une secrète et surnaturelle confiance : « Ma bonne mère, faites que ma pauvre fille dorme bien cette nuit, et qu'elle se réveille guérie ! »

Cette prière avait été exaucée à la lettre.

La guérison n'était pas seulement spontanée, elle était encore complète. Sœur Rose marcha, en effet, pendant les trois jours qui la suivirent, plus peut-être qu'elle ne l'avait fait pendant les trois années précédentes. Tous les symptômes fâcheux ou désagréables avaient disparu. L'épine dorsale avait repris sa forme habituelle.

La conclusion qui fut tirée légitimement de cet évènement extraordinaire, c'est que la Sainte Vierge désirait être invoquée et honorée sous le vocable de Notre-Dame du Sacré Cœur.

Celle qui avait été l'objet d'une aussi insigne faveur écrivit elle-même à M. Boré pour lui en faire part. Elle proteste dans cette lettre qu'elle travaillera plus que jamais à devenir une Fille de la Charité selon le cœur de saint Vincent. C'est la meilleure manière de reconnaître un si grand bienfait : depuis le jour où sa bonne Mère lui a manifesté sa puissance, elle sent dans son âme une paix, un bonheur qui semblent venir du ciel.

La circulaire adressée par M. Boré aux missionnaires,

au commencement de l'année 1877, renfermait un compte rendu sommaire des œuvres accomplies et résumait la situation. »

Dans ce document le Supérieur général se plaisait à reconnaître l'action de la Providence. « Quel spectacle qui tient du prodige, s'écriait-il, parcequ'il n'est pas explicable humainement ! Partout une guerre à outrance est déclarée au catholicisme qui, seul entre toutes les religions, a la gloire et le mérite d'être attaqué. Le paganisme, en Chine, a le besoin d'assouvir périodiquement sa rage dans le sang de nos prêtres et de nos fidèles. En Turquie, une politique hostile à la France et à l'Eglise pousse l'ignorance fanatique des Musulmans à sévir contre les Arméniens-unis. De la Prusse part l'excitation de la haine la plus raffinée, sous le nom dérisoire de *lutte civilisatrice*; et toutes les loges maçonniques ont pour mot d'ordre de la propager dans le monde. » Et il ajoutait cette réflexion dont l'expérience atteste de plus en plus la justesse : « La crédulité des masses croît en raison de l'absurdité des sottises inventées pour les corrompre. »

M. Boré, passant en revue l'univers presque entier, montrait la Révolution contrariant et même interrompant les œuvres des missionnaires et des sœurs dans les républiques de l'Amérique centrale, la Colombie, l'Equateur où les libres penseurs avaient repris le dessus, au Guatémala. Dans le Levant, à la veille du duel formidable qui semblait devoir mettre aux prises deux empires et deux religions, l'enfance continuait à affluer aux écoles, les malades aux dispensaires ou aux hôpitaux, les catholiques de toutes langues et de toutes races sollicitaient les secours spirituels des missionnaires; en France et dans la Grande Bretagne les œuvres s'accomplissaient sans entraves, (il ne prévoyait pas alors l'expulsion des Sœurs des hôpitaux et des écoles publiques). En Espagne une sorte de malaise paralysait les bonnes intentions, il apercevait en Portugal un horizon assez rassurant ; une sorte d'accalmie en Abyssimie ; des progrès indiscutables en Chine.

Dans le courant de l'année qui venait de finir, seize missionnaires avaient été envoyés dans les différentes provinces de l'étranger ; les besoins spirituels en auraient demandé le double.

Le 13 janvier suivant, le Très honoré Père partait de Paris pour se rendre en Algérie par Lyon et Marseille. Après un court séjour à Sens où il reçut un accueil des plus empressés du vénérable archevêque, et une traversée maritime de 35 heures, M. Boré trouvait dans le port d'Alger le canot et les rameurs de l'Amirauté que l'administration avait très courtoisement mis à sa disposition. Le jour même, il était reçu à Kouba, dans le magnifique établissement du grand séminaire d'Alger, dont Mgr Dupuch, de regrettée mémoire, avait jeté les fondements. L'archevêque d'Alger, le déjà illustre Mgr Lavigerie, voulant faire honneur au supérieur général, l'invita à sa table ainsi que tout le clergé de la ville et les Lazaristes du voisinage. Cette petite fête de famille fit éclater de part et d'autre les sentiments de la plus chaude cordialité.

Notre grande colonie africaine est assez connue pour que nous jugions inutile de suivre le Très-honoré Père dans ses pérégrinations. Disons seulement qu'il parcourut successivement les trois diocèses d'Alger, d'Oran et de Constantine, et qu'il laissa bien peu de maisons en dehors du cercle de ses visites. La beauté des sites, le charme du climat l'auraient engagé à prolonger son séjour, mais il ne perdait pas de vue qu'il voyageait non en touriste, mais en apôtre. Aussi se crut-il souvent obligé d'abréger la durée de son itinéraire, au risque de s'imposer un surcroît de fatigues. Partout il rencontra un ardent désir de le voir, de le connaître, de recevoir avec ses paternels avis sa bénédiction donnée toujours du fond du cœur. Autant que les circonstances le permettaient, il accordait aux simples missionnaires et aux Sœurs toutes les audiences particulières qui lui étaient demandées. Notons qu'il fut parfaitement secondé dans sa tâche laborieuse par M. Chevalier, assistant de la Congrégation. Le supérieur général n'eut, d'ailleurs, aucun motif d'infliger des blâmes : la régularité était très bien observée. Toutes les œuvres ordinaires d'apostolat et de charité s'accomplissaient avec cette ponctualité et cet élan qui sont le caractère distinctif et l'honneur des enfants de saint Vincent.

M. Boré se fit un plaisir de présider la conférence de Saint Vincent de Paul d'Alger composée de chrétiens zélés. Le village de Saint Cyprien peuplé des enfants arabes recueillis par la charité prévoyante de Mgr. Lavigerie, pendant la grande famine, la Trappe de Staoüeli, attirèrent aussi son attention. Sa principale préoccupation était la conversion des musulmans d'Algérie, qui présente tant de difficultés. Pour se faire bien voir d'eux, il leur parlait, aussi souvent qu'il en trouvait l'occasion, dans leur propre langue.

L'année suivante la guerre désolait la Turquie d'Europe. On se rappelle combien fut sanglante cette campagne qui mit aux prises les Ottomans et les Russes et se termina par la convention désastreuse pour les premiers de San Stéphano. M. Boré ne pouvait demeurer insensible aux calamités d'un pays où il avait, au début de sa carrière d'apôtre, déployé tout son zèle..

Sans prendre parti pour aucune des nations belligérantes, il mit les Filles de la Charité au service des blessés et il écrivit au président du conseil des ministres du Sultan, une lettre que nous ne possédons pas, mais dont nous pouvons deviner la substance, par la réponse que son Altesse Ahmed-Véfik Pacha, fit parvenir à M. Boré le 24 mars 1878. Voici ce document :

« Monsieur le supérieur général,

« J'ai reçu la lettre que vous avez eu la bonté de m'adresser le 8 courant.

« Je suis très touché du témoignage de sympathie que vous voulez bien nous donner dans notre malheureuse position ; je ne saurais trop marquer notre reconnaissance à ceux qui ont, il est vrai, sacrifié leur vie au service du Seigneur, mais qui cependant succombent au milieu de nous et avec nous.

« Mes larmes seules peuvent vous dire ma douleur, dont la profondeur se mesure au courage et à l'abnégation de ceux que nous pleurons ; ils ont payé de leur personne les soins qu'ils prodiguaient aux malades, et sont tombés victimes de leur héroïque charité (1).

« Ce sont là des souvenirs qui ne peuvent s'effacer, et nous les conserverons religieusement.

« Entre nous la sympathie est aussi ancienne que profonde, mais nos relations, déjà si solides, se resserrent en-

____

(1) Onze Sœurs périrent victimes de leur dévouement du 27 février au 30 mai.

core par ce que vous me dites à propos de ces nobles actes
dont nous gardons la consolante mémoire. »

En cette même année, le vénérable Supérieur Général fit
un voyage, le plus fatigant à coup sûr qu'il eût encore accompli ; ce devait être pour lui le dernier. Les provinces
qu'il visita, de compagnie avec la Supérieure Générale des
Sœurs, étaient peut-être les plus éprouvées : il eut l'occasion
et la saisit, de verser du baume sur bien des plaies. Ce fut
d'abord l'Allemagne où sévissait alors dans toute sa rage le
Kultur kampf. A Cologne pourtant, où l'on arriva le 8 août,
l'accueil des employés de la gare fut bienveillant. Cette attitude polie, ces prévenances durèrent pendant tout le temps
employé à traverser la monarchie prussienne. Il est permis
d'en conclure que la persécution était surtout gouvernemen-
tale et ne répondait nullement au sentiment populaire. A
Cologne les Sœurs n'avaient conservé qu'une seule maison ;
elles y tenaient une école et un asile. L'ancienne résidence
des missionaires était vide depuis l'année 1873. Un frère,
revêtu d'habits civils, qui en avait la garde, y reçut, la tristesse peinte sur le visage, les deux supérieurs. Les offices continuaient, d'ailleurs, à y être célébrés, grâce au dévouement
de deux prêtres séculiers. M. Boré et la sœur Lequette se
rendirent ensuite à la Maison centrale, située hors de la ville,
construction très vaste, destinée à des œuvres nombreuses,
et qui n'abritait plus qu'une vingtaine de Sœurs et quelques enfants malades. La plus grande partie des Filles de la
Charité étant dispersées, on comprend qu'à plus forte raison
leur séminaire avait été fermé.

On se remit tristement en route. La journée dans le wagon
se passa suivant la règle, comme dans une communauté :

la prière vocale, l'oraison, les examens, la lecture spirituelle s'y firent aux heures habituelles, la récréation elle-
même ne fut pas oubliée. A la gare de Berlin il fallut subir les
regards d'une foule étonnée de l'apparition de deux soutanes,
et de quatre cornettes. Parmi les employés les uns riaient,
les autres ne dissimulaient pas leur curiosité. Un gamin
s'écria : « Regardez, regardez, elles sont descendues de la
lune ». Le 10 août vers midi, on aborda Mystlovitz frontière
de la Pologne autrichienne ; on se trouvait en pays catholique
et ami. Les visiteurs et les visitatrices de la province vinrent
saluer leurs supérieurs majeurs. Trois heures plus tard on
était à Cracovie, qui n'avait jamais vu de Supérieur Général. La joie de cette visite fut tempérée par le regret de ne
pouvoir pénétrer dans la Pologne russe où les maisons des
Sœurs étaient réduites à un petit nombre, considérées avec
méfiance par le gouvernement et privées de toute communication régulière avec la maison mère. Quelques Sœurs seulement avaient trouvé le moyen de franchir la frontière. La
Pologne meurtrie et mutilée était de la sorte représentée
dans la dernière ville où se soit incarnée sa nationalité ex-
pirante. Que de tristes et éloquents souvenirs depuis deux
siècles ! On sait que Vincent lui-même avait envoyé à Var-
sorvie des missionnaires et des Sœurs sur la demande expresse de la pieuse reine Marie-Louise de Gonzague, femme
du roi Jean Casimir.

Le 10 août le Supérieur Général fut reçu par les Sœurs
rangées dans le vestibule de leur maison : la joie brillait
sur tous les visages, quoique des larmes perlassent dans
bien des yeux. Le Très honoré Père ne fit pas attendre sa
visite. Le lendemain il la réitéra, dit la messe dans la chapelle, donna la communion à toutes celles qui se présentè-

rent et passa la matinée entière au milieu de son petit troupeau. Les jours suivants furent consacrés aux autres établissements et notamment aux hôpitaux desservis par les Sœurs. M. Boré et la sœur Lequette, mus par une tendre compassion, s'arrêtaient près de chaque malade et lui adressaient un mot de consolation et de confort.

A Léopol, en Galicie, les deux supérieurs admiraient la douce mais inflexible discipline maintenue parmi les quatre cents femmes détenues dans la prison. C'était le fruit du zèle et de l'intelligence de l'aumônier qui appartenait à la société des missionnaires et de seize sœurs surveillantes. La même congrégation était chargée des soins pénibles des aliénés à Kalparkov.

M. Boré et la sœur Lequette traversèrent ainsi les diverses parties de la monarchie austro-hongroise, la Hongrie, la Moravie, la Styrie et la Carniole, en s'édifiant par le spectacle d'un constant dévouement et en rappelant par leur présence et leur langage les plus saines traditions de la double congrégation. A Graetz les étudiants saluèrent M. Boré par des discours en langues française, allemande, slave, tchèque, hongroise et latine. Ils furent émerveillés d'entendre leur éminent visiteur leur répondre en français, en allemand, en slave et en latin. Nos voyageurs terminèrent leur longue pérégrination par une halte de quatre jours à Vienne, où l'archevêque, Mgr. Rauscher, depuis cardinal, protégeait ouvertement les Lazaristes. La rentrée à Paris s'effectua le 8 septembre.

CHAPITRE XIII

Dernière maladie et mort de M. Boré. Ses obsèques. Regrets universels.

La vie de M. Boré, bien qu'elle ne fût pas extrêmement prolongée, avait été bien remplie. Il ne lui restait plus qu'à mourir pour recevoir la récompense de ses travaux. Un peu fatigué par ses voyages multipliés, il paraissait néanmoins bien portant : du reste, il ne se plaignait jamais. On l'entendit même une fois remercier la divine Providence de l'avoir fait jouir, à la campagne, d'une belle journée d'automne ou de printemps. Pendant cette effusion, le calme de la nature semblait se répandre sur sa personne. Etait-ce un pressentiment de l'éternel repos dans lequel il allait bientôt entrer ? Quoi qu'il en soit, un mal subit et violent l'envahit au moment où l'on s'y attendait le moins : il fut ravi en peu de jours au respect et à l'affection de ses deux compagnies.

On nous a raconté que, durant une absence de plusieurs heures qu'il avait faite de la maison-mère où il résidait, il s'était trouvé exposé à une pluie torrentielle qui l'avait trans-

percé et comme glacé. A son retour, on lui présenta au parloir des personnes qui voulaient l'entretenir d'affaires. Pressé
d'aller où son devoir l'appelait, il négligea de changer de
vêtements et il demeura pendant un espace de temps assez
long dans cet état aussi pénible que dangereux. Quand il fut
libre de se retirer et de s'occuper de sa personne, il était
frappé à mort.

La fidélité extrême à ses obligations d'état aurait été ainsi
la cause déterminante de sa fin prématurée.

Le mal ne se déclara pourtant pas sur le champ.

Le 1er mai 1877 (1), au matin, après avoir récité ses petites heures, il écrivit plusieurs lettres, dépouilla une volu-
mineuse correspondance, jusqu'à dix heures. Il se rendit
alors à la communauté des Sœurs pour y présider le Conseil.
Vers trois heures il descendit au parloir où il demeura jusqu'à six heures. Après le souper, il prit part avec beaucoup
d'entrain à la récréation, assista à l'exercice du mois de
Marie et à celui de la prière du soir.

C'était là une journée bien remplie, sa dernière journée
de travail.

Vers une heure du matin il se sentit oppressé ; il alla
trouver l'assistant de la maison et lui dit : « J'étouffe. » Le
médecin immédiatement appelé constata un état des plus
graves. M. Boré venait d'être pris d'un catharre suffocant.
La journée du lendemain jeudi se passa sans amélioration
mais aussi sans aggravation sensible. Le vendredi eut
lieu une consultation du docteur Fauvel dont on connait la

____

(1) Nous empruntons presque textuellement le récit des derniers
instants de M. Boré à une notice qui parut peu après.

science et le dévouement. Ce praticien distingué ne put donner de pronostic favorable.

Le malade pourtant ne se sentait pas trop accablé. Il put s'occuper de quelques affaires, écouter une lecture spirituelle. Jusqu'à midi il ne cessa de réciter son chapelet. il fit venir près de lui un missionnaire qui partait pour la Perse et lui donna sa bénédiction ; il signa une lettre à destination d'Ourmiah dans ce pays. Ce fut son dernier acte administratif. Ainsi la mission de Perse qu'il avait fondée au début de sa carrière, n'étant encore que laïque, reçut ses derniers adieux.

A une heure et demie son oreille crut percevoir le son d'un glas funèbre, c'était la cloche qui appelait les missionnaires à un exercice de communauté. Peu après il écrivit au crayon quelques mots pour recommander des paroisses pauvres à Mgr Gaume, directeur de l'œuvre apostolique. Ce fut son dernier acte de charité écrit de sa main défaillante.

Dans la soirée apercevant un missionnaire qui se tenait debout au pied de son lit, il lui demanda s'il venait pour quelques affaires. Celui-ci ayant répondu négativement, il lui proposa de lui donner sa bénédiction. Le religieux se mit à genoux et fondit en larmes. « Je vais, lui dit alors le malade qui avait bien conscience de son état, je vais célébrer la fête de la Translation au ciel avec saint Vincent ; je n'oublierai pas la Congrégation et je prierai pour vous particulièrement. »

Une heure après, M. Chevalier assistant, qui arrivait d'Espagne, eut la consolation d'embrasser le Très honoré Père. Celui-ci exprima le regret de n'avoir pu voir la visitatrice d'Espagne et il promit de la recevoir le lendemain. Mais ce lendemain devait être abrégé pour lui.

Le mal prit subitement un caractère plus alarmant, le visage s'altéra, et le médecin consulté déclara qu'il fallait se hâter d'administrer les derniers sacrements. M. Boré priait toujours et faisait fréquemment le signe de la croix. A sept heures du matin, la communauté se présenta, accompagnant le Saint Sacrement. Le premier assistant, M. Delteil, donna le viatique au mourant, puis l'Extrême-Onction et lui appliqua l'indulgence plénière. M. Boré qui avait conservé toute sa connaissance s'unit aux prières et remercia le prêtre qui l'avait administré.

Vers huit heures ce même ecclésiastique vint le saluer, et après l'avoir embrassé, il lui demanda pardon du chagrin qu'il avait pu lui causer. « Mais, répondit le vénéré malade, avec son humilité ordinaire, c'est plutôt à moi à vous demander pardon ». Le Supérieur Général, sur la demande qui lui en fut faite, bénit ensuite toute la communauté. Comme il baissait de plus en plus, on courut avertir son Eminence le Cardinal Guibert, et une dépêche fut adressée à Rome pour demander au Saint Père la bénédiction apostolique.

Le cardinal vint à neuf heures et demie avec son coadjuteur Mgr. Richard. Son Eminence, après quelques paroles d'édification, bénit affectueusement le moribond. Profondément ému et édifié de ce spectacle, il dit en se retirant : « Voilà comment meurent les saints ». Une heure après M. Boré avait rendu le dernier soupir. Il portait sur lui, — c'était un souvenir d'ami — une croix sur laquelle étaient inscrites ces paroles : *In hoc signo vinces.*

Le lendemain matin, une dépêche du cardinal Franchi annonçait la bénédiction du Saint Père qui y joignait ses compliments de condoléance pour la double famille de saint Vincent.

Le corps du Très honoré Père fut immédiatement exposé dans une salle attenant au parloir, revêtu de ses habits sacerdotaux. Il portait pour la dernière fois une aube à laquelle il tenait beaucoup, qui était un don de sa sœur, la vertueuse Mme Rogeron, et qu'il avait prise pour dire sa première messe.

Ce fut alors un défilé incessant devant sa dépouille mortelle. Tous, prêtres, religieux, laïques, venaient s'incliner, prier, jeter un dernier regard sur ce visage encore si bienveillant et si doux. Une Sœur, se tenant près du lit funèbre, était continuellement occupée à approcher du défunt des chapelets, des croix, des objets de toutes sortes, qu'on emportait avec soi comme un pieux souvenir. Celui qui écrit ces lignes fut témoin de ce spectacle à la fois triste et consolant. Tout respirait la douleur, la confiance, le recueillement.

Le dimanche on dut procéder à la mise dans un cercueil de plomb, du corps du Très honoré Père. Pendant cette triste opération, la communauté chantait les vêpres de la fête de la Translation des reliques de saint Vincent. Puis les visites pieuses recommencèrent. Non seulement l'immense capitale, mais la banlieue de Paris fournit son contingent. On aurait dit un deuil public.

Le mardi plusieurs missionnaires dirent la messe en présence du corps. Les obsèques commencèrent immédiatement après. La chapelle avait été envahie de bonne heure par les fidèles. Parmi les personnages de distinction on remarquait Mgr. Richard, coadjuteur de Paris, accompagné des deux vicaires généraux, MM. Legendre et Caron ; Mgr Lavigerie archevêque d'Alger, Mgr. Ravinet, ancien évêque de Troyes, Mgr. Taglioni, auditeur et M. l'abbé Costiguerra secrétaires

de la Nonciature ; Mgr. Gaume, Mgr. de Girardin, M. l'abbé
d'Hulst, des chanoines, un grand nombre des curés de Paris,
les supérieurs des principales communautés, entre autres
les RR. PP. Didon, Ratisbonne, Petitot, Chauveau, Pitot,
M. l'abbé Delpech, supérieur des Missions étrangères ; le
Frère Irlide supérieur général des Frères de la doctrine chrétienne. Des places avaient été également réservées à Mme
la maréchale de Mac Mahon, à MM. Chesnelong, de Ploeuc,
aux représentants du maréchal de Mac Mahon, alors président de la République, et du ministre des affaires étrangères ;
au directeur des cultes. Se trouvaient encore dans l'enceinte
de la chapelle trop étroite pour la foule qui se pressait à l'entrée, plusieurs officiers généraux ou supérieurs de terre et
de mer, de nombreux représentants de la presse catholique.

M. Fiat, alors vicaire général de la Congrégation dont il
est aujourd'hui le digne supérieur général, après avoir pro-
cédé à la levée du corps, célébra la messe solennelle du *Re-
quiem*, Mgr. Richard donna l'absoute. Le cercueil placé au
bas du chœur était recouvert d'un simple drap mortuaire
et entouré de six cierges jaunes.

Le deuil était conduit par M. Léon Boré, frère du défunt.
L'inhumation eut lieu au cimetière du Mont-Parnasse.

La mort de M. E. Boré eut certain retentissement au dehors.
On se rappelait dans le public ses voyages lointains, ses dé-
couvertes qui avaient de bonne heure rendu son nom célèbre parmi les savants, son dévouement et ses services pendant ses divers séjours à Constantinople, notamment durant
la guerre de Crimée. Les personnes pieuses avaient conservé dans leur mémoire les actes nombreux de sa charité
et de son zèle pour l'extinction des schismes orientaux et

l'extension du règne de Dieu. Ses amis avaient présentes à l'esprit ses aimables et solides qualités. Les deux Congrégations enfin étaient pénétrées du sentiment des efforts où il avait usé sa vie pour en assurer la prospérité. Pour nous, nous nous estimerions bien payé de nos peines, si cette imparfaite esquisse leur présentait une image suffisamment fidèle de celui qui les a tant aimées.

APPENDICE

Nous avons mentionné dans le texte de cet ouvrage le
Mémoire sur la question des *Lieux saints* qu'Eugène
Boré adressa au gouvernement français, et qui attira
justement l'attention de la diplomatie. Nous estimons
que nos lecteurs trouveront ici avec plaisir une analyse
de cet important document.

« Les droits des latins en Palestine se perdent dans
la nuit des temps. On trouve les religieux catholiques établis à Jérusalem bien avant la Croisade. Il existe au monastère de Saint Sauveur, dans la ville sainte, un firman du
sultan Mouzaffer, en date de l'année 414 de l'hégire (1023),
qui défend de molester les religieux *francs,* mot très remarquable qui prouve que les Européens étaient déjà désignés ainsi, probablement depuis Charlemagne dont on
connaît les relations d'amitié avec le calife Aroun al Ras-
chid. Ces gardiens des sanctuaires, multipliés et confirmés
dans leurs droits sous les rois chrétiens de Jérusalem,
ne cessèrent point de les occuper après l'expulsion des
croisés. Humbles disciples de saint François, qui était
venu lui-même dans la Terre Sainte préparer pour eux
de nouveaux établissements, ils ont pu s'y maintenir jus-

qu'à nos jours, à travers mille vicissitudes et mille périls. Les sultans d'Egypte et de Syrie les protégérent jusqu'à l'an 1342, où l'un d'eux ayant contesté la propriété des sanctuaires, le roi de Sicile les racheta à prix d'argent. Il résulte de ces faits qui s'appuient sur des documents dont l'authenticité n'a jamais été contestée, que les sanctuaires chrétiens appartiennent aux religieux qui les desservent non comme un domaine d'état pouvant être ravi par la conquête, mais comme une propriété privée que le droit des gens soustrait aux vicissitudes de la politique. Il existe, d'ailleurs, une foule de firmans des princes musulmans, maîtres de la Palestine, dont on peut voir l'énumération dans le rapport de M. Boré, qui constatent et consacrent expressément la jouissance des catholiques. En 1277 notamment, le sultan Achmet-Achéref déclare que le Saint Sépulcre, les habitations des moines, la moitié du Calvaire, le couvent du Mont Sion, l'église de Betléhem, avec la grotte de la Nativité, sont la propriété des religieux francs.

« On pourrait se demander comment il s'est fait qu'en présence de cette possession antique et exclusive des catholiques, les Arméniens et les Grecs aient obtenu une portion de ces sanctuaires vénérés, et s'efforcent d'envahir le reste. Deux causes expliquent le succès de cette usurpation ; d'une part, la faiblesse ou la connivence de l'administration turque, de l'autre l'esprit de ruse et la ténacité de nos adversaires religieux. Les Grecs obtinrent souvent, à force de démarches suppliantes, ou par la corruption, la faveur, soit de bénir du pain à l'autel de la Nativité, soit de ficher un clou à la muraille. Le lendemain ils y attachaient un tableau, plus tard une tapisserie, signe convenu de la propriété. Ou bien ils demandaient la permission de suspendre une lampe à une voûte, de poser un chandelier sur un autel. Au bout de quelques années la concession était devenue un droit, et le droit prouvait, selon eux, la copropriété du lieu, jusqu'à ce qu'ils eussent trouvé l'occasion de se l'adjuger tout entier.

« Les Latins ne se laissaient pas, il est vrai, exproprier sans protester ; ils faisaient appel à l'équité des Turcs devenus les maîtres du pays. Plusieurs fois ceux-ci donnèrent raison à nos coréligionnaires et reconnurent leur droit fondé, comme il a été dit plus haut, sur des preuves irréfragables. Mais l'administration musulmane, dont on vante parfois l'honnêteté, se laisse facilement séduire par des arguments sonnants. Un juge turc croit agir en toute conscience, et faire preuve de désintéressement lorsqu'il dit à l'une des parties qui s'adressent à son tribunal : Votre adversaire m'a offert une forte somme ; mais comme j'ai reconnu que vous avez le bon droit, je me contenterai de la moitié, si vous me payez comptant. Rien de plus facile en Orient que de suborner des témoins et d'acheter des juges.

« Les schismatiques ne se contentaient pas, d'ailleurs, d'user de la séduction, ils avaient encore recours à l'intimidation et à la calomnie. Séduit par leurs rapports mensongers, le Divan de Constantinople avait fini par se persuader que les catholiques, en se livrant à la propagande religieuse, nourrissaient des desseins politiques, et qu'ils ne songeaient à convertir les chrétiens séparés que pour en faire des auxiliaires des princes chrétiens d'Europe qui méditaient la conquête de l'Orient. Les bruits les plus absurdes trouvaient créance auprès des Turcs. N'était-on pas allé jusqu'à prétendre que les religieux franciscains avaient trouvé le moyen de creuser un souterrain de Jaffa à Jérusalem, pour introduire des armes dans la ville sainte ? Enfin il convient d'ajouter que les Grecs n'ont jamais montré aucun scrupule pour altérer ou même fabriquer des documents. Ils furent plusieurs fois convaincus de cette criminelle supercherie et durent, notamment sous Mourad IV, avouer leur fraude.

« Les Orientaux employaient encore un argument très-spécieux au premier abord, mais dont la moindre réflexion démontrait le peu de solidité. Nous descendons, disaient-ils, des premiers habitants du pays ; donc nous avons le droit de priorité, et les hommes de l'Occident ne sont que des intrus et des usurpateurs. Mais ils ne faisaient pas attention que les monuments qu'ils revendiquaient ainsi étaient l'œuvre des catholiques qui en étaient à ce titre les maîtres légitimes, et qui les avaient conservés par une possession ininterrompue ; que Constantin, notamment, dont ils se prévalaient était latin, et nullement grec, orthodoxe et non hérétique, et qu'en définitive, en rompant eux-mêmes l'unité et en se séparant de l'Eglise universelle, pour former un corps à part, ils avaient renoncé à tout ce que peuvent avoir de droits les enfants soumis de cette Eglise.

« Il faut rendre justice à la vieille monarchie française ; elle défendit avec énergie les privilèges des catholiques en Orient. Si nos rois avaient cru, par politique, devoir nouer des rapports amicaux et conclure une espèce d'alliance avec les sultans de Constantinople, ils

profitèrent de ces bons rapports qui scandalisèrent parfois les zélés, pour obtenir qu'on rendît justice aux religieux latins. Cette revendication ne se fit pas toujours
sans luttes, ni même sans périls pour les représentants
accrédités à Stamboul. En 1632 la vénalité dictait les
arrêts du divan, et les janissaires poussés par le patriarche grec excitaient des séditions qui intimidaient le
gouvernement. L'ambassadeur de France fut assiégé
dans son palais par des émeutiers soudoyés par les
grecs et réunis aux turbulents janissaires, il se vit accueilli par des cris de mort, le domicile du représentant
de Venise fut violé, et le principal drogman pendu à son
balcon. Un drogman de l'ambassade française fut à son
tour empalé, et les trois représentants du roi très-chré-
tien, de Sa Majesté apostolique et du doge, furent incar-
cérés pendant plusieurs jours. Voilà les excès auxquels
se portait à cette date le fanatisme musulman surexcité
par la perfidie grecque. La constance et le courage des
occidentaux finirent cette fois par triompher.

« Survint la période révolutionnaire, et l'on pense bien
que les hommes qui abattaient les croix en Europe ne
se souciaient pas de les vénérer en Orient. Ce ne fut
qu'une courte éclipse. Le Consulat reprit la politique tra-
ditionnelle de la France, et le maréchal Brune, son représentant à Constantinople, fit remettre les religieux
franciscains en possession de la grotte de Getsémani.

« En 1808 le feu fut mis à dessein par les Grecs à la
grande coupole du Saint sépulcre. Par leurs intrigues
les incendiaires obtinrent de la Porte l'autorisation de
concourir à la reconstruction de l'édifice, ils espéraient en
acquérir ainsi la copropriété. Ils ne se contentèrent pas

de cette usurpation. Le Calvaire fut bouleversé, la cavité
où avait été plantée la Croix rédemptrice fut bouchée, la
pierre remplacée par une autre qu'on offrait par une
fraude sacrilège à la vénération des pélerins. A côté reposaient les corps de Godefroy de Bouillon et de Baudouin
son frère, sous des pierres sépulcrales dont les voyageurs
avaient lu les inscriptions. Les Arabes, les Mamelouks,
les Ottomans avaient respecté la cendre de ces glorieux
morts : les moines grecs violèrent les tombes, dispersè-
rent les ornements, brisèrent les marbres. M. de Latour-
Maubourg notre ambassadeur près de la Porte, obtint
non la réparation des outrages, mais une déclaration
officielle portant que les droits antérieurs des Latins demeuraient saufs. Malheureusement la conduite du gouvernement turc ne répondait pas à son langage. Le vol
acccompli par les schismatiques d'une étoile suspendue
à la voûte de l'église latine de Bethléem, ne reçut aucun
châtiment et ne provoqua aucune réparation. A la fraude,
s'était jointe la violence. Une troupe de pélerins grecs,
dirigés par des popes, assaillit à coups de bâtons dans
l'église de Bethléem des franciscains inoffensifs, le sang
coula et l'un des religieux fut blessé grièvement. La situation était devenue intolérable. »

C'est à ce point que les choses en étaient venues, lorsque M. Boré fut investi par le gouvernement français
d'une mission spéciale et procéda à une enquête. Nous
venons d'en faire connaître les résultats ; en voici la conclusion :

Après avoir rappelé les usurpations des Grecs et exposé
les droits des Latins avec une grande vigueur, M. Boré
formulait des conclusions très modérées. Il ne demandait

pas que les catholiques fussent rétablis dans toutes leurs anciennes possessions, mais seulement qu'ils recouvrassent les sanctuaires garantis par les Capitulations, c'est-à-dire par les actes les plus solennels du gouvernement de la Porte. Il faisait bon marché du couvent du mont Sion ravi par des sectaires fanatiques, de l'ancienne église du mont des Oliviers convertie en mosquée, de la maison de Pilate changée en caserne, de la prison de saint Pierre occupée par un Mahométan, de la propriété exclusive du Calvaire partagée depuis longtemps par les Grecs. Ménageant avec adresse la susceptibilité musulmane, il se bornait à revendiquer les droits que l'autorité des sultans avait autrefois reconnus. Il finissait par mettre, en termes respectueux mais fermes, le gouvernement de la république en mesure d'appuyer et de faire triompher une cause que Pie IX avait à cœur et qui ne pouvait porter aucun ombrage à une puissance amie. Cette puissance, c'était l'Angleterre dont le drapeau devait, à quelques années de là, s'unir au nôtre pour réprimer l'ambition moscovite. Depuis les événements ont marché et les temps ne sont plus les mêmes.

TABLE DES MATIÈRES

ORLÉANS, IMPRIMERIE G. MORAND, 47, RUE BANNIER.